Zwischen den Steinen

Höhenangst hin oder her ich gehe über die Alpen ans Meer

Peter Sterr

Ich bedanke mich bei meinen Lektoren Uwe Grimm und Michael Sterr
und bei Sophia Grimm für die Unterstützung bei den Grafiken.

Alle Angaben des Buches wurden durch den Autor sorgfältig recherchiert.
Für die Richtigkeit der Angaben kann jedoch keine Haftung übernommen werden.

Bibliografische Information der Deutschen Nationalbibliothek:
Die Deutsche Nationalbibliothek verzeichnet diese Publikation
in der Deutschen Nationalbibliografie; detaillierte bibliografische
Daten sind im Internet über dnb.dnb.de abrufbar.

© 2018 Peter Sterr
Herstellung und Verlag:
BoD – Books on Demand, Norderstedt

ISBN 978-3-7460-9877-7

Für Andrea

Wir gehen gemeinsam los und wir kommen gemeinsam an.

Inhaltsverzeichnis

Wie alles begann 9

Altersgerechter Sport 10

Engineer meets wilderness 12

Wo bitte geht es zum Meer? 16

Den Seinen gibt's der Herr im Schlaf 21

Zu Hause Gelassenes wiegt nichts 23

Wenn Du schnell gehen willst, gehe alleine. Wenn Du weit gehen willst, gehe mit anderen. 28

Wieviel Öffentlichkeit soll sein? 30

Toursieger werden im Frühjahr gemacht 32

Der Countdown läuft 38

Diese Richtung 480 Kilometer 41

    08.07.2016 Prolog: Weilheim Marienplatz – Weilheim Ost 41

Parkbank mit Botschaft 44

    09.07.2016 Weilheim Ost – Iffeldorf 44

Weicheier 51

    10.07.2016 Iffeldorf - Schlehdorf 51

So habe ich das geträumt 58

    11.07.2016 Schlehdorf - Jachenau 58

Ubi sum? Austria! 64

    12.07.2016 Jachenau - Hinterriß 64

Das Ziel 71

    13.07.2016 Hinterriß - Plumsjochhütte 71

Ich glaub ich spinn, der Inn 76

14.07.2016 Plumsjochhütte - Jenbach Rotholz 76
Treffpunkt Notburga Steg... 82
15.07.2016 Jenbach Rotholz – Aschau im Zillertal 82
Alpine Gefahren Teil 1 88
16.07.2016 Aschau im Zillertal – Gerlos Gmünd 88
Free longhorn policy in Gerlos.. 95
17.07.2016 Gerlos Gmünd - Krimml 95
Alpine Naturgewalten.. 101
18.07.2016 Krimml – Krimmler Tauernhaus 101
Standing on top of the world.. 106
19.07.2016 Krimmler Tauernhaus - Adleralm 106
Picknick im Grünen 113
20.07.2016 Adleralm – Steinhaus im Ahrntal... 113
Durchs Toul 119
21.07.2016 Steinhaus im Ahrntal - Uttenheim 119
Am Scheideweg 125
22.07.2016 Uttenheim – Olang Oberdorf 125
Still ruht der See… 132
23.07.2016 Olang Oberdorf - Welsberg 132
Des Wanderers Paradies 137
24.07.2016 Welsberg - Plätzwiese 137
Steter Tropfen höhlt den Stein 147
25.07.2016 Plätzwiese – Cortina d'Ampezzo 147
Monte Pelmo 153
26.07.2016 Cortina d'Ampezzo – Rifugio Città di Fiume 153
Krumme Wege... 161

27.07.2016 Rifugio Città di Fiume – Forno di Zoldo 161

Wenigstens funktioniert der Bus 169

28.07.2016 Forno di Zoldo - Longarone 169

Der zweite Abschied 174

29.07.2016 Longarone - Longarone 174

Southbound again 178

30.07.2016 Longarone – Farra d'Alpago 178

Ein Ausflug nach Schottland 185

31.07.2016 Farra d'Alpago – Pian del Cansiglio 185

Meer in Sicht! 192

01.08.2016 Pian del Cansiglio - Stevena 192

Berge sind aus… 200

02.08.2016 Stevena - Portobuffolé 200

Ja ist den schon Venedig? 207

03.08.2016 Portobuffolé – San Stino di Livenza 207

Es ist vollbracht! 216

04.08.2016 San Stino di Livenza - Caorle 216

Wieder daheim 225

09.08.2016 Caorle – Weilheim in Oberbayern 225

Epilog 229

Serviceteil 230

Wie alles begann

„Papa, wie weit ist es nach Caorle?" So spontan weiß ich es nicht, deshalb feuere ich aus der Hüfte. „Hmmm, so circa 500 Kilometer." „Und wie lange müssten wir bis dahin wandern?" Wieder kann ich nur besseres Raten anbieten. „Ich denke, einen Monat wird es schon dauern." Meine Kinder, damals 10 und 12 Jahre alt, sind von diesen riesigen Zahlen mächtig beeindruckt und lassen es für dieses Mal mit der Fragerei gut sein.

Dieser Dialog fand so oder so ähnlich an einem Sonntagnachmittag im Jahre 2005 am östlichen Stadtrand von Weilheim in Oberbayern statt. Von hier aus hat mein einen schönen Blick auf die Alpen. Bei gutem Wetter kann man die Benediktenwand förmlich greifen.

Hier starteten oftmals unsere viel geliebten Sonntagnachmittagsexkursionen, als ein Teil der von den Eltern großangelegten Anti-Gameboy-Kampagne. Nun gut, bei mir waren die Exkursionen viel geliebt. Ob das unsere beiden Söhne auch so sahen, steht auf einem anderen Blatt. Sie gingen jedenfalls ohne größeren Widerstand mit.

Die Sonntagnachmittagsexkursionen gehörten in dieser Zeit ebenso zu einem festen Ritual wie die Art den Jahresurlaub zu verbringen: im Sommer klassischer Badeurlaub mit der ganzen Familie in Caorle, einem Ort an der oberen Adria etwa auf halbem Wege zwischen Venedig und Triest; in den Pfingstferien Mehrtageswanderungen mit den männlichen Mitgliedern der Familie (zur Entlastung der geplagten Mutter natürlich).

Wie kommen die Buben jetzt darauf Caorle und Wandern in einem Atemzug zu nennen? Das muss daran liegen, dass Kinder ein unnachahmliches Talent haben Zusammenhänge zwischen Dingen zu erkennen, die Erwachsene nie im Leben entdecken würden. In diesem Falle zählten unsere Söhne einfach nur eins und eins zusammen. Caorle plus Wandern ergibt den „Über"-Urlaub.

Die Idee der Alpenüberquerung Weilheim-Caorle war geboren. Ich wusste es nur damals noch nicht.

Altersgerechter Sport

„Wir müssen einfach beide lernen, altersgerecht Sport zu treiben." Was will uns dieser Satz von Gregor Gysi sagen, der im Bundestag an Bundeskanzlerin Merkel gerichtet war, nachdem beide kurz zuvor einen Sportunfall erlitten hatten?

Vordergründig sagt er, dass im Bundestag manchmal Witze gerissen werden, wobei Herr Gysi einen nicht geringen Anteil daran hat. Ich empfinde es beruhigend, wenn es in der ernsten Welt der Politik auch hin und wieder locker zugeht. Ein Bundestag wie ein Kongress der kommunistischen Volkspartei Chinas wäre mir ohnehin ein Gräuel.

Doch dieser Satz hat noch eine zweite Bedeutung. **Es gibt altersgerechten Sport.** Dieser Gedanke ist mir viele Jahre meines Lebens gar nicht in den Sinn gekommen. Man sucht sich einen Sport aus und betreibt ihn, basta. Von irgendwelchen Einschränkungen war lange Zeit nicht die Rede. Doch so nach und nach, ohne dass man es groß bemerkt, rutscht man ins Prä-geriatrische Zeitparadoxon. Während die Jahre subjektiv an einem vorbeirauschen, wie ein ICE (früher hat das mal D-Zug geheißen), wird die Arbeitswoche immer länger. Heutzutage bin ich schon Donnerstagmittag reif fürs Wochenende. Früher wäre ich zur Not auch ohne Wochenende ausgekommen.

Im Grunde ist das Wort „noch" daran schuld, dass es altersgerechten Sport gibt.

In den frühen Phasen des Lebens lernt man unheimlich schnell. Wenn man etwas **noch** nicht kann, dann ist es nur eine Frage der Zeit, bis es soweit ist. Das Wort „noch" steht also für Hoffnung, Aufbruch und für den American Dream, „ich kann alles erreichen, wenn ich nur will".

In den mittleren Phasen des Lebens kann man auf eine Menge Dinge, die man erlernt hat, zurückgreifen. Ich kann es einfach. Das Wort „noch" hat sich klammheimlich verdrückt.

In den späteren Phasen des Lebens versucht man das Erlernte zu konservieren. Und schon taucht das Wort „noch" wieder auf, wenn es plötzlich, „ich kann es **noch**", heißt. Was fällt dem Wort „noch" eigentlich ein, einem so in den Rücken zu fallen. Jetzt steht es als Vorbote des „ich kann es nicht mehr" drohend im Raum.

Ich finde, das sollte man einem Wort mit vier Buchstaben nicht durchgehen lassen. Deshalb reihe ich mich ein in das Heer der Endvierziger und Frühfünfziger, die **noch** einmal „so richtig Einen raushauen wollen".

Doch was ist jetzt mein persönlicher altersgerechter Sport? Spontan fiele mir Radfahren ein. Immerhin verfüge ich über ein Rennrad, das ich auch regelmäßig benutze. Auch wenn ich mit meinen bis zu 2000 Kilometern im Jahr in Rennradfahrerkreisen als kleines Licht gelte, würde es mich durchaus reizen, einen Tour de France Parcours nach zu radeln. Dummerweise wirft das aber größere, logistische Probleme auf. Da man auf einem Rennrad so gut wie nichts transportieren kann, bräuchte man eigentlich ein Begleitfahrzeug. Ich kann mir aber beim besten Willen niemanden vorstellen, der mich auf diese Weise wochenlang durch Frankreich begleitet. Außerdem könnte ich aus Zeitgründen maximal ein Teilstück der Tour nachfahren. „Ich habe die Etappen 12 bis 15 (und die vielleicht auch nur zur Hälfte) aus der Tour des Jahres 2012 nachgefahren" klingt irgendwie nach gar nichts. Da lasse ich es lieber.

Oder doch lieber Wandern? Wandern geht immer. In der Tat gibt es kaum eine Wetterlage, in der Wandern nicht ginge. Alles, was man braucht, schnallt man sich auf den Rücken und ab geht die Post. Wäre Wandern ein Gesellschaftsspiel stünde „empfohlen 1 – 100" darauf. So gesehen liege ich ziemlich mittig. Und schließlich schlummert ja noch die Idee der Alpenüberquerung in meinem Hinterkopf.

Worauf warten? Der Entschluss ist schnell gefasst. Anlässlich meines 50. Geburtstags gebe ich meinen Plan bekannt. Ich mache kurzerhand meine Gäste zu Sponsoren. Alle Geschenke sollen mit der Ausrüstung meiner Expedition zu tun haben. Da Sponsoren Ergebnisse sehen wollen, gibt es fortan kein Zurück mehr.

Engineer meets wilderness

Um alles Weitere besser verstehen zu können muss ich ein Geständnis machen. Ich bin Ingenieur. Nun ist es heraus. Genau genommen bin ich Informatiker. Heutzutage wäre das ein Bachelor der Informatik. Die Jüngeren unter uns, die Ärmsten, müssen sich mit einem Titel schmücken, den man mit einem halbseidenen Gringo assoziiert, der ebenso halbseidenen Damen Rosen überreicht. Außerdem sagt Bachelor alles und nichts. Das kann ein Jurist sein oder ein Astrophysiker. Bei Ingenieur/Informatiker weiß man, was man bekommt, einen Menschen mit Hang zu Naturwissenschaften.

Wir sind die McGyvers dieser Welt. Mit einer Büroklammer und 3 Blatt Löschpapier bauen wir, wenn es sein muss, einen schadstoffarmen Verbrennungsmotor. Um das leisten zu können, brauchen wir allerdings gewisse Rahmenbedingungen wie klare Strukturen, feste Regeln und eine ausgeklügelte Planung.

Jede Berufsgruppe entwickelt seine Schrullen, oder sagen wir eher liebenswerte Eigenheiten. Was für den Lehrer der Rotstift im Jackett (oder im Kopf), ist für den Informatiker das Testen. Unser halbes Leben besteht aus Testen. Um sicher zu stellen, dass die Software das leistet, was sie soll und keine unerwünschten Nebenwirkungen hat, verfügen wir sogar über eine sogenannte Testumgebung. Das ist eine Welt neben der normalen Welt, in der man sehen kann, welche Auswirkungen die neuesten Entwicklungen haben. In dieser Welt kann man sogar die Zeit zurückdrehen. Wenn man bemerkt, dass man etwas falsch gemacht hat, geht man einfach auf den Stand vor dem Fehler zurück. Ist das nicht genau das, wovon wir manchmal im wahren Leben träumen?

Daher komme ich eines Tages allen Ernstes auf die Idee, man müsste die Alpenüberquerung einmal testweise laufen, nur um zu sehen, ob die Planung in Ordnung ist. Dann könnte man die eigentliche Tour viel entspannter angehen. Moment mal! Das wäre ja, wie wenn ich an eine brüchige Brücke käme. Ich tastete mich vorsichtig darüber. Wenn ich drüben ankäme, ginge ich zurück, um dann noch einmal locker darüber zu gehen. Und falle dabei trotzdem ins Wasser, weil die Brücke nur noch 2 und nicht 3 Überquerungen überstehen konnte. Irgendwann fällt sogar mir auf, dass ein Testlauf keinen Sinn hat. Das echte Leben kennt eben keine Testumgebung. Es ist immer gleich das Original.

Wegen solcherlei Gedankenspiele bezeichnen uns Manche als leicht nerdig im Abgang. Ich finde da tut man uns aber unrecht. Wir wollen halt Qualität abliefern.

Wenn man das ganze Unterfangen aus der Ingenieursbrille betrachtet, ist eine Wanderung solchen Ausmaßes eine ambivalente Sache. Ingenieur und Sport gehen gut zusammen, denn man kann daraus kunstvolle EXCEL-Sheets über den Trainingsverlauf drechseln (mit Pulsfrequenz, Distanz, Durchschnittsgeschwindigkeit und allem). Mit Ingenieur und Natur ist das so eine Sache, denn die Natur kann verflixt schwer auszurechnen sein. Da gibt es Krabbelviecher, unklare Wetterlagen, übermütiges Jungvieh, alles sehr beunruhigende Begleitumstände.

Trotz allem werde ich mich daran wagen, aber selbstverständlich nur mit sauberer Analyse und Planung. Deshalb müssen wir erst einmal die Ausgangslage prüfen, so wie damals in der Physikschulaufgabe, als wir das „Gegebene" suchten.

Körperliche und geistige Eignung

Gegeben ist:

Alter (A):   52 Jahre

Geschlecht (g):   männlich

Hautfarbe (Hf):   weiß (ziemlich blass sogar)

Größe (G):   1,73 m (die Schrittzähler unter uns bemerken schon jetzt, das wird eine Menge Schritte geben)

Masse (m^w):   geschätzt 75 kg (m^w = Masse Weilheim; interessant wäre auch m^c = Masse Caorle gewesen, um das Δm, die Gewichts-Zu- oder Abnahme, zu berechnen. Beides wurde aber nicht ermittelt)

Der Körper (Kö) ist in Leichtbauweise ausgeführt. Das und der unsägliche Dusel in aberhundert Fußballspielen nichts Wesentliches auf die Socken bekommen zu haben, führen zu einer relativ intakten Orthopädie der Beine. Anlass zur Sorge gibt der Bereich Lendenwirbel. Als Schreibtischtäter handelt man sich in diesem Bereich unweigerlich Verschleiß ein. Wie oft bin ich schon auf Dienstreisen, nach einer Nacht im ungewohnten Hotelbett, mit einem total verklemmten Rücken aufgewacht? Bedenkt man, dass die Tour eben auch 25 Nächte in Betten unterschiedlicher Qualität bedeutet, kann das zu einem kritischen Faktor werden.

Und es gibt einen weiteren Krisenherd. Ich bin ein sogenannter (Nieren-)Steinpatient. Ärgerlicherweise habe ich sehr viel davon. Mein Urologe nennt mich den Mann mit der Kiesgrube und ganz liebe Kollegen nennen mich Barney Geröllheimer. Ein Steinereignis kann jederzeit ohne Vorwarnung eintreten, muss aber, Gott sei Dank, nicht in jedem Fall schmerzhaft sein. Während eines schmerzhaften Ereignisses ist man allerdings mit nichts anderem beschäftigt als die Illusion aufrecht zu erhalten, man hätte den Schmerz einigermaßen im Griff. An sportliche Aktivitäten ist in diesem Zustand jedenfalls nicht zu denken. Manchmal hat man den Eindruck, dass sich die Steine durch äußere Stoßeinwirkung, wie einem Sturz beim Skifahren oder dem Besuch eines Wellenbades, auf den Weg machen. Das könnte nun dazu führen aus Angst gar keine Aktivitäten mehr zu unternehmen, die auf den Körper in dieser Weise einwirken. Ich dagegen neige dazu die Zeit zwischen den Steinen umso ausgiebiger zu nutzen, weil sie sehr, sehr kostbar ist.

Folglich erteile ich mir das Prädikat „körperlich bedingt tauglich". (Tipp für alle, die es vielleicht nachmachen wollen: So ein Prädikat kann natürlich nur ein Arzt erteilen. Dort kann man auch gleich die Frage diskutieren, ob eine Zeckenimpfung angezeigt ist oder nicht.)

Nun wende ich mich der geistigen Eignungsprüfung zu, denn dort geht die Malaise erst so richtig los. Das Hauptproblem ist, dass ich nicht höhensicher bin. Hohe Klippen, steile Felsabbrüche, tiefe Schluchten, hohe Gebäude oder auch nur ein Riesenrad jagen mir eine Heidenangst ein. Der Eiffelturm zum Beispiel mit seinem freien Blick durch die Stufen macht mich total fertig. Darüber hinaus habe ich etwas gegen Brücken. Dabei kommt es nicht so sehr auf die Höhe an, sondern um die Breite des Flusses. Das fließende Wasser erzeugt in mir das Gefühl, ich würde in die Strömung mit hineingezogen. Der Supergau sind wippende Brücken, am besten mit freier Sicht durch die Planken. Da kann es dann schon mal sein, dass ich verweigere, wie ein scheuendes Pferd vor dem Hindernis.

Beides kann ab und an im Hochgebirge recht hinderlich sein. Vielleicht sollte ich doch besser einen gut abgesteckten 3 Kilometer Rundkurs in der Lüneburger Heide beliebig oft umrunden? Die Lösung kann eigentlich nur sein, dass die Routenwahl meinen Ängsten Rechnung tragen muss.

Auf der anderen Seite bringe ich ein echtes Asset (Business Deutsch für Vorzug) mit. Ich habe schon ein paar hundert Wanderkilometer runter. In grauer Vorzeit, also vor circa 20 Jahren, bin ich zusammen mit meinem Bruder sogar schon einmal in 10 Tagen von Kochel nach Sterzing marschiert. Damals waren wir noch richtig gut beieinander. Daher bin ich mir nicht ganz sicher, ob das für heute noch zählt.

Ansonsten stütze ich meine Erfahrung auf die schon erwähnten Wanderungen mit meinen Kindern. Ich weiß, wandern gilt schon seit Unzeiten als altbacken. Auch wenn sich das Blatt derzeit zu wenden scheint, gibt es noch immer sehr viele, die den Kopf über Menschen schütteln, die freiwillig größere Strecken zu Fuß zurück legen. Wandern mit Kindern gilt als noch abwegiger. Weil wandern langweilig ist und Kinder von Hause aus faul, ist endloses Nörgeln vorprogrammiert. Nichts davon ist der Fall.

Wenn man es nicht übertreibt, kann man mit seinen Kindern außergewöhnlich schöne Tage verbringen. Wir waren immer 4 Tage in Mittelgebirgen oder in den mittleren Lagen der

Alpen unterwegs. Das hat den Vorteil, dass man nicht wie ein Luchs aufpassen muss, dass niemand den Berg hinunterpurzelt.

Das ein oder andere Highlight, wie Schlafen im Heu oder der Besuch des Wiener Praters, sollte nicht fehlen. Genügend Proviant und Geschichten sollten im Gepäck sein, für den kleinen Durchhänger zwischendurch. Auch ein paar Liedtexte auswendig schaden nicht, völlig egal ob „Hänschen klein" oder „TNT" von AC/DC. Früher habe ich immer über alte Filme gelästert, wo fröhliche Menschen beim Wandern lustige Lieder trällerten. Wir haben es ausprobiert, singen beim Wandern hilft tatsächlich.

Aber am Wichtigsten ist es, dass man als Eltern selber gerne wandert. Wenn man solche Touren nur aus pädagogischem Kalkül macht, springt der Funke nicht über. Glauben Sie mir, die Kinder spüren das. Natürlich wollte ich auch, dass die Kinder lernen auf den Schwächsten in der Gruppe acht zu geben, dass man auch mal mit Weniger auskommen kann und dass, wenn es mal langweilig ist, es auch daran liegen kann, dass man seine Umgebung nur nicht genau genug wahrgenommen hat. Das alles und vieles mehr kann man zu Fuß am besten lernen und es funktioniert nur ohne Zwang. Nur dann schiebt sich mit jedem Schritt der Horizont und die Grenzen der Kinder weiter nach vorn.

Auf diese Weise kamen wir durch mehrere Mittelgebirge Deutschlands, durch Österreich, Schweiz, Italien, Frankreich und Tschechien. Es war jedes Mal gelebter Erdkundeunterricht und ein schwerer Schlag gegen die Playstation-Mafia, indem zwei User mehrere Tage am Daddeln gehindert wurden (und wenn man seine eigenen Schrullen gewinnbringend einsetzt und eine „Testwanderung" ansetzt „nur um zu sehen, ob die Schuhe noch passen", hat man sich noch einen „Bonustag" verschafft).

Wer sich dem Thema „Wandern mit Kindern" (oder in diesem Falle mit der ganzen Familie) stärker nähern will, dem sei das Buch „Mit zwei Elefanten über die Alpen" von Gerhard von Kapff empfohlen. Er hat es gewagt mit zwei Kindern von 8 und 11 Jahren die Alpen zu überqueren (auf zwei Jahre verteilt) und hat darüber ein hinreißendes Buch geschrieben.

Soweit der Exkurs über „Wandern mit Kindern". Was ich eigentlich sagen wollte, ist, dass ich Wanderungen in diesen Dimensionen und Gebieten ganz gut einschätzen kann. Ob sich das auf die 7-fache Dauer und das Hochgebirge übertragen lässt, bleibt abzuwarten.

Wo bitte geht es zum Meer?

Gesucht ist:

Altersgerechte Alpenüberquerung für Höhenunsichere (das klingt ein bisschen wie knusprige, fette Schweinshaxe, aber kalorienarm und leicht zu beißen)

Bill Bryson, der amerikanische Großmeister des halbsatirischen Reiseberichts, beschreibt in seinem höchst amüsanten Buch „A Walk in the Woods" (auf Deutsch „Picknick mit Bären", wie kommt man nur auf eine solche Übersetzung?) die Tour-Vorbereitung als mindestens genauso schön wie die Tour selbst (in seinem Falle der Appalachian Trail, Amerikas längster, markierter Wanderweg). Dem kann ich uneingeschränkt beipflichten. Und Routenplanung ist zweifelsohne die Königsdisziplin der Tour-Vorbereitung.

Auf der Suche nach meinem Weg zum Meer habe ich die Wahl, ob ich auf eine bekannte, in der Literatur bereits beschriebene Route zurückgreife oder ob ich mir eine eigene Strecke zusammenstelle. In der Literatur dominieren zwei schon sehr etablierte Routen, der Europäische Fernwanderweg E5 und der Traumpfad München – Venedig (nach seinem Erfinder Ludwig Graßler auch unter dem Namen „Graßler-Route" bekannt).

Der E5 führt von Oberstdorf nach Meran (mit einer Verlängerung nach Verona). Das liegt rein geografisch nicht so ganz im Zielgebiet, würde somit eine Menge zusätzliche Kilometer bedeuten. Außerdem erfordert er an einigen Stellen „Trittsicherheit". Das Wort an sich sagt Alles oder Nichts. Schon allein beim Steigen einer herkömmlichen Treppe braucht man „Trittsicherheit". Steht das Wort allerdings in einer Streckenbeschreibung einer Bergwanderung, schrillen bei mir alle Alarmglocken. Denn es heißt dann nichts anderes, als dass ein falscher Tritt mit einem Sturz von nicht unerheblichem Ausmaß endet. Schließlich plant der E5 von Hause aus Bustransfers und Bergbahnen mit ein. Das widerstrebt meinem puristischen Ansatz, die ganze Strecke ohne technische Hilfsmittel zurücklegen zu wollen. Somit scheidet der E5 schon einmal aus.

Die „Graßler-Route" hingegen ist äußerst attraktiv. Sie ist ein Meisterwerk der Routenplanung. Schon allein die Idee, die Tour auf dem Münchner Marienplatz beginnen und auf dem Markusplatz in Venedig enden zu lassen, ist ein genialer Kunstgriff. Die Strecke geht mit der Distanz sehr ökonomisch um und ein alpines Highlight jagt das andere. Im Voralpenland orientiert sich die Route an der Isar, sie passiert das Karwendel, die Tuxer- und die Zillertaler Alpen. Der Alpenhauptkamm wird am Pfitscher Joch überschritten. Von dort läuft der Weg ziemlich lange konstant etwa 10 bis 40 Kilometer östlich der Brennerautobahn. Auf italienischer Seite werden so klangvolle Namen wie Geißler Gruppe,

Sella-Stock, Civetta und Schiara-Gruppe überwunden. Das sind alles Namen, bei denen der Bergfex und der Steinbock mit der Zunge schnalzen. Im italienischen Flachland orientiert sich die Route am Fluss Piave. Bis kurz vor Schluss, weil ich ja etwas östlich in Caorle herauskommen will, könnte ich exakt auf dieser Route laufen.

Doch leider ist der Weg für Leute gemacht, die weit mehr Ausdauer und alpinistische Erfahrung haben als ich. Die Tagesetappen verletzen recht häufig meine persönliche Schmerzgrenze von 6 Stunden. Die Strecke dringt in Höhen vor, wo für unsereins die Luft schon ziemlich dünn wird. Der höchste Punkt, die Friesenberg Scharte, liegt bei 2904 Metern und liegt damit fast so hoch wie die Zugspitze. Schlussendlich schreckt die Route vor leichten Klettersteigen oder seilversicherten Passagen nicht zurück. An Drahtseilen zieht man Autos aus dem Acker, wenn man sie versehentlich dort abgestellt hat. Zur Not transportiert man elektrischen Strom damit. Aber als Absicherung für Wege taugen sie nicht. Das hat die Natur so nicht vorgesehen. Drahtseile gehören nicht zu meinem Repertoire. Somit ist diese Route leider auch ausgeschieden. Allenfalls die ein oder andere, harmlose Passage geht in meine Überlegungen mit ein.

Um ehrlich zu sein, schmerzt es mich nicht allzu sehr, dass keine gebrauchsfertige Route zur Verfügung steht. Ich bin ein Landkarten-Freak und nenne mehr als 50 Wanderkarten mein eigen. Gäbe es beim Kompass-Verlag den Status Platinum-Kunde, ich hätte ihn längst. War die Welt böse zu mir oder möchte ich mich selbst belohnen, gehe ich in den Buchhandel und kaufe mir eine Landkarte. Ich kann mir gut vorstellen, dass auf diese Weise auch so manche Schuhsammlung entsteht. Landkarten wirken auf mich ungemein entspannend. Ich könnte stundenlang nach lustigen Ortsnamen, wie Mutschidoi oder Wumblsalm Ausschau halten. Mit diesem Spleen stehe ich nicht alleine. Denn ich kenne jemanden, der im Telefonbuch (als es das noch gab) nach interessanten Eigennamen und anmutigen Zahlenkombinationen suchte. Wenn ich eine Landkarte betrachte, dann habe ich immer auch Routenplanung, sei es für das Fahrrad oder für das Wandern, im Hinterkopf. Die einzelnen Etappen zu arrangieren, ist für mich wie Musik komponieren. In diesem Bild waren meine bisherigen Touren allenfalls kleine Etüden. Dieses Mal soll es eine „Wander-Oper" sein. Und ich habe zwei Jahre Zeit für die Komposition.

Als Erstes vervollständige ich meine Kartensammlung und muss feststellen, dass es für das flache Land in Italien keine Wanderkarten gibt. Das Beste, was es für diese Gegend gibt, ist eine 1:150.000 er Straßenkarte des Tabacco-Verlages (welch ungesunder Name für eine Landkarte). Als Nächstes suche ich mir die geeigneten Etappen auf den Landkarten aus und messe zur Sicherheit die Distanzen auf „wandermap.net" nach (was nicht immer gelingt, weil das Wegeverzeichnis dort durchaus Lücken hat). Für die Etappen in den Alpen suche ich alle verfügbaren Artikel im Internet und suche sie nach den Worten „Trittsicherheit" und

„Schwindelfreiheit" ab. Zu guter Letzt muss der entstandene Entwurf mit dem Angebot an Unterkünften in Einklang gebracht werden. Zur Dokumentation der Ergebnisse drechsele ich kunstvolle EXCEL-Sheets. Sie tragen so phantasievolle Namen wie „Alpenüberquerung 2016", „Alpenüberquerung 2016 slow", „Alpenüberquerung 2016 slow 27" und „Alpenüberquerung 2016 Zillergrund slow". Manch Entwurf landet buchstäblich in einer Sackgasse, manch einer muss entschärft werden. So verbringe ich glücklich zwei Jahre meines Lebens.

Eines Tages ist die „Wander-Oper" dann fertig. Den Zuschlag erhält die Variante „Alpenüberquerung 2016 slow 27" *(Für alle, die es vielleicht nachmachen wollen, ist das EXCEL-Sheet im Serviceteil beigefügt)*. Sie enthält in meinen Ohren so wenig Dissonanzen wie möglich (denn man muss immer irgendwo Kompromisse machen).

Die Alpennordseite verhält sich vom Alpenhauptkamm her wie auslaufende Wellen. Diese reichen bis ins Alpenvorland vor, wo man sie fast nicht mehr bemerkt. Daher plane ich 2 Etappen im Voralpenland. Eine nur ganz leicht wellige Etappe von Weilheim nach Iffeldorf und eine von Iffeldorf nach Schlehdorf, die schon die ersten beiden auslaufenden Wellen überwindet (bei einer Meereshöhe von circa 700 Metern). Schlehdorf liegt dann schon direkt am Fuße des ersten, auch weithin sichtbaren Riegels. Der leichteste Übergang über diesen Riegel ist der Kesselbergpass. Die 3. Etappe, Schlehdorf nach Jachenau, führt über den Pass und erreicht schon eine Meereshöhe von fast 900 Metern. Der nächste schon etwas höhere Riegel ist der Risssattel bei über 1200 Metern Er bildet die Hürde der 4. Etappe von Jachenau nach Hinterriss. Der Übergang über den Achensee zum Inntal muss wegen der Länge in zwei Etappen zerteilt werden. Die 5. Etappe führt bis zur Plumsjochhütte auf gut 1600 Metern. Am Folgetag, 6. Etappe Plumsjochhütte bis Jenbach-Rotholz, muss die erreichte Höhe komplett wieder abgegeben werden. Im Inntal liegt man höhentechnisch wieder im Bereich von Weilheim. Bis dahin liest sich die Route wie aus einem Lehrbuch für Trainingskunde. Jeden Tag wird die Intensität ein klein wenig erhöht. Wer im Vorfeld nicht genug trainiert hat, hat im Inntal auf jeden Fall das Rüstzeug für mehr.

Als Übergang über den Alpenhauptkamm habe ich den Krimmler Tauern ausgewählt. Hier wird jedes Jahr ein Friedensmarsch abgehalten, der an die Flucht von mehreren tausend Juden im Jahre 1947 erinnert, die über Italien nach Palästina gelangen wollten. Die historische Relevanz andererseits und die Tatsache, dass auch größere Gruppen diesen Übergang nutzen können, bewogen mich dazu, diese Route zu wählen.

Das Zillertal liegt genau in der richtigen Richtung und wird deshalb zu einer Flachetappe von Jenbach nach Aschau genutzt. Danach muss ein bisschen nach Osten korrigiert werden. Das erfolgt auf der Nordflanke des Gerlos-Passes (8. Etappe von Aschau nach Gerlos-Gmünd). Der Übergang nach Krimml (9. Etappe Gerlos-Gmünd nach Krimml) nimmt den

Durlaßboden-Stausee mit und die Gerlosplatte, ein bekanntes Skigebiet. Die 10. Etappe von Krimml zum Krimmler Tauernhaus birgt ein touristisches Highlight, die Krimmler Wasserfälle, und ist als sogenannte „Ausgleichsetappe" (nur etwa 3 Stunden auf der Straße) gedacht. Auf diversen Wanderberichten wird vor Ruhetagen gewarnt, weil man nur aus dem Tritt kommt. Daher plane ich diese „Ausgleichsetappen" ein. Sie dienen zur erweiterten Regeneration und sollen auch mal einen „Waschtag" ermöglichen. Die 11. Etappe vom Krimmler Tauernhaus zur Adleralm im Ahrntal ist die „Königsetappe", das Kriterium überhaupt. Dort liegt der höchste Punkt der Reise, der Krimmler Tauern (2634 über dem Meer). Das ist ein 7 Stunden Klopper in fast durchweg baumlosem Gelände. Gutes Wetter und gute Beine sind absolut Pflicht.

Wie durch Zufall liegt auch das Ahrntal in der richtigen Richtung. Außerdem soll es hier auf halber Höhe den sogenannten Sunsat (Sonnseiten) Weg geben. Das klingt gut und wird deshalb als 12. Etappe nach Steinhaus verbaut. Die 13. Etappe nach Kematen folgt dem unteren Ahrntal und dem anschließenden Tauferer Tal. Größere Steigungen sind nicht zu erwarten. Die kommen erst wieder am nächsten Tag, wenn wieder nach Osten korrigiert wird (Richtung Cortina d'Ampezzo). Die 14. Etappe führt von Kematen nach Oberwielenbach (für uns Weilheimer durchaus witzig, weil nur wenige Kilometer von Weilheim entfernt der Ort Wielenbach liegt). Die nächste Etappe von Oberwielenbach nach Welsberg führt an der Nordseite des Pustertales entlang und überwindet das Antholzer - Tal (allen Biathlon Freunden ist das sicher ein Begriff).

Am 16. Tag geht es von Welsberg zur Plätzwiese, weil mir eine Übernachtung auf der Dürrensteinhütte in etwa 2000 Metern Höhe traumhaft vorkommt. Von dort wieder bergab über das Knappenfußtal ins „echte" Italien nach Cortina d'Ampezzo. Wie durch ein Wunder deutet wieder ein Tal, in diesem Fall das Cadore-Tal, in die richtige Richtung und wird zur 18. Etappe nach Vodo di Cadore genutzt. Danach geht es noch einmal richtig zur Sache, wenn am 19. Tag ein Übergang an der Ostflanke des Monte Pelmo nach Forno di Zoldo geplant ist. Die Anstrengung wird am nächsten Tag, dem zweiten „Ausgleichstag", aufgefangen, indem nur ein Aufstieg von etwa 3 Stunden zur Pramperhütte ansteht. Dort trifft meine Route ein letztes Mal auf die Graßler-Route. Die letzte, richtige alpine Etappe führt in einem langen Abstieg nach Longarone.

Während die Graßler-Jünger sich noch einmal einen mächtigen Anstieg auf den Nevegal geben, strebt meine 22. Etappe, von Longarone durchweg flach nach Farra d'Alpago der Hochebene des Cansiglio entgegen. Die Hochebene erreicht nur noch Mittelgebirgshöhen und ragt sehr weit in die oberitalienische Tiefebene hinein. Das kommt mir beides sehr gelegen. Die 23. Etappe soll dann endlich den ersten Blick auf das Meer bringen, denn sie endet am Rifugio Citta di Vittorio Veneto auf dem letzten Berg am Südrand der Alpen, dem

Monte Pizzoc. Was muss das für ein Gefühl sein, am Abend bei einem Glas Rotwein auf die weite Fläche bis zum Meer zu blicken?

Der ganze nächste Tag besteht aus einem einzigen Mega-Abstieg. Bis Stevena dem Zielort der 24. Etappe müssen 1500 Höhenmeter abgegeben werden. An diesem Tag wäre ein Fahrrad nicht schlecht, dann wäre das in einem Stündchen erledigt. Zu Fuß habe ich gehörigen Respekt davor.

Allerdings ist ab diesem Tag nicht mehr mit größeren Erhebungen zu rechnen. Die letzten drei Tage verlaufen auf absolut ebenem Gelände. Nur leider gibt es hier auch absolut keine Wanderinfrastruktur, keine Wegweiser für Fußgänger, keine separaten Wege, nichts. Um die Orientierung ein klein wenig zu erleichtern, versuche ich mich immer in der Nähe des Flusses Livenza zu halten, der bei Caorle in die Adria mündet. Meine kleine Hoffnung ist, dass ich ein paar Kilometer auf den Deichen dieses Flusses zurücklegen kann.

In der Ebene traue ich mir Tagesleistungen von mehr als 20 Kilometern durchaus zu und so werden die letzten 3 Etappen, Stevena nach Portobuffole, Portobuffole nach San Stino di Livenza und San Stino di Livenza nach Caorle ein wenig üppiger ausgelegt. Die letzte Etappe habe ich an einem Schlechtwettertag während eines Urlaubs vor zwei Jahren mit dem Auto ausgekundschaftet. Zumindest wird der Straßenverkehr kein großes Problem darstellen, wenn auch das Gelände schon fast beängstigend übersichtlich ist.

Und dann wird es geschafft sein. Viele, viele Male habe ich den Zieleinlauf, die letzten Meter zur Kirche Madonna dell'Angelo, die in Caorle an der Spitze einer Landzunge liegt, in meinem Kopf visualisiert. Das wird ein Fest.

Fertig ist die „Wander-Oper". Sie hat alles, was mein Herz begehrt, vom piano, andante, allegro steigert es sich zum fortissimo in einer ständig neuen Variation des gleichen Themas „mach Dich auf den Weg und mach was draus".

Selbst der hartnäckigste Landkarten-Freak muss mit der Zeit gehen. Deshalb erstehe ich ein günstiges Wander-Navigationsgerät (eines mit kostenlosem Kartenmaterial). Es ist primär zum Aufzeichnen der Touren gedacht. Auch für das Auffinden des Quartiers in Ortschaften kann ich mir die Hilfe eines Navis gut vorstellen. Nur eines werde ich sicher nicht tun, mir die Route von diesem Gerät vorschreiben lassen, weil Navis keine „Wander-Opern" schreiben.

Den Seinen gibt's der Herr im Schlaf

Ich bewundere die Leute, die auf einer Wanderung im Zelt übernachten. Ich unterschreibe auch sofort, dass das ein besonders intensives Naturerlebnis vermittelt. Doch wie eingangs erwähnt, so intensiv brauche ich das Naturerlebnis auch wieder nicht. Oder wie es im Film „Indiskret" mit dem phantastischen Traumpaar Ingrid Bergman und Cary Grant so trefflich heißt: „Ich bin zu alt für so etwas. Ich war es immer."

Die Vorstellung, ich muss nach einer Nacht auf steinhartem Boden ein feuchtes Zelt verpacken, weckt in mir nicht gerade Begeisterung. Spinnt man den Gedanken weiter und ich muss am folgenden Abend dieses muffige Teil wieder auspacken und die nächste Nacht darin verbringen, verdirbt mir das die Lust vollends. Für dieses einzigartige, olfaktorische Erlebnis schleppt man sich auch noch den ganzen Tag mit Zelt, Schlafsack und irgendeiner Matte ab.

Nein, an eine Wanderherberge stelle ich gewisse Mindestanforderungen. Ein festes Dach über dem Kopf ist Pflicht. Dazu sollte es ein Bett haben, auf Hütten auch wahlweise ein Lager, also ein Liegeplatz in einer Gemeinschaftsunterkunft (aber bitte nicht zu oft, denn ich bin olfaktorisch und akustisch ein bisschen verwöhnt). Eine Dusche sollte Standard sein. Wenn es gar nicht anders geht, tut es auch mal eine andere Waschgelegenheit. Dazu ein Frühstück am Morgen, denn leerer Bauch wandert nicht gern. Fertig ist die Basisausführung einer Wanderherberge.

Darüber hinaus gibt es einen ganzen Katalog zusätzlicher Kriterien, die für einen Wanderer ebenso essentiell sind. Die Unterkunft sollte am Weg liegen, oder zumindest nicht allzu weit weg davon. Das Abendessen, als Hauptmahlzeit des Tages, sollte entweder im Haus oder in der Nachbarschaft aufzutreiben sein. Ein Laden in der Nähe zur Verproviantierung ist sehr von Vorteil. Das Ganze gepaart mit einem günstigen Preis und sauberer Ausführung macht für mich eine gute Wanderunterkunft aus.

Da ich die wildesten Dinge über Übernachtungen auf Berghütten gehört habe und mir mein Nachtschlaf heilig ist, führe ich noch eine zusätzliche Regel ein: Keine zwei Übernachtungen hintereinander auf Berghütten. Schließlich will ich ja nicht als übermüdeter Zombie durch die Berge taumeln.

Im Zusammenspiel mit der Routenplanung ergibt das Auffinden geeigneter Quartiere eine nette Knobelei. Das Mittel der Wahl ist natürlich ein Reiseportal wie booking.com, weil es ausgesprochen praktisch ist. Allerdings missfällt mir die Macht der Suchportale (wie zum Beispiel Google) schon seit langem. Ich bekomme immer nur den Ausschnitt der Realität gezeigt, den irgendein ein Anderer als wissenswert für mich erachtet. Deshalb mache ich mir durchaus die Mühe, die „Listen der Beherbergungsbetriebe" der Fremdenverkehrsverwaltungen der Etappenorte zu durchstöbern. Die Ergebnisse dokumentiere ich in einem weiteren EXCEL-Sheet (wo sonst).

Für die Berghütten verfängt die Buchung über das Internet derzeit sowieso noch nicht, weil nur die wenigsten diesen Service anbieten. Besonders die Hütten erscheinen mir die Achillesferse der Planung zu sein, weil die Kapazitäten dort naturgemäß sehr beschränkt sind. Daher versuche ich die Hütten an Wochenenden zu meiden. Ich schiebe ein wenig an der Zeitachse herum und siehe da, es ergibt sich ein idealer Startzeitpunkt. Wenn man die Tour an einem Samstag beginnt, landen alle folgenden Wochenenden auf Gegenden mit ausreichend touristischer Infrastruktur, meist sogar mit Eisenbahnanschluss (1. Wochenende ist heimatnah, 2. Wochenende Zillertal, 3. Wochenende Pustertal, 4. Wochenende Longarone).

Die passenden Unterkünfte ausfindig zu machen ist eine Sache, wann und wie man diese bucht, ist die andere Sache. Ich bevorzuge die Methode „Kleine Raupe Nimmersatt". Dabei bucht man die Quartiere nach und nach im Laufe der Tour je nach Fortschritt (im Gegensatz zur Methode „Big Bang", bei der man alle Quartiere auf einmal bucht). Das erhöht natürlich das Risiko, die gewünschte Unterkunft nicht mehr zu bekommen, ist aber von großem Vorteil, wenn man sich einen oder mehrere Tage Verspätung einhandelt. Nur an drei markanten Punkten, an denen eine missglückte Buchung einen riesigen Umweg bedeuten würde, buche ich schon im Frühjahr. Das ist das Hotel Post in Hinterriß und das Krimmler Tauernhaus. Das Quartier im hinteren Ahrntal bringt ein Freund in unsere „Wanderehe" ein.

Am vorletzten Etappenort, San Stino di Livenza, quartiere ich die beste Ehefrau von allen ein, die dankenswerterweise für meine Rückreise sorgen wird, allerdings mit einem Zielkorridor von 4 Tagen. Falls ich wie geplant ankomme, schaut sogar noch ein kleiner, gemeinsamer Kurzurlaub heraus.

Zu einem Zeitpunkt, an dem ich mir ausreichend sicher bin, dass ich auch wirklich losmarschiere (etwa 3 Wochen vor dem Start) buche ich, kühn wie ich bin, alle Unterkünfte bis zum Inn.

Für den Rest der Tour drucke ich, ganz „old-school", meine Liste aus und führe sie im Gepäck mit, um im Falle eines Totalausfalls meines Handys mein Nachtlager an einem öffentlichen Münzfernsprecher buchen zu können.

Zu Hause Gelassenes wiegt nichts

Diverse Quellen legen für längere Wanderungen die maximale Zuladung in Form eines Rucksacks bei Männern auf 12 Kilogramm fest. Für Frauen sollen 10 Kilogramm nicht überschritten werden. Das hat nichts mit einer Machoallüre zu tun, sondern mit dem normalerweise geringeren Körpergewicht der Damen. Natürlich hat jeder seine individuelle Schmerzgrenze. Fakt ist jedoch, dass, wenn man sich zu viel auf die Schultern lädt, der Spaß und am langen Ende die Machbarkeit darunter leidet.

Die Überlegungen, „was nehme ich mit, was lasse ich da", hat Deutschlands wohl bekanntester Jakobsweg-Pilger, Hape Kerkeling, ebenfalls angestellt. In seinem Bestseller „Ich bin dann mal weg" beziffert er das Gewicht seines Rucksacks mit 11 Kilo, wovon er nach wenigen Tagen noch seine Isomatte verschenkt, was ihn um weitere 750 Gramm „erleichtert". Allerdings hat dieses phantastisch geringe Gewicht seinen Preis. Am Ende eines jeden Tages muss er seine Kleidung in der Unterkunft mit der Hand waschen. Das mag im sonnigen Spanien funktionieren. Aber in den Alpen ist das nicht darstellbar, außer man läuft gerne mit feuchten Klamotten los. Um das Wäschewaschen werde ich auch nicht herumkommen. Aber mir steht der Sinn mehr nach Waschmaschine und Wäschetrockner. Im Umkehrschluss heißt das, ich werde mehr Kleidung mitnehmen müssen, was wiederum mehr Gewicht verheißt.

Das Thema Ausrüstung, mit dem Aspekt sich auf das Wesentliche zu beschränken, ist ein Eckpfeiler der Wandererfahrung. Er kontrastiert sehr stark mit den gängigen Denkmustern unserer sogenannten westlichen Welt. Der Wille und sogar die Fähigkeit zu Mäßigung und Verzicht sind uns in den letzten Jahrzehnten fast völlig abhandengekommen. Alles muss immer mehr werden. Die Wirtschaft muss permanent wachsen, damit unser Wohlstand gesichert ist. Der Wohlstand manifestiert sich in größeren Autos, schickeren Häusern und weiteren Reisen. Im Sport müssen, ganz im Sinne des schneller, höher und weiter, immer neue Rekorde aufgestellt werden. Ein „Weniger" findet in diesem geistigen Klima keinen Platz, außer man geht zu Fuß auf Reisen. Hier gilt in punkto Ausrüstung die uralte Regel „weniger ist mehr" noch uneingeschränkt.

Die Herausforderung besteht also darin, aus den mehreren hundert Kilo beweglicher Habe, die man sein eigen nennt, die Gegenstände heraus zu suchen, die einen 4 Wochen auf der Straße überstehen lassen. Man erkennt sehr schnell, dass man viel von diesem Überfluss nicht wirklich braucht. Trotz alledem wird es ohne einige Neuerwerbungen, wie Rucksack und neue Wanderstiefel, nicht abgehen. Aber genau dafür habe ich ja bereits Sponsorengelder eingesammelt (crowdfunding ist ja heutzutage sehr in Mode).

Mehr als ein Jahr vor Abmarsch begebe ich mich also zum Ausrüster meines Vertrauens und besorge die essenziellen Dinge. Beim Rucksack ist die Auswahl vergleichsweise einfach. Tatsächlich ist es sogar Liebe auf den ersten Blick. Die Wahl fällt auf einen tiefroten Deuter aircontact 45 + 10. Die zugehörige Regenhülle ist hellblau, was im Bereich Farbästhetik zu einem geringen Punktabzug führt. Aber dafür verfügt er über das passende Volumen und über gepolsterte Hüftgurte so dick wie mein Unterarm. Außerdem ist er ein Mittler zwischen Tradition und Moderne. Für Landkartenfreaks wie mich gibt es ein Kartenfach auf der Seite, das man erreicht, ohne den Rucksack absetzen zu müssen. Für Anhänger des Navis gibt es ein Fach, das außen auf dem Hüftgurt aufgesetzt ist. Dazu ist er ein „Frontloader", das heißt man kann das obere Fach von vorne öffnen, um untenliegende Gegenstände erreichen zu können, ohne den Rucksack komplett entladen zu müssen. Das Ganze wird garniert mit einer Gebrauchsanweisung, die einem tatsächlich weiterhilft. Hier wird die Höheneinstellung haarklein erklärt, ebenso das optimale Packen (die schwersten Gegenstände sollen im oberen Fach ganz unten verstaut werden). Der kommt sofort in den Warenkorb.

Bei den Wanderstiefeln liegt der Fall komplizierter. Den einen Stiefel, der allen Anforderungen gerecht wird, gibt es leider nicht. Zu unterschiedlich ist das Gelände, das von hochalpin bis Flachland reicht. Für den Stiefel hieße das gute Griffigkeit und Halt im Gelände und Bequemlichkeit für mehrere Tage Asphaltpiste. Eingedenk der Tatsache, dass die Routenwahl alpinistische Höchstschwierigkeiten ja gerade ausklammern soll, entscheide ich mich für einen Trekking-Schuh der Klasse 3 gemäß Lowa Index (Klasse 1 wären steigeisentaugliche Treter und Klettern geht bei mir gar nicht; bei Klasse 2 kommt in der Beschreibung das Wort Klettersteig vor, ein Reizwort, das gar nicht gut bei mir ankommt; die Klassen 4 bis 6 werden mit Spaziergänge, Nordic Walking und alltagstauglich umschrieben, was mir wiederum unterdimensioniert vorkommt). Das Modell der Wahl heißt Lowa Camino GTX. Das hört sich passenderweise nach Pilgern an. Schlussendlich fühlen sie sich bei der Anprobe am besten an. Die kommen ebenfalls in den Warenkorb.

Wo ich schon mal im Laden bin, kaufe ich auch gleich einen First Layer, also eine dünne wind- und regenbeständige Überjacke und einen Second Layer, eine wärmende Filzjacke. Damit sind die groben Pflöcke der Ausrüstung eingerammt. Ab diesem kaufrauschähnlichen Erlebnis wird sie nur noch punktuell ergänzt.

Wanderstöcke bekomme ich zum Beispiel von der besten Ehefrau von allen geschenkt. Was Wanderstöcke betrifft, bin ich noch kein Überzeugungstäter. Ich habe zwar damit im letzten Urlaub meine ersten Gehversuche angestellt. Aber das war zu wenig, um den Nutzen richtig bewerten zu können. An dieser Stelle bin ich durchaus offen für Neues. Und wenn es mit dem Laufen mit Stöcken nicht klappen sollte, kann ich sie immer noch dazu verwenden zudringliche Murmeltiere zu verscheuchen.

Einen Großteil der restlichen Kleidung wird aus Beständen rekrutiert. Zwei Wanderhosen besitze ich schon, eine dünne mit abtrennbaren Hosenbeinen und eine dicke für Schlechtwetter. Dazu erwerbe ich eine Dritte, die solange wie möglich sauber bleiben soll, um abends in einem Hotel nicht total underdressed zu sein. Dazu packe ich noch reichlich Wandersocken ein, denn ich habe gehört, dass normale Socken im Stiefel scheuern sollen. Das kann ich mir bei dieser langen Distanz natürlich nicht leisten.

Da man nicht den ganzen Tag immer in den selben Schuhen herumlaufen kann und in den meisten Quartieren verlangt wird, die Bergstiefel auszuziehen, muss noch ein zweites Paar Schuhe mit. Hier vertraue ich schon traditionell auf meine Jogging-Schuhe. Sie sind vergleichsweise leicht und können auch einmal bei Flachetappen die eventuell ungeeigneten Wanderstiefel ersetzen. Schwedenerfahrene Freunde haben mir darüber hinaus erzählt, dass sich Turnschuhe auch schon glänzend bei der Durchquerung von eiskalten, reißenden Flüssen bewährt hätten. Ich habe zwar nicht vor den Inn zu durchwaten, aber sicher ist sicher.

Überhaupt wird bei mir, meinem Naturell entsprechend, Sicherheit sehr großgeschrieben. Ich führe das Erste Hilfe Set des Deutschen Alpenvereins mit, das nicht nur Verbandsmaterial sondern auch eine Trillerpfeife enthält, um im Notfall auf sich aufmerksam machen zu können. Weiters nehme ich einen sogenannten Biwaksack mit, für den Fall, dass das nächste Quartier vor der Nacht nicht erreicht werden kann. Weil er im Grunde nur aus einer in Plastik eingeschweißten Alufolie (wie man sie beim Rettungsdienst verwendet) besteht, ist er federleicht. Er ist auch nicht zu verwechseln mit dem Hüttenschlafsack, eine Art Leintuch, in die man die von den Hütten bereitgestellten Decken einschlägt. Einen solchen habe ich natürlich auch dabei, da einige Hüttenübernachtungen eingeplant sind. Für die Orientierung in einer stockdunklen Hütte oder für eine unbeabsichtigte Nachtwanderung kommt eine Stirnlampe mit. Nächte im Freien, aber auch Tage bei Sauwetter, können verflixt kalt sein. Deshalb zählen auch Handschuhe und ein Schlauchtuch, aus dem man eine hochmodische Mütze falten kann, zur Ausrüstung.

Vervollständigt wird das Equipment durch Gegenstände aus dem Bereich Kommunikation (Handy, Ladegerät, Adapter), Dokumentation (Wandertagebuch, Kugelschreiber), Hygiene (Toilettentasche samt Inhalt, Handtuch), Finanzen (Geldbeutel), Gesundheit (Medikamente, Fußbalsam, Sonnencreme, Blasenpflaster, Oropax), Navigation (Landkarten, Wander-Navi samt Ladegerät) und sonstige Ausrüstung (der gute, alte K-Way als Regenschutz, ein Käppi und eine Sonnenbrille als Sonnenschutz, ein Taschenmesser und ein Göffel (vorne Löffel, hinten Gabel aus Plastik)). *(Für alle, die es vielleicht nachmachen wollen, ist ein extragewitztes EXCEL-Sheet mit allen Ausrüstungsgegenständen im Serviceteil beigefügt).*

Und das alles soll nur 12 Kilo wiegen? Um das herauszufinden, gibt es zwei Methoden. Man packe erstens alles in den Rucksack und wiege das gesamte Ensemble. Oder man wiegt zweitens alle Posten einzeln und addiert das Gewicht zusammen. Ich entscheide mich für die zweite Variante, weil man, falls nötig, das Einsparungspotenzial besser sehen kann. So ziehe ich eines Samstagsvormittags mit Küchen- und Personenwaage bewaffnet in den Keller, wo ich die Ausrüstung bereits angesammelt habe.

Während einer solchen Wiegeaktion häuft man Wissen auf, das man höchstwahrscheinlich nur einmal im Leben braucht. Wie schwer ist eine Unterhose? Was wiegt ein T-Shirt, ein Kugelschreiber oder eine Landkarte? Im Bereich Landkarten zeigt sich zum Beispiel, dass die neuen, reißfesten Exemplare des Kompass-Verlages fast doppelt so schwer sind, wie die alten aus Papier. Das treibt den Posten Landkarten auf mehr als 800 Gramm in die Höhe. Dieses schockierende Ergebnis führt zum „Kartenfrevel von Weilheim". Ich schneide aus einer Tabacco-Straßenkarte, die ein viel zu großes Gebiet abdeckt, den relevanten Bereich mit der Schere aus. Das tut mir in der Seele weh und gibt sicher mieses Karma. Aber was macht man nicht alles, des Gewichtsverlustes wegen.

Nach geraumer Zeit habe ich alle Posten gewogen und dokumentiert. Das Ergebnis ist gar nicht so dramatisch schlecht, weil ich schon im Vorfeld so ziemlich jeden Trick ausgereizt habe, den ich mir vorstellen konnte. So habe ich bei den Verbrauchsmaterialien, zum Beispiel Zahnpasta oder Sonnencreme, peinlich darauf geachtet, die kleinsten auf dem Markt befindlichen oder schon halb aufgebrauchte Gebinde zu verwenden. Für die Rasur kommen Einmalrasierer zur Verwendung. Auf spezielle Rasierseife verzichte ich komplett. Das geht auch mit herkömmlicher Seife.

Daher lande ich schon auf Anhieb relativ nahe der 12 Kilomarke. Trotzdem muss ich ein paar Abstriche machen. Die Orthese, die ich vorsichtshalber wegen meines Rückens mitnehmen wollte, fliegt raus. Das ein oder andere Teil aus dem Bereich Bekleidung fliegt ebenfalls raus. Das wird mich zwar den Preis des bestangezogenen Wanderers kosten, aber eventuell den Zieleinlauf sichern.

Solche Maßnahmen verschaffen mir sogar ein klein wenig Luft unterhalb der 12 Kilo, was aber durch den Posten „eiserne Ration" wieder aufgebraucht wird. Da ein Hungerast durchaus bedrohliche Ausmaße annehmen kann, kommt ganz unten in den Rucksack ein Sortiment von Riegeln und Pasten. Nach Abschluss des Feintunings ist das Gewichtsziel 12 Kilo ziemlich genau erreicht. Allerdings versteht sich das Gewicht ohne Proviant und Getränke. Ich werde also früh morgens mit circa 14 Kilo starten mit der Aussicht, dass der

Rucksack über den Tag um 2 Kilo leichter wird. Wenn es mir also zu schwer wird, muss ich mich nur hinsetzen und etwas essen und trinken. Das klingt nach einem guten Plan.

Wenn ich die Möglichkeit dazu nehme, meinen Wanderpartnern noch den einen oder anderen Gegenstand mit nach Hause zu geben (wie zum Beispiel abgewanderte Landkarten), fühle ich mich ganz gut gerüstet. Außerdem beabsichtige ich im Zuge des Trainings noch einige „Lasttests" durchzuführen. Sollte ich hier schon schlappmachen, müsste ich noch Nachbesserungen anbringen.

Die Packliste für die 4 Wochen ist am Ende nicht einmal eine DIN A4 Seite lang. Das nenne ich Konzentration auf das Wesentliche. Und das ist nur der äußerlich sichtbare Teil der Entrümpelung. Fast alle Weitwanderer und Pilger, eben auch Hape Kerkeling, berichten von demselben Entrümpelungseffekt im Inneren. Ich bin schon sehr gespannt, ob ich mir auch Ballast von meiner Seele wandern kann.

Wenn Du schnell gehen willst, gehe alleine.
Wenn Du weit gehen willst, gehe mit anderen.

„Rumpedipumpel und weg ist der Kumpel!" Dieser uralte Bergsteiger-Sinnspruch zeigt, dass es in den Bergen bisweilen ein wenig ruppiger zugeht. In solchen Augenblicken ist es absolut von Vorteil, wenn man einen Begleiter zur Seite hat, der einen wieder aus dem Graben zieht (oder wenn es ernster ist, per Handy Hilfe holt).

Außerdem ist Wandern in Gesellschaft einfach kurzweiliger. Vier Augen sehen mehr als zwei. Das heißt mehr Eindrücke, mehr Diskussion, mehr Zuspruch in einer Krise aber auch mehr Witze reißen und mehr ablästern. Zusammen kann man besser über die Dinge des Lebens sinnieren. Wenn man zu zweit oder zu mehreren zu Fuß unterwegs ist, lernt man gegenseitig ganz andere Seiten aneinander kennen. Neue Einsichten kommen wie von selbst (das Phänomen kann man schon bei Spaziergängen beobachten). Die Bewegung macht irgendwie die Gedanken frei.

Schließlich finde ich den Gedanken schön, dass mich Menschen, die ich bisher auf meinem Lebensweg zur Seite hatte, auf diesem, meinen „Weg des Lebens" begleiten.

All diese Gedanken und noch viele mehr sind in dem Spruch aus Afrika, der die Kapitelüberschrift bildet, sehr treffend zusammengefasst. Deshalb suche ich für die Tour die passende Begleitung.

Einen Wanderpartner für die ganze Strecke zu finden wird nicht leicht sein. Diese Erfahrung musste auch Bill Bryson machen, als er für seine Appalachian Trail Tour vor der selben Herausforderung stand. Am langen Ende findet Bryson einen Partner in Person seines alten Kumpels Katz, der allerdings ob einiger körperlicher Gebrechen gänzlich untauglich erscheint. Obendrein willigt Katz nicht ganz freiwillig ein, denn er hat in seinem Heimatbundesstaat Probleme mit Bewährungsauflagen. Da ist es besser für einige Wochen in den Wäldern zu verschwinden.

Im gleichnamigen Film „Picknick mit Bären" (mein persönliches Prädikat „besonders wertvoll", schon allein wegen des Traumpaars Robert Redford und Nick Nolte) telefoniert Bryson zuvor diverse Freunde ab und bekommt unterschiedlichste Ausflüchte zu hören. Die deutlichste Abfuhr bekommt er, als er zu hören bekommt, er möge noch einmal anrufen, wenn etwas wirklich Lustiges anstünde, eine Darmspiegelung vielleicht.

Ganz so drastisch sind die Absagen, die ich erhalte, nicht. Aber es ist trotzdem nicht leicht auch nur abschnittsweise Mitreisende (ich nenne sie Wanderpaten) zu finden.

Meine erste Adresse sind meine Söhne, nach dem Motto wir drehen noch einmal ein letztes, großes Ding miteinander. Jedoch gibt es hier eine fiese Spaßbremse, die Prüfungsphase heißt. Das geht natürlich vor. Mein Bruder hat seine Jahresurlaubsplanung schon abgeschlossen, geht aber zumindest einen Sonntag mit, genauso wie mein älterer Sohn.

Ein außerordentlich erfreulicher Lichtblick ist, dass die beste Ehefrau von allen die erste Etappe übernehmen will. Zusammen mit der Abholung am Ende der letzten Etappe verleiht das meiner Komposition die rechte Dramaturgie. Das A und O in meinem Leben begleitet mich am Beginn und am Ende der Tour.

Verbleiben nur noch lächerliche 24 Tage ohne Wanderpaten. Daher lasse ich zu allen passenden und unpassenden Gelegenheiten Bemerkungen über die Tour fallen. Auf fruchtbaren Boden fällt meine Botschaft letztlich in meiner Zockerrunde, die ich zusammen mit 4 Schulfreunden unterhalte. Rollo übernimmt das größte Kontingent. Er übernimmt den Part vom Inn bis Bruneck. Toni übernimmt das Stück von der Plätzwiese bis Longarone. Das sind zwei echte Kumpel und spielen altersmäßig in der gleichen Liga wie ich. Da sind dem Tourmanagement zwei gute Neuverpflichtungen gelungen.

Danach kommt der Transfermarkt vollends zum Erliegen. Für die restlichen Lücken finden sich keine Wanderpaten mehr. Aber das ist okay. Im Hochgebirge bin ich nicht alleine und die Alleingänge verheißen noch einmal eine neue Dimension des Wanderns für mich, weil ich das in dieser Form noch nie gemacht habe.

Da ich davon ausgehe, dass alle freiwillig mitgehen und nicht wegen irgendwelcher Bewährungsauflagen, freue ich mich auf durchweg positiv eingestellte Wanderpaten. Somit steht auch in Hinsicht Begleitung dem Unterfangen nichts mehr im Wege.

Wieviel Öffentlichkeit soll sein?

Stell Dir vor Du haust richtig Einen raus, Du inszenierst eine „Wander-Oper" und keiner bemerkt es. Dieser Gedanke kommt mir total abwegig vor. Für mich persönlich ist das eine „einmal im Leben – Aktion" und dann soll es keiner mitbekommen? Ich bin dermaßen von der Idee beseelt, dass ich fürchte ich platze, wenn ich niemandem davon erzähle. Es besteht ja immerhin die Chance, dass der Funke überspringt und ich weitere Leute, neben den Wanderpaten, für die Aktion begeistern kann.

Heutzutage, mit den neuen Medien, ist nichts leichter als Öffentlichkeit zu gewinnen. Man hat schon fast die Qual der Wahl. Ein Freund meinte bloggen (nicht blöken, aber manchmal ist es genau das, was im Internet praktiziert wird) läge im Trend, was mich zu einer kleinen Recherchearbeit animiert. Ich komme zu dem Ergebnis, dass es 4 Typen von Blogs gibt.

Typ A – die Langweiler - Blogs

Thema und Ausführung sind so langweilig, dass sich der Blog selbst vor Zulauf schützt. Paradebeispiel hierfür ist der „Pendler-Blog". Hier erfährt man allen Ernstes, ob der Pendlerzug von München nach Ödnis vorm Walde am letzten Mittwoch 3 oder 4 Minuten Verspätung hatte.

Typ B – die Handarbeits-/Heimwerker – Blogs

Das ist die virtuelle Verlängerung der ehemals als Häkel-Kränzchen oder Schrauber-Stammtische bekannten Veranstaltungen. Hier gilt schon fast Members - only. Virale Laufkundschaft findet den Weg dorthin nicht.

Typ C – das gehobene Mittelfeld

Entweder Thema oder Ausführung sind so ansprechend, dass das Interesse auch von nicht unmittelbar Beteiligten geweckt wird. Hierunter fallen gut gemachte Blogs über Reisen und vor allen Dingen Blogs im Bereich Selbsthilfe.

Typ D – die Glückstreffer – Blogs

Man liest immer wieder von Blogs, die den Autor reich und berühmt machen. Bei der Recherche selbst bin ich auf keinen gestoßen. Aber es soll hie und da vorkommen.

Wenn ich selbst einen Blog verfassen würde, möchte ich tunlichst verhindern einen vom Typ A oder B zu erzeugen.

Typ C wäre ein erstrebenswertes Ziel. Doch das Bloggen hat eine nicht zu unterschätzende Kehrseite. Man eröffnet das Feld für Kommentare. Obschon ich den Blog nicht zu einem politischen Forum machen würde, könnte ich nicht garantieren, dass mir der ein oder andere Gedanke entfleucht, der in dieser Hinsicht diskutabel wäre. Immerhin führt die Route durch den wohl absurdesten Kriegsschauplatz, den man sich denken kann (und das ausgerechnet 100 Jahre nach dem Krieg). Krieg und Flucht sind tragischerweise die Auslöser für weit mehr zu Fuß zurückgelegte Kilometer als wir Spaßwanderer je zurücklegen können. Solche Gedanken treiben mich durchaus um. Aber da man sich gegen anonyme, geistige Heckenschützen aus dem Internet nicht adäquat wehren kann, würde ich mich über deren Kommentare maßlos ärgern. Der ganze Inhalt des Blogs wäre diskreditiert.

Bleibt nur noch Typ D. Aber daran kann ich nicht wirklich glauben. Dazu fehlt es in meiner Vita und der Unternehmung selbst an Superlativen. Die Strecke ist weder die Schwerste noch die Leichteste. Das Tempo ist weder das Schnellste noch das Langsamste. Ich bin weder der jüngste Alpenüberquerer noch der Älteste. Ich will auch nicht abnehmen. Und auf dem Weg zu mir selbst, wie es in den Klappentexten von diversen Wander- oder Pilgerbüchern so schön heißt, bin ich schon gar nicht. Ich fühle mich wohl in meinem Leben, meistens jedenfalls. Ich habe auf der Landkarte meiner Seele noch ein paar unerforschte Flecken. Die würde ich gerne auf der Tour erkunden. Aber ob das für einen „Glückstreffer – Blog" reicht?

Mit diesen Überlegungen ist das Bloggen für mich abgehakt. Sowohl Facebook als auch Twitter zählen mich nicht zu deren Kunden. Das soll sich auch nicht wegen meines plötzlichen Kommunikationsbedürfnisses ändern. Dann ziehe ich mich eben auf den kleinsten, gemeinsamen Nenner zurück, nämlich WhatsApp. Das hat fast jeder und ich kann steuern, wer meine Berichte vom Tage bekommt. Bildchen kann ich auch damit verschicken. Was will der mitteilungswütige Reisende mehr? Größere Gruppen können einen zwar in den Wahnsinn treiben, ob der endlosen, oftmals sinnfreien Unterhaltungen. Aber mit ein wenig „Funkdisziplin" müsste es klappen.

Sofort lege ich eine neue Gruppe mit Namen „Zwischen den Steinen" an und gewinne so nach und nach sage und schreibe 24 „Follower" (alles Arbeitskollegen, Nachbarn, Freunde und Verwandte). Hier kann man den Begriff „Follower" durchaus wörtlich nehmen, weil die Teilnehmer der Gruppe meinen Weg verfolgen werden, sei es in Gedanken oder mit dem Finger auf der Landkarte.

Mein Serviceversprechen ist jeden Tag der Tour ein BdT (Bild des Tages) und einen kurzen Abriss der Etappe zu schicken. Der Anfang ist gemacht. Jetzt muss mir nur jeden Tag etwas Passendes einfallen.

Toursieger werden im Frühjahr gemacht

Kritische Beobachter der Radfahrszene werden entgegnen: „Na klar, weil da die Dopingkontrolleure noch schlafen." Ursprünglich ist damit natürlich gemeint, dass man im Frühjahr fleißig trainieren muss, um im Juli, wenn die Tour de France stattfindet, die nötige Ausdauer vorweisen zu können.

Es geht aber auch anders, wie Hape Kerkeling beweist. Da seine Pilgerschaft auf dem Jakobsweg ein relativ spontaner Entschluss war, kam er nicht wirklich zum Trainieren. Er läuft also los in der Hoffnung, die Fitness kommt mit der zurückgelegten Strecke. Der Erfolg gibt ihm am langen Ende recht. Aber er musste die ersten Tage heftig leiden. Viel fehlte nicht und er hätte ebenso spontan aufgeben müssen.

Für einen Ingenieur kommt so ein „Künstler-Ansatz" selbstverständlich nicht in Frage. Mein Anspruch ist es, die Tour genießen zu können und nicht schon am Anfang im Krisenmodus zu sein. Daher plage ich mich lieber vorher ein bisschen. Außerdem wüsste ich auch lieber von vorne herein, ob die Ausrüstung etwas taugt oder nicht.

Es liegt noch der letzte Schnee, als ich meine ersten Trainingseinheiten starte. Sie führen mich am Wochenende rund um Weilheim. Schnell wird klar, dass zu viel Familienzeit dafür verloren geht. Schließlich bin ich ja im Sommer auch noch einen ganzen Monat weg. Deshalb verlege ich mich darauf, meinen Arbeitsweg zum Training zu nutzen und geselle mich damit zu den von Harry G in seinem Clip „15 Jogger, die jeder kennt" (ich bin #2 Der Berufspendler) herrlich parodierten „Lifestyle"-Hobbysportlern.

Mein Arbeitsweg ist für diese Zwecke sehr gut zu gebrauchen. Er ist lang (mehr als 50 Kilometer), führt am Starnberger See entlang und im späteren Verlauf, zwischen Tutzing und Weilheim, über welliges Voralpenland (immer mit Blick auf den eigentlichen Gegner, die Alpen). Dumm ist nur, dass es auf der Strecke keinen größeren Berg gibt. So muss die Ilkahöhe bei Tutzing als Sparringspartner herhalten. Wie der Name schon sagt ist die Ilkahöhe kein richtiger Berg und ist in etwa einer halben Stunde vom Bahnhof in Tutzing bezwungen. Aber es ist besser als nichts. Um die Trainingsintensität trotzdem hoch zu halten, gehe ich dafür etwas schneller.

Anfangs gehe ich zwar in Originalschuhen aber nur mit leichtem Gepäck. Aber auch so kann ich schon feststellen, wie es nicht funktionieren wird. Im Vorjahr hatte ich mir eingebildet, dass zusätzliche Einlegesohlen das nach Vorne-Rutschen im Schuh bei Abstiegen verhindern. Das hatte auch gut funktioniert. Doch im flachen Gelände stoßen jetzt die großen Zehen permanent an den Schuh. Ich hole mir also schon beim Training zwei blaue

Zehennägel. *(Tipp für alle, die es vielleicht nachmachen wollen: Auf gute Pediküre ist allzeit zu achten. Das kann eventuell die Zehennägel erhalten.).* Mit diesem Problem hatte ich erst auf der eigentlichen Tour gerechnet. Daher nichts wie raus mit den zusätzlichen Sohlen und fortan läuft es im Schuh wie geschmiert.

Später nehme ich dann auch das Originalgepäck dazu. Das heißt fast. In der Regel wiegt der Rucksack 10 Kilogramm. Darauf kommt es zu einem zweiten Effekt, mit dem ich so auch nicht gerechnet hatte. Die längeren Strecken, in der Regel dauert eine „Trainingseinheit" zwischen 2 und 3 Stunden, mit dem Gewicht schön auf der Hüfte verteilt, zwingen mich meinen Rumpf stabil zu halten. Das wiederum stimuliert die Muskulatur im Rücken derart, dass ich immer weniger Rückenprobleme habe. Das grenzt schon fast an eine „Wunderheilung". Ich bin schwer erleichtert, weil mich die fremden Betten jetzt nicht mehr zu schrecken brauchen. Außerdem beweist es ein weiteres Mal, dass der paradoxe Ansatz, sich Gewicht auf die Schultern zu laden, um mental Erleichterung zu erfahren, tatsächlich funktioniert.

Aufgrund meiner restlichen Verpflichtungen komme ich einmal pro Woche zum Trainieren. Ab Mitte April lasse ich fast keinen Freitag mehr aus. Es gelingt mir zwar nicht einen verstärkten Trainingsreiz zu setzen, nämlich mehrere Tage hintereinander zu marschieren, trotzdem fühle ich mich mit jeder Woche gesundheitlich und im Kopf besser. Die Zuversicht, das Alles könnte klappen, wächst stetig.

Deshalb bin ich ein großer Verfechter des Trainings. Für all jene, die Training für das stupide Repetieren von immer den gleichen Bewegungsabläufen halten, erzähle ich noch ein paar Episoden aus meinem Trainingsalltag. Denn auch direkt vor der Haustüre lauert das Abenteuer.

Ein Kracher zu Beginn

Der Himmel zeigt ein ungesundes grau-gelb, als ich in Starnberg am Bahnhof See aus dem Zug aussteige. Für heute ist ein Wettersturz angesagt. Mit heftigen Böen ist zu rechnen. Aber wann genau das Wetter umschlägt, vermag man nicht zu sagen. Ich entschließe mich trotzdem loszugehen. Auf meinem Weg nach Tutzing liegen zwei S-Bahn-Stationen. Wenn es gar nicht mehr geht, flüchte ich mich eben zum nächstgelegenen Bahnhof.

Auf meinem Weg durch das Starnberger Stadtgebiet verändert sich der Himmel nicht um die geringste Nuance. Das sieht verdächtig nach der Ruhe vor dem Sturm aus. Später verläuft der Weg Richtung Badegelände „Paradies" durch ein langegezogenes Waldstück.

Die hohen Fichten rechts und links des Weges versperren mir den Blick nach oben. Ich kann nur hoffen, dass sich nichts Schlimmeres zusammenbraut.

Als ich am Badegelände „Paradies" aus dem Wald trete, ist das gelb vom Horizont gewichen. Jetzt dominieren die dunkleren Grautöne. Ich werde kurz abgelenkt, weil ich auf ein Sinnbild bayerischer Dialektik stoße. Zwei leere Flaschen Augustiner stecken kopfüber in der Wiese. Sie markieren Torpfosten auf einem improvisierten Bolzplatz. Die Ansätze „Sport gleich gesund" und „Bier gleich ungesund" in einem Gesamtkunstwerk vereint. Ob mir das der Künstler sagen wollte?

Beschäftigt mit diesen Gedanken erreiche ich den Weg am Seeufer. Er ist sandig und strohtrocken. Urplötzlich bricht die erste Böe los und reißt eine Windhose aus Sand hoch. Nun halte ich den Augenblick für gekommen, mich Richtung S-Bahnhof Possenhofen zu trollen. Ich passiere das Schloss Possenhofen, wo einst Sisi auf Ludwig II gewartet haben soll, und gelange auf den Dorfanger von Possenhofen. Inmitten einer dreieckigen Wiese steht ein weit ausladender, freistehender Baum. Eine weitere Böe fährt in diesen Baum, spaltet ihn und reißt eine Hälfte in die Tiefe. Zartbesaitete Gemüter überspringen besser den nächsten Satz. Das Krachen klingt wie ein monströser Knochenbruch.

Vom Ort des Geschehens bin ich etwa 10 Meter entfernt. Aber obwohl keine unmittelbare Gefahr für Leib und Leben bestand, dauert es eine Weile bis ich wieder normale Gesichtsfarbe erreicht habe. Wieder bei Sinnen nehme ich meine Beine in die Hand und haste in Richtung Bahnhof. Beunruhigender weise verläuft der Weg durch ein weiteres Waldstück. Die Bäume wanken und wogen hin und her, sind aber im Verbund in der Lage dem Druck standzuhalten. Völlig außer Atem erreiche ich den S-Bahnhof Possenhofen.

Was war das denn jetzt? Ein Wink von oben, das ganze Unternehmen fallen zu lassen? Ich beschließe jedenfalls, ab sofort doppelte Vorsicht walten zu lassen.

Ich bin willkommen

Im siebten Psalm heißt es: „Herr, mein Gott, ich flüchte mich zu dir; hilf mir vor allen Verfolgern und rette mich." Dass ich das einmal im wörtlichen Sinne während des Trainings in Anspruch nehmen muss, hätte ich mir nicht gedacht.

Auf einer meiner Trainingstrecken von Tutzing nach Weilheim durch den Hardt liegt ein Kreuzweg. Wie es sich für einen richtigen Kreuzweg gehört, geht es dort ordentlich bergauf. Das führt dazu, dass der Wandersmann seinen Schritt verlangsamt. Er ist daher anfälliger für Wegelagerer. In diesem, sehr feuchten Sommer bestehen die Wegelagerer aus Insekten aller Art. In wohlgezielten, den Eindruck habe ich zumindest, Angriffen stürzen sie sich auf mich. Die restlichen Insekten seilen sich von überall her ab. Ich kann mich gar nicht so schnell schütteln, wie ich angefallen werde.

Daher trete ich die Flucht nach vorne an und stürme den Berg hoch. Oben lockt die Hardtkapelle als sichere Zuflucht. Ich rette mich in den Vorraum der Kapelle. Wie kühl und still es hier ist, eine Wonne. Wenn ich hier schon mal so sicher bin, nehme ich ein Schlückchen Wasser, ein Genuss. Und ehe ich mich versehe, habe ich auch noch ein Riegelchen verzehrt, wie lecker.

Formal könnte man das schon eine Brotzeit nennen. Mich beschleicht ein schlechtes Gewissen, weil man in einem Gotteshaus nicht wirklich Brotzeit machen sollte. Als Bewunderer der Don Camillo Filme könnte ich mir jetzt gut vorstellen, dass Jesus höchstpersönlich mich zur Ordnung ruft. Vielleicht mit den Worten: „Du kannst hier doch nicht einfach Brotzeit machen. Magst Dich nicht gleich schleichen!"

Nichts dergleichen passiert. Ich bin also auch so willkommen. Welch tröstlicher Gedanke.

Ich bin ein Wanderer, hol mich hier raus

Die Methode, am Freitagnachmittag zu trainieren, hat einen großen Nachteil. Am Abend steigt die Gewitterneigung. Eines Freitags, es ist wieder die Strecke Tutzing - Weilheim im Programm, rückt von Westen eine Gewitterfront an. Allerdings tut sie das ganz langsam und hat sich deshalb laut Wetterbericht auch schon stark verspätet.

Obwohl ich vor Gewittern einen Heidenrespekt habe, riskiere ich es und trabe los. Bis hinter der Ilkahöhe läuft alles bestens. Im Ort Kampberg aber holt mich die Front ein. Das ist gar nicht so unpraktisch, weil hier sofort ein Unterstand zur Hand ist. Es ist ohnehin Zeit für eine Pause und so beschließe ich, das Gewitter auszusitzen. Das funktioniert auch in der Regel, weil Gewitter normalerweise mit starken Stürmen einhergehen und somit selten ortsfest sind. Doch heute ist es anders. Dem Gewitter scheint es hier zu gefallen. Es zieht und zieht nicht weiter. Ein Donner jagt den anderen.

Mittlerweile wird mir kalt. Will ich mir keine Erkältung holen, muss ich irgendwann los. Das Problem dabei ist, dass vor mir bis zum nächsten Ort eine vollkommen freie Fläche ohne Baum und Strauch oder Unterstand von etwa 1,5 Kilometern Länge liegt. Es kommt tatsächlich eine Periode, in der sich die Donner fortzubewegen scheinen. Im forschesten mir möglichen Schritt düse ich los. Doch irgendwie scheint das Gewitter etwas vergessen zu haben. Es kehrt wieder als ich mich etwa in der Mitte zwischen beiden Ortschaften befinde.

Auch das noch. Meine am Rucksack befindlichen Wanderstöcke aus Aluminium rufen den Blitzen förmlich zu: „Hallo! Hier bin ich!" Ich renne los, so schnell es nur irgendwie geht.

Sofort fühle ich mich in meine Schulzeit zurückversetzt, weil es sich genauso anfühlt, wie wenn man mit dem Schulranzen läuft. Beim Laufen schlägt dir der Rucksack zum ungelegensten Zeitpunkt ins Kreuz. Wie doof muss das aussehen, wenn ein doch schon reiferer Mann so ungelenk durch die Gegend rennt. Doch der Zweck heiligt die Mittel und ich komme ungeschoren in Haunshofen an.

Ich bin nervlich total runter. Mit zittrigen Fingern wähle ich die Nummer von zu Hause: „Michael, hol mich bitte hier raus!".

Mit dem Auto schwimmen wir dann mehr nach Hause, als dass wir fahren.

Eines kann ich mit Bestimmtheit sagen. Auf der Tour muss jeden Tag um spätestens 3 Uhr Schluss sein, bevor die Gewitterneigung steigt. Noch einmal möchte ich das nicht erleben.

Schienenersatzverkehr

Wir Pendler wissen das. Geplante Schienenersatzverkehre funktionieren bei der Deutschen Bahn leidlich. Spontane Schienenersatzverkehre sind mit den Worten „totales Chaos" noch sehr milde beschrieben. An einem weiteren Freitag sitze ich im Zug nach Tutzing, um von dort eine Trainingseinheit zu absolvieren. Kurz vor Starnberg wird durchgesagt, dass die Bahnstrecke zwischen Starnberg und Tutzing gesperrt ist, dass der Zug in Starnberg hält und dass ein Schienenersatzverkehr eingerichtet wird. Ein Raunen geht durch den Zug. Unzählige Handies werden gezückt, um den Liebsten eine Verspätung von ungewisser Zeit anzukündigen.

Der einzige, der mit einem Lächeln im Zug sitzt, bin ich. Voll ausgerüstet wie ich bin, ziehe ich meinen persönlichen Schienenersatzverkehr auf. Während sich die Fahrgäste in Starnberg in dicken Strömen Richtung Busbahnhof wälzen, biege ich Richtung See ab. Mit einem Pfeifen auf den Lippen ziehe ich gelassen meine Kreise bis Tutzing, wo ich zwar leicht verschwitzt, aber glücklich auf gestresste Zugreisende treffe.

Manchmal meint das Leben es richtig gut mit einem.

Fürstenried West und dann immer gerade aus

Abwechslung ist beim Training immer willkommen. So trifft es sich gut, dass ich einmal einen Abendtermin in Starnberg habe. Das regt meine Routenplanungsphantasie an. Wenn man sich an den südwestlichen Stadtrand von München begibt, erscheint die Strecke nach Starnberg auch zu Fuß machbar.

Doch die Geschichte hat einen Haken. Der riesige Wald im Süden von München ist gar kein Wald, er ist vielmehr ein Park. In Parks tendiert der Mensch dazu, Wege in geometrischen Formen anzulegen. Im Forstenrieder Park dominiert die Gerade in Form von Wegen, die „Geräumt" heißen.

Das klingt jetzt nicht wirklich verheißungsvoll. Aber im italienischen Flachland scheint mir die landschaftliche Vielfalt auch nicht gerade üppig zu sein. Warum also nicht auch etwas eintönigere Strecken üben?

Ich begebe mich also mit der U-Bahn nach Fürstenried West. Dort lenke ich meinen Schritt in die Maxhof Straße. Die Straße ist auch schon so verdächtig gerade. Sie ist die Verlängerung des Max-Josef-Geräumt, das mich in der Folge 1,5 Stunden beschäftigen wird, ohne dass auch nur eine Kurve den Blick in die Weite bricht. Die einzige Abwechslung besteht darin, wie weit die Bäume vom Wegesrand entfernt stehen. Das variiert von einem bis 10 Meter. Ganz, ganz selten kreuzt ein ebenso schnurgerades Geräumt.

Die ungetrübte Optik führt dazu, dass man glaubt, man komme überhaupt nicht vorwärts. Das kann einen entweder in den Wahnsinn treiben, oder man begegnet dem Ganzen mit Zen-Buddhistischer Gelassenheit. Ich ziehe mich in den Zustand meditativer Versenkung zurück. Das klappt dank der kontinuierlichen, gleichmäßigen Bewegung hervorragend. Ich bin schon fast überrascht, als die Änderung des Fahrbahnbelages von Teer zu Schotter das Ende des Geräumts ankündigt.

Am Ende des Tages bin ich der Überzeugung, dass, wer auch mit dieser Art Gelände zurechtkommt, reif für eine Alpenüberquerung ist.

Ich bin sowas von bereit. Ich kann es kaum mehr erwarten.

Der Countdown läuft

Noch eine Woche: Es wird Zeit meiner WhatsApp-Gruppe Leben einzuhauchen. Daher gehe ich mit folgendem Bericht vom Abschlusstraining das erste Mal „auf Sendung".

Haunshofen Plains, der Gegner steht in der Ferne mit mehreren Viererketten. Das wird ein Geduldsspiel. 01.07.16, 20:42

Erst einmal Willkommen in der Gruppe "Zwischen den Steinen". Hier geht es, wie die meisten schon wissen, um meine Alpenüberquerung von Weilheim nach Caorle an der oberen Adria. Ich habe jetzt erst mal großflächig in die Gruppe eingeladen. Wenn jemand den Tagesbericht nicht bekommen möchte, einfach kurz Bescheid geben. 01.07.16, 20:53

Heute war Abschlusstraining. Wie schon öfter von Tutzing nach Weilheim. Und da kommt man eben durch die Haunshofen Plains. Das Training bestand aus einem guten Dutzend Wanderungen mit Originalgepäck (ca. 10 kg). 01.07.16, 20:57

Alle so zwischen 13 und 16 Kilometer. Ob das wohl reicht? Man darf gespannt sein. 01.07.16, 20:59

Die Haunshofen Plains waren übrigens der Schauplatz meiner Schweinsgalopp-Einlage ein paar Wochen zuvor. Das letzte Training war von solcherlei Unbill nicht betroffen.

Der Grundstein ist gelegt, der Standard für meine täglichen Meldungen auch, ein Bild und zwei bis drei Gedanken zum Tage. Mehr soll es nicht sein.

Noch vier Tage: Wenn ich schon „Follower" habe, muss ich ihnen die Chance geben, meinen Bewegungen einigermaßen folgen zu können. Deshalb schicke ich das kunstvoll gedrechselte Routenplanungs-EXCEL in die Runde.

Planen heißt den Zufall durch den Irrtum zu ersetzen.   04.07.16, 19:45

Und trotzdem konnte ich nicht umhin einen Plan zu verfassen. Ist wohl eine Berufskrankheit. Dort planen wir alles. Für Euch hat es den Vorteil, daß ihr nun wisst, wo ich glaube das nächste Monat zu sein.
04.07.16, 19:48

Noch ein kleiner Hinweis zur Nutzung dieser WhatsApp Gruppe. Da der Personenkreis relativ groß ist, könnten wir ganz easy einen Nachrichten-Overkill erzeugen. Daher bitte ich Euch mir direkt zu antworten und nicht in die Gruppe. Vielen Dank für Euer Verständnis.
04.07.16, 19:53

Hoffentlich ist der Hinweis zur Funkdisziplin kein Stimmungskiller. Das Gegenteil ist der Fall. Positive Resonanz auf meine „Öffentlichkeitsarbeit" lässt nicht auf sich warten. Mich erreichen von vielen Seiten die besten Wünsche für das Unternehmen, sei es als WhatsApp, persönlich oder als handschriftlich verfasste Grußbotschaft. Ich genieße diesen Zuspruch wirklich. Es macht echt Laune einmal so im Rampenlicht zu stehen.

Der letzte Tag: Wie vor jedem Urlaub beschleicht mich das ungute Gefühl, dass ich irgendetwas vergessen habe. Kann es sein, dass nur noch das endgültige Rucksack-Packen auf dem Plan steht? Ich begebe mich also in den Keller, wo ich die Ausrüstung wie ein Eichhörnchen beiseitegeschafft habe. Das ist die Gelegenheit meine ganze Habe für den kommenden Monat auf einem Bild festzuhalten und mit der Gruppe zu teilen.

Es ist angerichtet!   07.07.16, 20:19

Die gute Nachricht zuerst. Es passt alles (ziemlich leicht sogar) in den Rucksack. Die schlechte Nachricht, das ganze Ensemble ist schwerer als gedacht, nämlich 11,9 kg. Da werde ich noch kleinere Korrekturen anbringen müssen. Am besten ich lasse den Rucksack weg.   07.07.16, 20:23

Spaß beiseite. Morgen geht es los mit dem Prolog. Ich bin hochmotiviert.
     07.07.16, 20:25

Als alles im Rucksack verstaut und die Nachricht draußen ist, fühlt es sich an wie Heiligabend um halb fünf. Wenn der Christbaum geschmückt ist, alle Geschenke eingepackt sind, alle Weihnachtskarten geschrieben sind und die restlichen tausend Sachen erledigt sind, fällt der ganze Stress von einem ab. Die Welt steht auf magische Weise still. Es bleibt einem nur zu warten, bis es Zeit für die Bescherung ist.

In diesem Sinne: Das Christkind kann kommen. Dieses Mal halt schon Anfang Juli.

Diese Richtung 480 Kilometer
08.07.2016 Prolog: Weilheim Marienplatz – Weilheim Ost

Was soll das Ganze mit dem Prolog eigentlich? Es rentiert ja fast gar nicht, sich für nur 1,5 Kilometer die Schuhe zu schnüren. Ein Prolog ist bei sportlichen Großveranstaltung dazu gedacht, das Teilnehmerfeld zu präsentieren und im Radsport schon einmal den Träger des Sondertrikots des Führenden zu ermitteln. In meinem Fall ist das Teilnehmerfeld sehr begrenzt und das gelbe Trikot gebührt sowieso mir als einzigem Bewerber, der den gesamten Parcours bewältigt. Warum also?

Das kommt daher, dass ich hoffe eventuell den ein oder anderen Nachahmer zu finden. Deshalb kann ich die „Sterr-Route" nicht in einem Wohngebiet starten lassen. Zum zweiten will ich zeigen, dass auch Weilheim, nicht nur München, einen sehr schönen Marienplatz besitzt. Somit hat die „Graßler-Route", was den Startpunkt anbelangt, meiner Route nichts mehr voraus. Und last but not least steht am Marienplatz die Pfarrkirche Mariae Himmelfahrt. Zusammen mit dem Santuario Madonna dell'Angelo in Caorle als Endpunkt ergibt das eine durchaus gewollte spirituelle Klammer. Die eigentliche Tour beginnt dann vor meiner Haustüre, so dass ich dann sagen kann, ich bin von zu Hause ans Meer gewandert.

Der Prolog ist so kurz, dass kein eigener Urlaubstag herzuhalten braucht. Ich werfe mich also nach Feierabend für den geplanten Fototermin auf dem Marienplatz in Schale. Auf den Fotos soll mein „Finisher"-T-Shirt, Modell „The Walking Dad", ein Geschenk zum Vatertag, zu sehen sein. In Marathon-Kreisen gilt es zwar als verpönt, das Finisher-Trikot zu tragen, bevor man die Ziellinie überquert hat. Ich für meinen Teil mache heute eine Ausnahme und lasse es nach dem Gebrauch in den Untiefen meines Rücksacks verschwinden, bis ich, so Gott will, die letzte Etappe nach Caorle in Angriff nehme.

Aus ökologischen Gründen begebe ich mich zu Fuß zum Ausgangspunkt. Die Tour geht also schon mit „Überstunden" los. Da ich, was die Wanderung betrifft, noch nicht „im Dienst" bin, darf mein älterer Sohn, eigentlich als Fotograf eingeplant, meinen Rucksack bis dorthin tragen.

Auf dem Marienplatz angelangt, kann der Unterschied zwischen meinem Innenleben und der Außenwelt krasser nicht sein. Weilheims „gute Stube" ist an einem Freitagabend im Sommer kurz vor Ladenschluss nicht gerade das Epizentrum der Turbulenz. Lediglich an den Tischen des Straßencafés schlürft der ein oder andere noch einen Cappuccino und genießt die Strahlen der untergehenden Sonne. In mir drinnen tobt ein Gefühlsgewitter erster Güte.

In einem Sturm von Begeisterung und Vorfreude zucken immer wieder Blitze von Verunsicherung. In so einem Augenblick fühlt sich der Rucksack unbeschreiblich schwer an. Ich rufe mich dann wieder innerlich zu Ordnung. Schließlich kann ich ja schlecht in die Gruppe schreiben, ich wäre wegen Fracksausens gar nicht erst losgelaufen. Von einer Sekunde auf die andere fühle ich mich wieder stark und souverän. Die Glückshormone quellen mir dann schon fast zu den Ohren heraus. Am liebsten würde ich meinem Überschwang freien Lauf lassen und ganz laut in die Runde rufen: „Hallo aufwachen! Ich bin's, der tolle Hecht, der die Alpen bezwingen wird. Und ich geh jetzt gleich looooos!" Aber das würde mir nur indigniertes Kopfschütteln einbringen. Daher lasse ich es lieber.

Wir absolvieren unsere Fotosession unter den Augen einer ehemaligen Nachbarin, die zufällig im Café sitzt und was mir den letzten „Follower" einbringt.

Bevor es richtig losgeht, möchte ich mich noch in Mariae Himmelfahrt für ein paar Minuten sammeln. Ich zünde für mich eine Kerze an. Das selbe beabsichtige ich auch in Caorle zu tun. Früher, als man auf Reisen noch Gefahr lief den Räubern in die Hände zu fallen oder einem übellaunigen Bären in die Pranken, hat man das viel öfter gemacht. In der heutigen, technokratischen Zeit sind wir uns so verdammt sicher dort anzukommen, wo wir hinwollen. Eigentlich müsste ich als Ingenieur diese Weltsicht teilen, weil Ingenieure alles zu wissen glauben. Ich hingegen weiß um meinen Glauben und setze mein Vertrauen in diese Kerze. Wohlan die Pilgerschaft kann beginnen.

Ich trete vor die Kirche und starte mit ungelenken Fingern mein Wander-Navi. Es dauert gefühlt eine Ewigkeit, bis das Navi seine Satelliten gefunden hat. Doch dann tun wir, mein Sohn begleitet mich auch nach Hause, den ersten Schritt und wir verlassen den Marienplatz nach Osten in Richtung Obere Stadt. Mehr als eine halbe Million Schritte werden folgen. Der Anfang ist gemacht.

Obwohl die Stecke nur sehr kurz ist, steht heute schon der erste Berg auf dem Programm, der Römerberg. Doch dieser Berg tut nur so, mit dem kann man spielen, weil es nur eine Bodenwelle von etwa 5 Höhenmetern ist. Nach knapp 20 Minuten ist der Prolog auch schon vorbei, was beweist, dass man ihn auch spielend mit der ersten Etappe kombinieren kann.

Da noch Zeit vor dem Abendessen ist, verfasse ich meinen ersten Tagesbericht.

Auch die längste Reise beginnt mit dem ersten Schritt. Der erste Schritt ist schon gemacht. Für den Rest der Bevölkerung auf dem Weilheimer Marienplatz absolut nichts Aufregendes, für mich allerdings schon sehr spannend.
08.07.16, 18:50

Der Prolog war als kleines Aufwärmtraining gedacht. Man kann sagen, der Auftrag wurde ob der Hitze voll erfüllt. Daher wird der Abmarsch morgen um eine Stunde vorverlegt (auf 8 Uhr).
08.07.16, 18:54

Diese Richtung 480 Kilometer
08.07.16. 18:38

Heute sieht die Strecke noch rechtübersichtlich aus. Morgen wird sich das hoffentlich ändern.

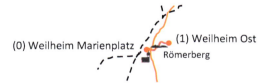

Nach reichlich Sportlernahrung, es gibt Nudeln, begebe ich mich zeitig zu Bett. In mein geliebtes Bett, das ich sehr vermissen werde. Ach ich werde so viel vermissen, aber ich werde auch unendlich viel dazu bekommen.

Parkbank mit Botschaft
09.07.2016 Weilheim Ost – Iffeldorf

Wir starteten in Weilheim, Oberbayern, um 8 Uhr infolge Hitzewarnung. Jedoch ist von Hitze erst einmal keine Spur. Das Wetter ist irgendwie zwielichtig. Andrea, die beste Ehefrau von allen, setzt auf Wetterbesserung und trägt kurze Hosen mit T-Shirt. Ich bin mehr so der verfrorene Typ und wähle die lange Hose.

Es dauert nur wenige Augenblicke, um an den Geburtsort der Idee der Alpenüberquerung zu gelangen. Eigentlich wollte ich hier ein wenig innehalten und den Gegner in Augenschein nehmen. Aber leider hüllen sich die Berge heute in grau. Tatsächlich sieht es so aus, als stünde in der Ferne eine graue Mauer. Weg können die Berge ja nicht sein. Dann werden wir sie eben später zu Gesicht bekommen.

Ein paar Schritte weiter passieren wir das Ortschild von Weilheim. Der rote Balken quer über dem Schriftzug „Weilheim" sagt mir: „Jetzt ist es amtlich. Ich bin on the road". Wie viele Rädchen doch ineinandergreifen müssen, bis man das sagen kann. In der Arbeit ist keine Katastrophe entstanden, die meine Anwesenheit dringend erfordert hätte. Am letzten Arbeitstag entstand die übliche Hektik. Wer weiß, warum das immer so sein muss. Aber letztendlich ist man dann doch entbehrlich. Meine Eltern halten sich trotz einiger Gebrechen wacker. Die Kinder sind, obwohl im Prüfungsstress, gut drauf. Die beste Ehefrau von allen, fitter denn je wegen des ausgiebigen Trainings, gibt mir das Geleit. Ich habe mir nicht in letzter Sekunde die Zehe am Bettpfosten gebrochen. Ich habe auch nicht über Nacht die Masern bekommen. Auch die Schnürsenkel blieben heute in Frühe ganz. Alle Ampeln stehen auf grün. Jetzt muss ich nur noch das Beste daraus machen.

Wir folgen dem Sträßchen Richtung Bauerbach. Es ist nicht ganz ungefährlich wegen der vielen unübersichtlichen Kurven. Der geübte Weilheimer weiß aber, wie man damit umzugehen hat. Um die Betriebstemperatur müssen wir uns nicht lange sorgen, weil wir sogleich auf die erste Welle des Hardt treffen. Der Hardt ist eine ebenso eigenwillige wie sehenswerte Landschaft. Die Gletscher der letzten Eiszeit haben eine Mischung aus Wellen und ebenen Flächen hinterlassen. Die Wellen sind in der Regel bewaldet und die Flächen, die aus Mooren hervorgegangen sind, sind heutzutage leuchtend grüne Wiesen. Die Wiesen wiederum geben atemberaubende Blicke auf die Alpen frei (heute halt leider nicht). Wir tauchen ein in diese Wunderwelt und bald ist nur noch das metallische Klicken von Andreas Wanderstöcken zu hören. Hin und wieder, vor allem in den Waldstücken, ist es ein wenig „mückig". Auf freier Strecke lässt das aber gleich wieder nach.

Nach etwa einer Stunde erreichen wir kurz vor der Hardtkapelle den nördlichsten Punkt der gesamten Tour. Dieser Schlenker ist dem Umstand geschuldet, dass ich einen unserer Lieblingsspazierwege, von der Hardtkapelle bis Magnetsried, in die Route mit einbauen wollte. Normalerweise macht die Route für derlei touristische Sonderwünsche keine Zugeständnisse. Für dieses exquisite Stück Weg habe ich eine Ausnahme gemacht. Er läuft auf einer der besagten Wiesen zwischen zwei Waldstücken in südöstlicher Richtung direkt auf die Alpen zu.

Wir biegen also an der Hardtkapelle rechts ab und folgen ab jetzt der geschotterten Straße. Am Wegesrand stoßen wir auf eine Parkbank, in deren Lehne in großen Lettern die Botschaft „Ausruhen – Nachdenken" eingraviert ist. Obwohl das Angebot nett gemeint ist, kann ich auf Kommando keinen tiefsinnigen Gedanken fassen (ebenso wenig, wie ich auf Kommando lustig sein kann). Deshalb kommen wir dem Angebot nicht nach und ziehen weiter unserer Wege. Wenn man sich lange genug anstrengt, kann man jetzt sogar die Berge schemenhaft erkennen.

In Magnetsried überqueren wir die Staatsstraße Weilheim – Seeshaupt und folgen der Beschilderung CVJM-Hof. Oh Mann, das wird einige Kilometer dauern, bis ich den Ohrwurm „It's fine to stay at the YMCA..." aus dem Kopf bekomme. Am Ortsende von Magnetsried hat ein Bauer eine Mutter-Kind-Wiese für Kühe eingerichtet, wo eine Kuh und deren Kalb, ungestört von den anderen Kühen, ihre Gräslein rupfen können. So romantisch kann Milchwirtschaft sein.

Unser Weg führt uns gleich hinter Magnetsried in eine Senke. Ich weiß nicht, ob sie natürlichen oder menschlichen Ursprungs ist. Jedenfalls sieht sie aus wie eine Schüssel mit einer Seite als Stehplatztribüne ausgebaut. Im Ernst, vielleicht geht auch gerade meine Phantasie mit mir durch, die Runzeln auf dem Hang zur rechten Seite sind so regelmäßig, als ob sie absichtlich dort angebracht worden wären. In diesem Trog entsteht ein angenehmes Gefühl der Abgeschiedenheit. Wir zwei sind mutterseelenallein. Das kleine Kraftwerk im Körper schnurrt vor sich hin. Die Welt, in der wir sonst leben, liegt meilenweit weg. Schon nach nur 2 Stunden sind wir auf die Essenz des Wanderns gestoßen.

Der ungemein enervierende Klang einer Mücke am Ohr reißt uns abrupt aus unseren Träumen. Kurz bevor wir Richtung Wolfetsried abbiegen, geraten wir in einen ähnlich organisierten Mückenangriff, wie ich damals während des Trainings. Schlagartig wird klar, was im Rucksack fehlt, das Anti Mücken Mittel. Wusste ich es doch beim Packen. **Irgendetwas fehlt.** Die Erkenntnis hätte mir auch schon früher kommen können, zum Beispiel als ich mich vor Mücken in die Kapelle flüchtete. Aber manchmal macht es im Kopf einfach nicht klick, auch wenn alle Anzeichen eine deutliche Sprache sprechen. Zum Glück ist das Waldstück nicht allzu lang und wir kommen kurz vor Wolfetsried wieder auf offeneres Gelände, wo die Intensität der Angriffe deutlich nachlässt.

Im Ortskern von Wolfetsried halten wir uns links und folgen dem Sträßchen Richtung Seeshaupt. Unsere Beunruhigung weicht für ein paar Minuten, als wir auf ein Straßenschild mit der Aufschrift „Achtung Dachs kreutzt" stoßen. Da es sich hier wohl allein schon wegen des Rechtschreibfehlers bundesweit um ein Unikat handeln dürfte, kommen wir ins Grübeln. Was genau mag den Tierfreund bewogen haben, dieses Schild am Baum anzubringen? Ist es sein „Hausdachs", namens Waldemar? Oder ist hier ganz allgemein die Dachsdichte besonders hoch? Eine ganz andere, aber ebenfalls plausible Deutung wäre, dass das Schild nach dem Genuss von zu viel Weilheimer Dachsbräu Bier entstanden ist.

Eine Uralt-Markierung, schwarze 11 auf orangefarbigen Grund, zeigt an, dass wir nach rechts Richtung Hohenberg abbiegen müssen. Der Weg ist ebenfalls schon älteren Datums, denn er ist recht holprig. Hier scheint schon seit ewigen Zeiten niemand mehr entlang gegangen zu sein. Wenige Augenblicke später wissen wir auch warum. In Sekundenschnelle sind wir eingehüllt in Wolken von blutrünstigen Mücken. Wir sind wohl mitten durch ihr Gelege gelatscht. Jedenfalls haben wir diese Massierung noch nie vorher erlebt. Sofort nehmen wir unsere Beine in die Hand und stolpern uns in Richtung Hohenberg. Als wir dort ankommen, ist der Spuk wie auf Knopfdruck vorüber. Die Dame, die gerade die Terrasse der Wirtschaft wienert, weiß womöglich gar nicht, dass hinterm Haus das Mückeninferno tobt.

Wir sind jetzt erst einmal bedient. Weil es hier so schön ruhig ist, beschließen wir unsere Mittagspause zu machen. Auf großen Steinquadern, die den Parkplatz der Schlossgaststätte begrenzen, lassen wir uns nieder und verzehren unsere Luxusbrotzeit (es gibt gekochtes Ei, Apfelstücke und Gelbe Rüben Sticks). Diesen Standard werde ich, wenn ich alleine bin, nicht aufrechterhalten können.

Der Mückenschock lässt langsam nach und wir können wieder klarer denken. Eins ist mal sicher, besser wird das mit den Mücken nicht. Der weitere Weg führt uns an den Ostersee vorbei. Nach dem feuchtwarmen Sommer müsste es jetzt dort sein wie im Amazonasdelta. Kurzzeitig steht ein Abbruch im Raum, oder zumindest teilweise. Ich könnte ja alles anziehen, was ich habe, und im Laufschritt den Rest alleine durchziehen.

Mit einem Mal sind wir in einem in Hollywood oft benutzten Handlungsschema. Die Gefährten haben einen herben Rückschlag erlitten. Sie sind verzagt. Eine letzte Anstrengung ist nötig. Doch der Ausgang ist ungewiss. Es könnte schmerzhaft werden. Ja sogar Verluste sind nicht ganz auszuschließen. Jetzt tritt der Held auf und hält eine flammende Rede. Wer jetzt an „Herr der Ringe" oder „Braveheart" denkt, weiß was ich meine. Allein die Rede ist hier und jetzt gar nicht nötig. Andrea ist ebenso wild entschlossen wie ich, das hier durchzuziehen.

Mit grimmigem Blick schultern wir unser Gepäck, überqueren die Verbindungsstraße Eberfing – Seeshaupt und folgen der malerischen Allee Richtung Osterseen. Im nächsten Waldstück geht es erwartungsgemäß wieder los. Mir fällt ein, dass ich Ärmlinge dabeihabe. Die waren für extreme Kälte oder zum Schutz vor Sonne gedacht. Damit können wir wenigstens Andreas Arme mückensicher machen (das klappt tatsächlich prima, weil das Gewebe unheimlich dicht ist).

Bei dem Weiler Ellmann halten wir uns scharf rechts und biegen in die lange Gerade Richtung Lauterbach ein, die dummerweise ausschließlich durch Wald führt. Wir nehmen eine neue Schlachtordnung ein. Ich laufe hinter Andrea her und versuche mit der Landkarte Andreas Unterschenkel von Mücken frei zu halten. Der Punkt geht klar an die Landkarte. Versuchen sie das mal mit einem Wander-Navi. Ansonsten können wir nur das Tempo hochhalten. Es ist unfassbar, wie so kleine Tiere einen dermaßen aus der Fassung bringen können.

In den Parkanlagen der Lauterbacher Mühle ergibt sich die Gelegenheit ein wenig auszuschnaufen. Mit all dieser Hektik bemerken wir kaum, dass die Berge jetzt schon so nah sind, dass man sie schon gut sehen kann. Not macht erfinderisch. So erfinden wir die „Palmwedel-Methode". Je größer der Wedel, desto mehr Raum kann man mückenfrei halten. Das hilft so leidlich, bis wir auf zwei Radfahrer, zwei echte Ritter der Landstraße, treffen. Sie teilen, wie einst Sankt Martin den Mantel, deren Mückenmittel mit uns. Hätten wir diese guten Geister doch schon 10 Kilometer früher getroffen.

Wir können merklich entspannen. Die letzten beiden Kilometer sind leicht. Vom Wanderparkplatz her kommen uns immer mehr Tagestouristen entgegen, mit viel nackter Haut und wenig Anti Mückenmittel. Als kleinen Service warnen wir die Ärmsten. Mückenmittel können wir nicht anbieten. Wir haben ja keines.

Viel schneller als gedacht, wegen des hohen Tempos, erreichen wir den Iffeldorfer Wanderparkplatz, unser Tagesziel. War das eine Schlacht. Wir sind stolz und glücklich, dass wir das heute durchgezogen haben. Ich bin extra-stolz auf Andrea. Das war heute ein Akt schierer Willenskraft von ihr.

Nun ist es Zeit zu schummeln. Ich werde heute nämlich nicht in Iffeldorf nächtigen, sondern zu Hause. Das schont das Budget und, wie ich früher dachte, den Rücken. *(Tipp für alle, die es vielleicht nachmachen wollen: Iffeldorf verfügt sehr wohl über ausreichend Quartiere. Auch ein Bahnhof ist vorhanden, so dass man von Bahnhof zu Bahnhof wandern kann. Aus München kommend erreicht man leicht den Start- und Endpunkt per Bahn).* Wir rufen unseren Sohn Michael an, der uns in nur wenigen Autominuten wieder zurück nach Weilheim bringt. Noch im Auto schütteln Andrea und ich immer wieder den Kopf, einerseits, weil wir ein Mückentrauma haben, andererseits vor Ungläubigkeit des heißen Ritts wegen.

In Weilheim führt uns der erste Weg in einen Drogeriemarkt. Dort erstehen wir größere Posten Anti-Mück und weil es an vielen Stellen schon zu spät ist auch Anti-Juck. Heute hat es definitiv klick gemacht.

Zu Hause, nach dem ausgiebigen Gebrauch von Anti-Juck, stelle ich folgenden Tagesbericht in die Gruppe:

Parkbank mit Botschaft   09.07.16, 16:17

> Gefunden zwischen Hardtkapelle und Magnetsried, ein wunderschönes Stück Weg direkt auf die Berge zu. Allein die Berge hielten sich bedeckt.   09.07.16, 16:20

> Die technischen Daten der ersten Etappe: Endpunkt Iffeldorf Wanderparkplatz. 19,4 km, 325 Höhenmeter, Wanderzeit 4 h 9 min. Wanderpartner Andrea (tolle Leistung).
> 09.07.16, 16:27

> Und hier noch eine amtliche Mückenwarnung für das südliche Oberbayern. In Waldstücken und an stehenden Gewässern muss mit mehr als 20 Mücken je Kubikmeter Luft gerechnet werden. Da wirste echt verrückt.
> 09.07.16, 16:32

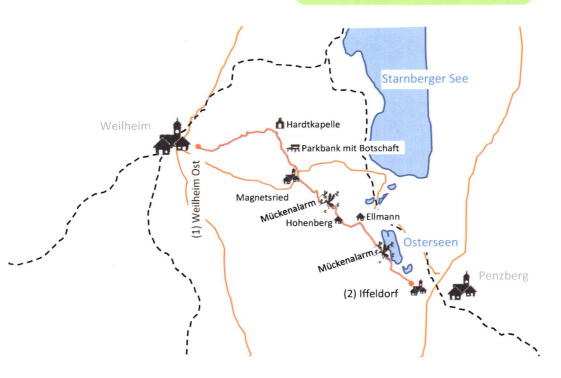

Wer hätte das gedacht, dass bereits in der ersten Etappe alles drinnen steckt, was Wandern ausmacht. Von der tiefen Krise bis zum reinen Hochgefühl war alles enthalten. Die Wander-Oper beginnt mit einer würdigen Ouvertüre.

Weicheier
10.07.2016 Iffeldorf - Schlehdorf

„Ich komme mir vor wie auf Schulausflug!" mit diesen Worten begrüßt uns mein Bruder Josef, als er gut gelaunt aus dem Weilheimer Bahnhof tritt. Und irgendwie sieht er auch so aus. Sein Wanderrucksack scheint schon etwas in die Jahre gekommen zu sein. Außerdem sitzt er verdächtig weit oben. Wenn das mal gut geht. Ansonsten hat mein Bruderherz vollkommen recht, denn heute ist Wandertag.

Da wir gestern ein klein wenig geschummelt haben, gilt es erst mal den kurzen Transfer bis zum Iffeldorfer Wanderparkplatz zu absolvieren. Mein Sohn Michael, der uns heute ebenfalls begleitet, ist schon im Wagen. Die beste Ehefrau von allen übernimmt das Amt des Chauffeurs.

Der Himmel ist heute absolut wolkenlos. Die Temperatur ist jetzt am Morgen schon ziemlich hoch. Das verspricht eine kuschelig, warme Tour. Bevor wir tres caballeros losziehen, um das sonnige Voralpenland zu erobern, legen wir daher noch mal eine Schicht Sonnen- und Mückenschutz auf. Der Abschied fällt nicht allzu spektakulär aus, weil wir uns am Abend noch einmal mit den ganzen Familien zum Abschiedsessen in Schlehdorf treffen wollen.

Heute stehen circa 17,5 Kilometer auf dem Programm, darin enthalten die ersten beiden kleineren Wellen im Gelände. Die Strecke ließe sich spielend verkürzen, wenn man die Verbindungsstraße von Iffeldorf nach Antdorf nehmen würde. Doch die Straße ist gut ausgebaut und ziemlich gerade. Da ich keine Lust auf Autos habe, die mit mehr als 100 km/h an uns vorbeibrettern, müssen wir ein wenig ausholen. So durchqueren wir Iffeldorf fast in der ganzen Breite und halten auf die Heuwinkl-Kapelle zu. Ich nutze diesen Aufgalopp, um ein bisschen in meinen Körper hineinzuhorchen. Zu meiner Zufriedenheit hat der gestrige Tag nicht die geringste Spur hinterlassen. Muskeln und Geist melden sich vorschriftsmäßig zum Dienst.

In der Zeitung hatte ich gelesen, dass die Heuwinkl-Kapelle frisch renoviert ist. Sie erstrahlt tatsächlich in frischem gelb und das Dach in sattem rot. Leider ist sie abgesperrt. Aber auch von außen ist sie ein außergewöhnlicher Anblick. Das Kirchenschiff ist kreisrund, was für sich schon selten vorkommt. Daran ist ein winziger, rechteckiger Eingangsbereich angesetzt. Zusammen sieht es so aus, als ob in dieser Kapelle der Kirchturm das Kommando übernommen hat. Der Eindruck verstärkt sich noch, weil auf dem Rundbau eine enorme Zwiebelhaube thront, aus dem noch ein weiteres Türmchen herausragt. Das muss damals, im 18ten Jahrhundert, ein revolutionärer Entwurf gewesen sein.

Wir ziehen weiter Richtung Höllfilz und trampeln alle drei an einer Wegweisung am Waldrand vorbei. Der Irrtum ist relativ schnell bemerkt, als wir vor einem verschlossenen Gittertor stehen. Also kehrt Marsch und den Wegweiser suchen. Siehe da die Wegweisung, der Bischofsstab des Prälatenwegs, dem wir heute ein Stück weit folgen, war gar nicht so versteckt. Im Wald kommt es dann zum Schwur, ob das Anti-Mücken Mittel die Biester wirklich abhält. Zu unserer Erleichterung drehen die Mücken ab, sobald sie auf kürzere Distanz kommen.

Unser Weg führt uns zwei Mal über die Autobahn München – Garmisch. Auf den Brücken stehend könnte man die Autofahrer beneiden, die sich mit einer simplen Bewegung aus dem Fußgelenk auf wahnwitzige Geschwindigkeit bringen. Mit dem Auto werden Kilometer zur Massenware. Was man so leicht bekommt, verliert an Wert. Geht man zu Fuß, gibt man der Strecke seinen ursprünglichen Wert zurück. In diesem Sinne häufen wir gerade ideelle Reichtümer auf. Warum also sollten wir neidisch sein?

Wir erreichen Antdorf in einem von allen Seiten leicht angeschwitzten Zustand. Im Schatten eines Baumes machen wir uns an die Getränkevorräte. Das erfrischt und macht den Rucksack leichter. Josef zaubert ein Fruchtmus in der Quetschtüte aus seinem Rucksack hervor. Proviantmäßig scheint er gut für den Schulausflug aufgestellt zu sein.

Wieder auf Achse passieren wir die Gaststätte Petermichl. Das ist nett, weil der Peter mit dem Michl gerade vor der Türe stehen. Wenig später haben wir die Wahl zwischen „Frauenrain direkt" und „Frauenrain über Kirnberg-Kapelle". Wir entscheiden uns für die Kirnberg-Kapelle, weil das interessanter klingt. Die Kapelle steht auf einem für das Voralpenland typischen Buckel (geologisch heißt das Drumlin). Hat man die schmale Treppe, die auf diesen Hügel führt, erst einmal überwunden, steht einer Besichtigung der auch im inneren sehenswerten Kapelle nichts mehr im Wege.

Allzu lange wollen wir uns allerdings nicht aufhalten. Doch wo ist jetzt die Fortsetzung des Weges? Rund um den Buckel befinden sich nur Wiesen mit hüfthohem Gras. Ich höre schon wie die Zecken feixen: „Der Große ist meiner!" „Ich nehm den mit der Brille!" und „Lasst mir auch noch was übrig!". Wir haben nicht vor uns des Abends gegenseitig nach Zecken abzusuchen. Deshalb wieder kehrt Marsch und die Treppe hinunter. Schließlich erreichen wir eine abgemähte Wiese, wo ein Wechseln auf den vorgesehenen Weg nach Frauenrain möglich ist.

Die erste voralpine Herausforderung liegt vor uns, die erste von mir schon erwähnte auslaufende Welle. Der Anstieg befindet sich in einer seltsam geformten Rinne. Von Luftzirkulation ist hier keine Spur. Die Hitze steht wie eine Mauer. So gerät der Anstieg zum Dämpfen im eigenen Saft.

In Frauenrain müssen wir eine Routenentscheidung treffen. Vorgesehen wäre jetzt die Direttissima über den Hügel nach Dürnhausen. Der Weg ist auf meiner Wanderkarte nur als dünne, schwarze Linie eingezeichnet, was im Falle der Kirnberg-Kapelle ein Reinfall war. Auf der anderen Seite bietet sich ein ästhetisch sehr ansprechender Weg Richtung Berghof förmlich an. Er schlängelt sich so elegant den Hügel hinauf, dass wir nicht widerstehen können. Wir nehmen den schönen Weg und er enttäuscht uns nicht. Er gibt einen weiten Blick zurück, garantiert nicht im Zorn, nach Norden frei. Es ist schon ein gutes Gefühl zu sehen, wie weit man zu Fuß kommt. Im Hintergrund schimmert ganz verstohlen der Starnberger See.

Wenige Minuten später, am Gipfel des Hügels in Berghof, eröffnet sich ein herrlicher Blick auf die andere Seite nach Süden, in die Kochler Bucht. Ich versteige mich in die Aussage, man könne von hier unser Ziel, das Kloster St. Tertulin in Schlehdorf schon sehen. Immerhin habe ich das Kloster als imposantes Bauwerk in Erinnerung, das obendrein auf einer kleinen Anhöhe steht. Doch es liegt leichter Dunst in der Ebene, so dass man das Kloster nicht erkennen kann. Der Name des Klosters ist übrigens durchaus erwähnenswert, da es sich bei Tertulin formal gar nicht um einen Heiligen handelt. Er hatte sich um die Übersetzung der Bibel in das Lateinische Verdienste erworben, wurde dafür aber nie heiliggesprochen. Somit dürfte es nicht allzu viele Kirchen mit diesem Namen geben.

Der Abstieg vom Hügel ist nicht mehr ganz so idyllisch. Er verläuft zwischen Autobahn und einer riesigen Kiesgrube. Wir können von Glück reden, dass heute Sonntag ist, sonst hätten wir womöglich in einer riesigen Staubwolke gestanden. Um in den Ort Sindelsdorf zu gelangen, müssen wir noch einmal die Autobahn unterqueren. Der Teil von Sindelsdorf, durch den wir jetzt kommen, mutet so still an, wie ein mexikanischer Ort während der Siesta. Das ist ein gutes Stichwort für ein Mittagspäuschen. Es ist Zeit einen Platz für ein Picknick zu suchen.

Plötzlich geraten wir in den Sog des heute stattfindenden Oldtimer-Treffens. Zwischen alten Traktoren und anderen Raritäten unterqueren wir erneut die Autobahn. Die Autos halten sich rechts zum Festgelände, wir halten uns links zum Badegelände. Wenn man, wie wir, sonst nur auf der Autobahn durch Sindelsdorf kommt, möchte man nicht vermuten, dass es hier ein kleines, aber feines Freibad gibt, mit Liegewiese und Sprungturm und allem. Leider hat man die Parkbänke vergessen, sodass wir die Stufen eines improvisierten Weges hinter einer Leitplanke als Rastplatz wählen.

Wir machen lecker Brotzeit und kommen relativ schnell wieder zu Kräften. Michael hat ohnehin kein Problem. Er ist die von mir ausgesuchten Touren gewöhnt. Er ist 30 Jahre jünger als wir und hat vor einiger Zeit das Joggen für sich entdeckt. Den kriegen wir heute bestimmt nicht klein. Josef ist trotz gewisser Druckstellen im Kreuz richtig angefixt. Er spricht schon von Mehrtagestouren, die wir bald mal zusammen machen müssten. Und ich bin körperlich ganz gut in Schuss, bin aber ein klein wenig beunruhigt, wegen der zusätzlichen Kilometer, die wir uns bis jetzt schon eingehandelt haben.

Vom Festplatz her dringt die Stimme eines Festredners, der der Reihe nach Oldtimer anpreist. Zu jedem Wagen weiß er eine Geschichte. So hat der Besitzer eines historischen Wagens mit dem Einbau von Schweinsledersitzen das Herz von Rosie gewonnen. Wir müssen schon fast schmunzeln, weil sich uns die romantische Wirkung einer teilrenovierten Rostlaube nicht ganz erschließt. Aber mal ehrlich, wer kann es wissen? Wir haben es noch nicht ausprobiert.

Es ist Zeit zu gehen, als sich herausstellt, dass wir jahrhundertealte Wegerechte verletzen. Eine ältere Dame verscheucht uns, weil sie unbedingt an der Stelle über die Leitplanke klettern will, wo wir gerade essen. Das tut sie, obwohl sie 10 Meter weiter ganz ohne Leitplanke auf das Badegelände kommen könnte. Man könnte sich jetzt darüber aufregen. Man muss aber nicht. Langstreckenwanderer sind ausgeglichene Menschen. Deshalb ziehen wir weiter ohne einen Streit vom Zaun zu brechen.

Die werten Sindelsdorfer tun nicht allzu viel dafür, um Großweil fußläufig erreichen zu können. Jedenfalls sparen sie massiv an Wegweisern. Nur unter Zuhilfenahme aller verfügbarer, pfadfinderischen Indizien, wie Wegbreite oder Feldkreuze, gelingt es uns die richtige Fahrstraße zu erreichen. Als dann auch noch die Fahrstraße von Dürnhausen kommend, was der eigentlich geplante Weg war, zu uns stößt, fühlen wir uns wegetechnisch wieder fest im Sattel.

Wir nehmen ein wenig an Höhe auf. Nicht allzu viel, weil wir die zweite Welle des Tages, die sich zwischen Sindelsdorf und Großweil erhebt, nicht zur Gänze überqueren, sondern nur östlich auf halber Höhe anschneiden. Für zwei Kilometer genießen wir die Kühle des Waldes. Weitere zwei Kilometer liegen aber wieder in freiem Gelände. Das ist aussichtsmäßig durchaus ein Gewinn und beweist, dass der Herzogstand und der Heimgarten, oder mit anderen Worten die Alpen, schon ein großes Stück näher gerückt sind. Andererseits hat uns die Hitze wieder.

Auf dem Abstieg nach Zell bei Großweil hoffe ich, dass das Kloster St. Tertulin nun endlich ins Blickfeld rückt. Doch das Kloster ist wie vom Erdboden verschluckt, was meine Begleiter auf eine harte Geduldsprobe stellt. In Zell angekommen müssen wir ein wenig nach Norden um das Kirchlein herum ausholen. Nicht weit genug, wie sich zeigt, weil sich unser Weg Richtung Großweil entwickelt, das wir eigentlich rechts liegen lassen wollten. Da das Gelände hier sehr übersichtlich ist, beschließen wir einen Korrekturzug querfeldein über die Wiese. Mitten auf der Wiese bemerken wir wie sich ein Traktor in einem Affenzahn nähert, genau auf der Straße, die wir zu erreichen suchen. Offenbar hat der hurtige Landwirt andere Verpflichtungen (vielleicht kalbt die Kuh Elsa gerade). Er braust vorbei und wir entgehen dem klischeehaften Scharmützel, in dem uns der Bauer mit der gezückten Heugabel vom Acker scheucht.

In Sportübertragungen heißt es manchmal, der Athlet sähe „angefasst" aus. Genau das und von allen Seiten gut durchgebraten sind wir, als wir an der Loisach-Böschung unsere letzte Trinkpause einlegen. Wo ist denn jetzt dieses Kloster, …. dieses, dieses Terpentin (oje, sogar die Gedanken im Kopf beginnen schon zu schmelzen)? Wieder nichts. Sie werden es doch nicht etwa abgerissen haben. Es bleibt uns nichts Anderes übrig, als weiterzuziehen und in Schlehdorf selbst nachzusehen.

Nach der Überquerung der Loisach bei Unterau zerfällt unsere Gruppe. Jeder läuft so schnell wie es sein Dehydrierungsgrad erlaubt. Allzu lange müssen wir sowieso nicht mehr durchhalten. Nach einer guten Viertelstunde stehen wir vor dem Kloster St. Tertulin. Ich bin erleichtert, weil wir doch keinem Hirngespinst nachgejagt sind. Nachdem mein heutiges Nachtquartier „Gasthof Klosterbräu" heißt, ist es auch nicht wirklich schwer zu finden.

Zu unserer großen Freude verfügt der Klosterbräu über einen Biergarten. Er liegt jenseits einer, zugegebenermaßen schwach befahrenen, Straße. Hoffentlich bekommen die Bedienungen ausreichend Kilometergeld und Gefahrenzulage. Bevor ich auch nur ansatzweise an das Einchecken denken kann, brauche ich erst einmal dringend Flüssigkeit. Die Radler zischen nur so durch unsere Kehlen.

Da Radler nur alkoholarm und nicht alkoholfrei sind, nehme ich die Zimmerschlüssel leicht beschwingt an mich. Danach schmuggele ich, der ich nur ein Einzelzimmer gebucht habe, meine Kumpane auf mein Zimmer. Nachdem wir alle drei durch die Luxusdusche geschleust haben, genießen wir die Annehmlichkeiten eines vergleichsweise kühlen Hotelzimmers. Es läuft Tour de France im Fernsehen, was mich besonders freut. Dabei kommt es mir gar nicht so sehr auf den sportlichen Aspekt an, obwohl ich heute die Hitzestrapazen der Fahrer besonders gut nachvollziehen kann. Es sind vielmehr diese traumhaften Landschaftsbilder von Frankreich, die mit großem Aufwand aufgenommen werden, die mich so faszinieren. Trotzdem dösen wir reihum ein wenig ein.

In einer wachen Phase verfasse ich folgenden Tagesrapport.

Weicheier 10.07.16, 16:26

Ich gebe zu, die Idee ist geklaut. Sie stammt aus dem Buch "Mein Dietmar Jakobsweg" von Volker Keidel. Ein Geheimtipp in der Wanderbuch-Szene. Aber es trifft den Kern. Der Wandersmann schmort im eigenen Saft, der Autofahrer friert schon fast wg. der Air condition. 10.07.16, 16:33

Die technischen Daten der zweiten Etappe: 21,4 km (zwei mal falsch navigiert), 310 Höhenmeter, 4:39 Wanderzeit. Wanderpartner Sepp und Michael. 10.07.16, 16:37

Und die gute Nachricht zum Schluss. Die Mückenwarnung ist teilweise aufgehoben. Ein Vollbad in Autan vor der Tour wirkt Wunder. 10.07.16, 16:38

Nun müssen wir aber los. Unsere Familien, alle außer meiner Nichte, die ist leider verhindert, sind bestimmt schon in Schlehdorf angekommen.

Innerlich und äußerlich glühend veranstalten wir ein Gelage, wie es bei Reinhard Mey besungen wird „Kinder, kommt her, mir knurrt der Magen, Lasst uns ein kleines Essen austragen, In Lucianos Restaurant!" Unser Luciano ist der Fischerwirt, den wir von früher schon kennen. Da wird getafelt, getrunken und gelacht. Die Stimmung ist gelöst, wie fast immer nach einer gelungenen Tour. Doch schließlich muss gezahlt werden und die Gäste streben in alle Himmelsrichtung auseinander. Mein Sohn Simon muss zu seiner Fahrgemeinschaft zur Uni. Sepps Familie fährt zu sich nach Hause und Andrea und Michael zu uns.

Wie ausgemacht machen Andrea und ich noch einen kleinen Gefangenenaustausch. Ich bekomme ein Lunchpaket für morgen und frische Wäsche. Im Gegenzug dazu erhält Andrea die erste abgewanderte Landkarte und ein wenig gebrauchte Wäsche. Ich finde der Handel geht klar zu meinen Gunsten aus.

Der Abschied von der besten Ehefrau von allen fällt intensiver aus. Immerhin können wir uns beide nicht erinnern, jemals so lange, seit wir beisammen sind, voneinander getrennt gewesen zu sein. Andrea ist schwer besorgt, möchte sich das aber nicht anmerken lassen. Sie sagt, ich soll auch mich aufpassen. Und um die Stimmung ein wenig aufzulockern, ich solle fleißig Bananen essen, die wären gut gegen Kalziummangel. Mit diesen Worten entlässt sie mich in die freie Wildbahn. Ich verspreche beides, verabschiede mich wortarm, wie immer in solchen Situationen, und geleite Andrea aus dem Hotel.

Kurz vor dem Schlafen gehen, bekomme ich noch ein Bild von meinem Bruder zugeschickt. Abgebildet ist sein Schrittzähler. Auf dem Display prangt der sagenhafte Wert von 30.028. Er muss zu Hause noch ein paar Mal um das Haus getrabt sein. Glückwunsch Bruderherz zum High Score. Danach bin ich erst mal nur eines, allein.

So habe ich das geträumt
11.07.2016 Schlehdorf - Jachenau

„Very well alone!" sagten die Briten trotzig, als ihnen während des zweiten Weltkriegs die Verbündeten auf dem Festland ausgingen. Es muss auch mal alleine gehen. Im Training ging es ja auch. Der klitzekleine Unterschied zum Training sind nur die Berge, die gleich hinter Schlehdorf aufragen. Und natürlich die Tatsache, dass jedem Wandertag ein neuer Wandertag folgt. Allein ist das Neuland für mich. Ich bin schon ganz aufgeregt.

Der Wetterbericht für heute legt noch ein paar Schläge auf meinen Ruhepuls drauf. Die Schönwetterperiode wird im Laufe des Tages mit einem lauten Krachen zusammenbrechen. Wie so oft halten sich die werten Meteorologen mit dem genauen Zeitpunkt bedeckt. Immerhin sind sie sich soweit einig, dass der Vormittag ziemlich sicher unbehelligt bleibt. Aber wann am Nachmittag, früh oder spät, weiß keiner genau. Ich kann so nicht arbeiten.

Für mich heißt das zügig aufbrechen. Sobald das Frühstücksbuffet öffnet, haste ich über die Treppe in den Gastraum und werfe dabei fast alle Gäste aus den Betten. Die antike Treppe, der ganze Stolz der Hotelbesitzer, knarrt so laut, dass ich nur hoffen kann, die anderen Gäste haben einen guten Schlaf. Das Buffet selbst ist sehr reichhaltig. Zu dumm, dass ich so früh noch nicht allzu viel essen kann, besonderes nicht, wenn ich nervös bin so wie heute. In einer Art Wintergarten sitzend kaue ich auf meiner Semmel herum und sehe zum Fenster hinaus. Der Morgen ist ruhig und klar, welch Kontrast zu meinem Innenleben.

Wenig später, es ist knapp 8 Uhr vorbei, stehe ich mit all meiner Habe auf dem Rücken auf der Straße. Bevor ich losgehe, mache ich wieder einen Fitness-Check. Kaum zu glauben, aber die letzten beiden Tage sind außer den unzähligen Mückenstichen spurlos an mir vorübergegangen. Nicht einmal einen Sonnenbrand habe ich. So könnte es weitergehen.

Ich wende mich an der Hausecke des Hotels rechts Richtung Naturrodelbahn. Der Biergarten ist noch verwaist, wie fast der ganze Ort. Die Abzweigung zum „Felsenweg" lasse ich links liegen, nicht weil ich Angst davor hätte, sondern weil ich vor habe nach Urfeld zu gelangen, ohne den Kesselbergpass zu benutzen. Den „Felsenweg" bin ich schon einmal mit meiner gesamten Familie gegangen. Er ist wunderschön und absolut harmlos. Mein Weg beginnt leicht anzusteigen. Wenn das schon zur Rodelbahn gehört, fürchte ich fast, dass die Rodler hier schieben müssen.

Das Gelände ist wie geschaffen für eine Viehweide. Es dauert auch nicht lange bis ich einen Weiderost überquere. Ich bin noch keine zwanzig Minuten unterwegs und ich habe schon ein gewaltiges Problem. Jungvieh soweit das Auge reicht. Gefühlt, nicht gezählt, sind das mindestens 50 Stück. Sie verteilen sich zugegebenermaßen auf einer riesigen Fläche. Doch weiß ich nicht, wie ich sie alle im Auge behalten soll. Jungvieh verhält sich nämlich nicht gemäß der mathematischen Induktion. Ist die erste Kuh freundlich und führt der Übergang zur nächsten Kuh, die ebenfalls freundlich ist, und ist wiederum der Übergang zur jeweils nächsten Kuh immer gleich, müsste man eigentlich immer zu einer freundlichen Kuh kommen. Doch so einfach ist das nicht. Wer sagt mir, dass Kuh Nummer 5 nicht mit dem falschen Haxen aufgestanden ist, oder dass Kuh Nummer 13 kein närrisches Kräutlein gefressen hat. Deshalb atme ich so flach, wie es nur geht. In der Annahme, ich sei der Klügere, weiche ich auch mal auf die Böschung aus, wenn eine Kuh auf dem Weg steht. Ein paar Minuten später kann ich wieder normal atmen. Ich habe einen weiteren Weiderost überquert.

Nun geht es auch steigungsmäßig mehr zur Sache. Um ehrlich zu sein, möchte ich mich hier nicht mit dem Rodel in die Tiefe stürzen. Es ist Zeit die Stöcke zur Hand zu nehmen. In der Handhabe der Stöcke bin ich noch nicht allzu erfahren, bin aber für alles offen. Zum ersten Mal bemerke ich, dass ich einen rechten und einen linken Stock habe. Wie man auf die Idee kommen kann, schnurgerade Stöcke mit gleichem Griff in links und rechts einzuteilen, ist mir ein Rätsel. Aber die Reise ist lang. Vielleicht komme ich noch drauf.

Gleich darauf passiere ich eine Art Hohlweg. Danach führt der Weg fast flach durch lichten Wald. Nun müsste bald die angepeilte Abzweigung Richtung Urfeld kommen. Eine abzweigende Forststraße sehe ich sehr wohl, kann aber keine schlüssige Wegweisung erkennen. Hatte ich schon erwähnt, dass ich kurzsichtig bin? Ich kann mich nicht dazu durchringen mich auf gut Glück diesem Weg anzuvertrauen. Im Umkehrschluss heißt das aber, dass ich wieder zum Kochelsee absteigen muss. Damit sind 150 Höhenmeter für die Katz. Ich muss an einen Ausspruch meines Sohnes Michael denken, der auf einer anderen Tour dieses Malheur folgendermaßen umschrieb: „Ich weine um jeden Höhenmeter." Genauso fühle ich mich auch. Meine Tagesplanung gerät gehörig durcheinander.

Das ist aber noch nicht alles. Im Abstieg zum Kochelsee kommt mächtig Wind auf. Ist das schon der angekündigte Wettersturz? Doch am Himmel sind weit und breit keine Wolken zu sehen. Kann es sein, dass ich in eine mikroklimatische Anomalie geraten bin? Ich kann mich ziemlich gut daran erinnern, dass wir damals, als wir mit der ganzen Familie hier unterwegs waren, an dieser Stelle genau dasselbe Phänomen beobachtet haben. Es stürmte bei bestem Wetter. Vielleicht erzeugt das Gelände an diesem Ausläufer des Kochelsees eine Art Kamineffekt.

Es stürmt noch immer, als ich am Ufer des Kochelsees ankomme. (Tipp für alle, die es vielleicht nachmachen wollen: Hier kommt auch der schon erwähnte „Felsenweg" an. Mein

Umweg ist absolut nicht nötig. Nehmt den „Felsenweg". Er ist sehenswert.) Es handelt sich hier um eine sehr schöne Bucht, die allerdings von mächtigen Stromleitungen, vom nahen Kraftwerk kommend, durchzogen ist. Stromleitungen in geringer Höhe und dazu starker Wind sind keine gute Kombination für meine innere Ausgeglichenheit. Haben meine Brüder im Geiste, die Ingenieure, das alles richtig ausgerechnet? Ein weiteres Mal halte ich die Luft an und eile, so schnell ich kann, bis zum Kraftwerk. Natürlich war alles richtig berechnet. Was bin ich nur für ein Angsthase.

Auch mit der Navigation habe ich heute so meine Probleme. Auf meiner Landkarte ist ganz klar eine Abkürzung von Altjoch aus Richtung Kesselberg eingezeichnet. Doch auch diese verfehle ich elegant. Ich frage sogar zwei Männer, die gerade im Begriff sind eine Scheune abzureißen, nach dieser Abkürzung (jeder Mann weiß, wie weh das tut). Aber auch die können mir nur die alte Kesselbergstraße empfehlen. Ich bin mit der Gesamtsituation dermaßen unzufrieden, dass ich mich in die Steigung werfe, als gäbe es kein Morgen. Richtig bedient bin ich dann, als ich von rechts die verfehlte Abkürzung heraufkommen sehe. Ich lege noch mal einen Zahn zu. Das Tempo ist viel zu hoch und so muss ich vor einer monumentalen Gedenktafel, die ich vor lauter Schweiß in den Augen nicht lesen kann, zum Ausschnaufen stehen bleiben. Die erste richtige Steigung und ich jappse nach Luft, wie ein Fisch auf dem Trockenen. Peter, ich glaube wir müssen reden.

Zum Reden suche ich ein stilles Plätzchen. Unweit von hier trifft die alte Kesselbergstraße an einem Parkplatz auf die neue. Ich lege meinen Rucksack ab und rede mir ins Gewissen. „Was soll das? Wenn Du so weitermachst, kommst Du nicht weit. Was machst Du für einen Stress? Mach Dich locker! Es pressiert doch nichts. Sei nicht beleidigt! Iss eine Banane!" Ich tue, wie mir geheißen und esse eine Banane. Ich habe ja recht. Von jetzt an schalte ich zwei Gänge runter. Eine Viertelstunde später bin ich auf dem Kesselbergpass, ganz ohne Atemnot. Na also, geht doch.

Der Abstieg zum Walchensee erfolgt über die Terrassen des Wanderparkplatzes. Heute ist er fast komplett leer. Am Wochenende muss man früh dran sein, um überhaupt ein Platz zu bekommen, weil von hier aus zwei sehr beliebte Touren, eine auf den Jochberg und eine auf den Herzogstand, ihren Anfang haben. Am Ortseingang von Urfeld biege ich auf den Uferweg des Walchensees ein. Der Anblick des stillen, türkisblauen Sees hat auf mich therapeutische Wirkung. Wer bei dieser Stimmung nicht zur Ruhe kommt, hat ein ernsthaftes psychisches Problem. Ich reihe mich in die wenigen ebenfalls tiefenentspannten Spaziergänger ein. Und dann treffe ich auf den Volltreffer des Tages, einen Rastplatz de luxe.

Die Parkbank steht am Ufer des Walchensees mit bildschöner Aussicht auf die umliegende Bergwelt. Genauso habe ich es im Traum gesehen. Vielleicht habe ich sie mir auch herbeigewünscht. Plötzlich kommt alles ins Gleichgewicht. Es fühlt sich alles so richtig an. Hier und jetzt bin ich mir sicher, alles wird gut.

Ich mache mich über das liebevoll gepackte Lunchpaket her und lasse dabei die Füße und die Seele baumeln. Es besteht kein Grund zur Eile. Die Wetterfront ist noch nicht im Anmarsch. Über den Daumen gepeilt habe ich noch etwa eine Stunde zu gehen. Das lässt sich machen. Doch leider hat auch der perfekte Moment ein Ende. Es ist gekommen, als eine Zecke auf meinem Hosenbein herumkrabbelt. Ich schnipse sie mit den Fingern von der Hose und mache mich vom Acker.

Im Weiler Sachenbach verlasse ich den Walchensee, indem ich das Teersträßchen nehme, das leicht bergauf Richtung Jachenau führt. Umgeben ist das Sträßchen von einer makellosen Wiese (nicht Weide, es stehen keine Kühe drauf). Am höchsten Punkt zweigen zwei Wege ab. Den ersten, zur Fieberkapelle, übersehe ich komplett, weil ich noch zu berauscht bin von dem schönen Anblick. Den zweiten, „Jachenau über Waldweg", bekomme ich geradeso mit. Auf dem schmalen Steig mückt es wieder stark. Das Anti-Mück, das ich heute Morgen aufgetragen habe, taugt nicht mehr viel. Unbewusst gehe ich ein bisschen schneller. Bevor es zu unangenehm wird, stehe ich an der nächsten Kreuzung. Dort wird eine Variante über den Weiler Berg nach Jachenau angeboten. Trotz des erneuten Anstiegs schlage ich diese Richtung ein. Ich werde nicht enttäuscht. Wie der Name schon sagt, liegt der Weiler auf einer Anhöhe mit einer sagenhaften Aussicht auf die Jachenau.

Zur linken liegt der erste richtige Riegel der Alpen, den ich heute bezwungen habe, zur rechten der nächste Riegel, die Aufgabe für morgen. Geradeaus liegt das Tagesziel zum Greifen nahe, denke ich so vor mich hin, als sich eine Pferdebremse in mein Hemd verfliegt und mich sofort auf Höhe des Brustbeins in die Brust sticht. Das tut anfangs richtig weh. Der Schmerz verfliegt aber relativ schnell. Die Rötung allerdings bleibt und sieht fast wie ein Einschussloch aus einem billigen Actionfilm aus.

Über zwei ebenmäßige Wellen geht es jetzt hinunter in den Hauptort Jachenau. Der Gasthof Jachenau, meine Unterkunft für heute, liegt mitten im Ort. Er ist nicht zu verfehlen. Obwohl es erst knapp halb zwei ist, ist mein Zimmer schon bezugsfertig. Das ist ein echter Glücksfall, erlaubt es doch die Regeneration, die mein Körper jetzt dringend braucht.

Außerdem kann ich jetzt richtig trödeln, bis der Dorfladen, an dem ich gerade eben vorbeigekommen bin, wieder aufmacht. Kurz vor 3 Uhr sitze ich dann mit einigen anderen Kunden auf der Bank vor dem putzigen Laden. Es scheint wirklich alles zu geben, von Obst und Gemüse bis hin zu Pflänzchen für den Garten. Das ist REWE und Obi in einem, auf circa 150 Quadratmeter. Ganz unbürokratisch öffnet die Besitzerin ein paar Minuten vor der Zeit, welch Wohltat in der Servicewüste Deutschland. Ich erstehe Proviant für zweieinhalb Tage, weil der nächste Laden erst wieder in Pertisau am Achensee liegen dürfte. Als ich den Laden verlasse, beginnt es zu tröpfeln. Im Gasthaus angekommen bricht das angekündigte Gewitter los.

Der Regen platscht ans Fenster, während ich folgenden Tagesbericht verschicke.

So habe ich das geträumt.   11.07.16, 15:15

Mittagspause am Walchensee. Dieser Rastplatz wird hart zu toppen sein. Spitzenaussicht, fast schon einsam gelegen, Halbschatten und direkt am Weg gelegen. Perfekt.   11.07.16, 15:19

Die technischen Daten der dritten Etappe: 19,9 km, 830 Höhenmeter, 4:38 Wanderzeit, Wanderpartner keiner.   11.07.16, 15:23

Der Vorteil am alleine Wandern ist, dass man laut vor sich hin fluchen kann, wenn man eine Abzweigung verpasst hat.   11.07.16, 15:25

An einem Wandertag kommt das Beste zum Schluss, das Kapitel Schlemmen ohne Reue. Es besteht nachgerade die Pflicht zum Schlemmen, denn all die über den Tag verbrauchten Kalorien müssen dem Körper wieder zugeführt werden. Ebenso natürlich die Flüssigkeit, wobei ich von Alkohol in größeren Mengen Abstand nehme. Er ist in meinem Fall stark leistungsmindernd. Ich gönne mir eine Halbe Bier. Der Rest wird mit Radler aufgefüllt. Beim Essen führe ich ganz ohne Grund die Regel ein, nur landestypische Speisen und Getränke zu verzehren. So gibt es heute, weil ich noch in Deutschland bin, weder Schnitzel noch Kaiserschmarrn. Wein gibt es erst in Italien. Das ergibt eine kulinarische Zusatzmotivation. Ansonsten darf gegessen werden, was die Speisekarte und der Geldbeutel hergibt.

Ein Grillfleisch, eine Halbe Bier und mehrere Radler später befinde ich mich wieder auf meinem Zimmer. Vor dem Schlafen sehe ich noch fern. Es kommt „Sein letztes Rennen" mit Dieter Hallervorden, ein Film über würdevolles Altwerden. Wie passend.

Ubi sum? Austria!
12.07.2016 Jachenau - Hinterriß

Wäre die Wanderung tatsächlich ein Musikstück, würde es jetzt Plagiatsvorwürfe hageln. Zu Recht, weil die heutige Etappe exakt aus dem Fahrtenbuch des „Traumpfads München – Venedig" entnommen ist. Deshalb rechne ich auch damit, mit dem ein oder anderen „Graßler-Jünger" zusammenzutreffen. Und weil das so ist, habe ich mir schon vor längerer Zeit mein Quartier im Gasthof zur Post in Hinterriß gesichert.

Der Wetterbericht ist für heute ziemlich eindeutig. Man wird im Laufe des Tages nass. Die Gewitter haben sich zwar verzogen. Sie haben aber reichlich feuchte Luft und kühlere Temperaturen hinterlassen. Bis auf den Talböden hängen dicke Wolkenfetzen. Man ist an die Luis Trenker-Filme erinnert, in denen solche Ansichten mit viel dramatischer Musik inszeniert wurden.

Für mich heißt das keine Eile beim Frühstück. Schließlich ist es egal, ob man fünf Minuten früher oder später nass wird. Ich verlasse das Gasthaus Jachenau kurz nach 8 Uhr Richtung Ortsmitte. Von dort nehme ich den schon am Vorabend ausgekundschafteten Wiesenweg (ich bin immer schon so gespannt, wie der Weg weitergeht, dass ich ihn schon am Vorabend auskundschafte). Am Luitpolderhof soll es einen Einstieg in den Weg zum Rißsattel geben. Das mag sein. Ich habe ihn aber nicht entdeckt. Das bringt mir einen kleinen Umweg, die Jachen entlang, zum Weiler Point ein. Dort ist der Weg auch für Kurzsichtige ausreichend ausgeschildert. Außerdem kann ich mich ganz dunkel daran erinnern, hier schon mal gewesen zu sein.

Auf der Forststraße geht es dann auch gleich bergauf, nicht allzu wild, gerade richtig um warm zu werden. Mein Körper fühlt sich immer noch sagenhaft frisch an und das nach 3 Tagesmärschen. Das kann nicht ausschließlich auf das Training zurückzuführen sein. Vielmehr hat auch die Psyche einen großen Anteil daran. Jede Etappe ist nicht einfach eine Bergtour, sondern Teil einer Mission, die ich gerade erfülle. Die positiven Reaktionen auf meine Berichte tun darüber hinaus ihr Übriges. So hat mir gestern ein Freund, der offensichtlich über die Bergprofil-Erkennungs-App verfügt, auf mein Bild des Tages reagiert und mir die Bergsilhouette mit den Namen der Berge geschickt.

Ich befasse mich noch einmal mit meinen Stöcken und löse das Rätsel mit der links-rechts Einteilung. Es liegt an den Schlaufen, denn die sind unterschiedlich. Man muss nur entspannt an die Aufgabe herangehen, dann macht es auch im Kopf Klick. Die Steigung ist gerade so stark, dass die Stöcke bestens zur Geltung kommen. Man kann sich richtig am vor dem Körper eingesetzten Stock hochziehen. Eine merkliche Entlastung der Beine ist die Folge. Das ist wie Laufen auf allen Vieren nur ohne das lästige Bücken.

Wie angekündigt fängt es jetzt auch leicht zu regnen an. Es ist eine umständliche Prozedur bis man sich und den Rucksack in den Regenüberwurf gezwängt hat. Bis es soweit ist, lässt der Regen auch schon wieder nach. Da der nächste Schauer bestimmt kommt, lasse ich es erst einmal so. Nach gut 300 Höhenmetern ist eine Art Plateau erreicht und man darf eine Wegentscheidung ohne große Konsequenzen treffen, weil beide Alternativen an der Luitpolder-Alm enden. Ich wähle den Weg über die Lainer-Alm. Das klingt irgendwie gemütlich.

Die Lainer-Alm liegt auch recht idyllisch. Aber sie ist halt auch eine Alm. Zum Glück ist sie nicht allzu stark beweidet und die wenigen Kühe sind noch so verträumt, dass sie nicht bedrohlich wirken. Noch einmal kurz aufgepasst, sonst bleibt man auf der Fahrstraße, die im Nirwana endet. An deren Stelle kommt man über einen kleinen Steig bei mäßiger Steigung in den Talkessel der Luitpolder Alm.

Die Alm ist ein länglicher, flach geduckter Bau, der den Wetterverhältnissen hier oben nicht allzu viel Angriffsfläche bieten will. Obwohl äußerlich frisch renoviert, merkt man ihr das Alter trotzdem an. An der Stirnseite des Gebäudes befindet sich, gleich neben der offenen Eingangstüre, ein Hausbankerl, wie geschaffen für meine Bananenpause. Als ich mich auf der Bank niederlasse, streckt die Sennerin den Kopf aus der Türe und fragt, ob ich nicht hereinkommen wolle. Wenn ich es recht überlege, ist es doch recht feucht und frisch im Freien und so sage ich nicht nein. Ich betrete den dusteren und rußigen Raum, der sowohl Küche, Wohnzimmer, Esszimmer und Gastraum in einem ist. So richtig viel wärmer wie draußen ist es auch nicht. Es lohnt offensichtlich noch nicht ein Feuer anzufachen. Am Esstisch in der Ecke sitzt ein junger, kräftiger Mann in Lederhosen, wie frisch aus einem Jennerwein-Film entsprungen. Fehlt nur noch, dass er seinen Stutzen hinterm Haus versteckt hat. Er trinkt seinen Kaffee aus und verabschiedet sich mit den Worten, er hätte noch im Holz zu tun.

Um meine Getränkevorräte zu schonen, bestelle ich eine Limonade, die die Sennerin in einer hunderte Male geübten Bewegung aus dem Keller hervorzaubert. Unsereins hätte sich auf der schmalen Kellertreppe sämtliche Gräten gebrochen. So nach und nach kommen wir ins Gespräch. Anna, so heißt die Sennerin, kommt aus Südtirol. Unwillkürlich kommt einem da in den Sinn, dass dort das Klima viel besser ist und man jetzt um diese Zeit wahrscheinlich in der Sonne sitzen könnte. Warum genau sie in Bayern Dienst tut, verrät Anna nicht. Doch so angenehm, wie ich mir das ausmale, scheint es in Südtirol auch nicht zu sein. Sie ist eine erfahrene Sennerin, keine Praktikantin aus der Stadt, die eine Saison lang der Tretmühle des eigenen Berufs, oder gar Lebens, entkommen will. Ich gewinne den Eindruck, dass sie das, was sie tut, gerne tut, obwohl die äußeren Umstände, besonders heute, nicht gerade einladend sind. Es ist kalt und nass. Draußen ist es überall matschig. Hier hat es weder dauerhaft Strom noch warmes Wasser zum Duschen. Und es ist verflixt einsam, wenn nicht gerade Wanderer oder Waldarbeiter hier einkehren. Trotz alledem hat sie, wie es scheint, ihren Platz gefunden.

Das hat sie offenbar den Weitwanderern voraus, die ja doch irgendwie etwas zu suchen scheinen. Von Anna erfahre ich, dass viele München-Venedig Wanderer an der Alm vorbeikommen. Heute zum Beispiel wäre ich schon der Zweite. Schon vor gut einer Stunde kam eine junge Frau mit Zöpfen vorbei, die alleine bis Venedig laufen will. Wenn ich mich beeile, könnte ich sie vielleicht noch einholen. Das ist jetzt nicht direkt mein Ziel, doch sollte ich mich trotzdem wieder auf den Weg machen.

Anna tritt mit mir vor das Haus, um mir den Weg zum Rißsattel zu weisen. Es gibt offensichtlich eine sehr matschige und eine etwas weniger matschige Variante. Bevor ich gehe, will ich noch eine Expertenmeinung in punkto Gefahren durch Jungvieh einholen. Sie meint, wir Wanderer von heute wären mit den Stöcken sowieso schon richtig ausgerüstet. Eine Berührung mit einem Stock auf der Nase wirkt für Kühe sehr unangenehm und hält sie dadurch auf Distanz. Im Übrigen würden ihre Kühe sowieso nichts tun. Ich danke für den Rat und breche auf.

So gut der Rat mit dem Stock auf der Nase auch gemeint war, gibt er mir, alten Physiker, doch zu denken. Was haben wir damals im Unterricht zum Führerschein gelernt? Der Bremsweg setzt sich aus Reaktionszeit und der Zeit für die Verzögerung des Wagens zusammen. Wenn jetzt so ein entfesseltes Jungvieh mit vollem Tempo auf mich zukommt und ich meinen Arm ausstrecke, dann hat die beschleunigte Masse etwa 2 Meter, um zum Stehen zu kommen. Das reicht nie. Ich beschließe weiterhin dem Jungvieh, soweit es geht, aus dem Weg zu gehen.

Wider besseren Wissens wähle ich die sehr matschige Variante zum Rißsattel. Es läuft auch nicht allzu schlecht, bis ich zu einer Engstelle komme. Sie ist notdürftig mit der Länge nach verlegten Baumstämmen überbrückt. Dumm nur, dass an den Baumstämmen nichts mehr ist, was nicht rutschig ist. Ich mache mit meinen Stöcken eine Peilung wie tief die Wasser-Schlamm-Löcher links und rechts des Behelfssteges sind. Links sinkt mein Stock, sage und schreibe, bis zur Mitte, das sind 60 Zentimeter, ein. Rechts ist es dagegen nicht ganz so schlimm. Schon nach gut 15 Zentimeter ist fester Boden erreicht. Ich taste mich also ganz vorsichtig vor, immer im Hinterkopf, den Abgang, wenn er denn sein muss, zur rechten Seite einzuleiten. Nach einer gefühlten Ewigkeit erreiche ich wieder soliden Untergrund.

Es bedarf noch ein paar steiler Minuten, dann ist der höchste Punkt der Etappe, der Rißsattel auf 1217 Metern über dem Meer, erreicht. Eigentlich bemerkt man den Sattel gar nicht, weil er mitten im Wald liegt. Man ist schon wieder im Abstieg, bis man an eine Kante kommt, die einen Tiefblick erlaubt. Ins Bild kommt das mächtige Schuttgeschiebe des Rißbaches ungefähr 400 Höhenmeter weiter unten. Das Gelände bricht hier extrem steil ab und der Weg hat nicht viel Platz sich nach unten zu winden. Doch er ist zu keiner Zeit so ausgesetzt, dass ich, der ich da sehr empfindlich bin, das Gefühl habe, es wäre gefährlich. Aber er ist an vielen Stellen von Wurzeln durchzogen, die heute extrem glitschig sind. Jeder Schritt will mit Bedacht gesetzt sein. Das kostet alle Konzentration, die ich noch für den heutigen Tag zur Verfügung habe.

Sturzfrei komme ich unten an und überquere die junge Isar. Jetzt sind noch gute 10 Kilometer Teerstraße von Vorderriß nach Hinterriß angesagt. Das klingt nicht gerade verlockend, ist aber jetzt genau das Richtige. An einem verregneten Dienstagmittag ist auf der Straße in die Eng nichts los. Ich könnte minutenlang auch in der Mitte der Straße laufen, es würde niemanden stören. Und ich muss mir um Navigation keine Gedanken mehr machen. Nach wenigen Minuten übernimmt mein Körper das Kommando. Er läuft von selbst, während mein Gehirn eine Auszeit nimmt.

Mein Körper weckt mich, als die Oswaldhütte Nachschub an Kalorien und Flüssigkeit verheißt. Ich setze also den Blinker und fahre rechts ab. Vor dem Haus wird gerade ein Jauchefass auf Hochglanz gewienert. Der Eingang zur Wirtsstube befindet sich auf der Rückseite des Gebäudes. Sogar eine kleine Terrasse ist da. Es ist einen Hauch wärmer geworden und so bestelle ich auf der Hausbank ein paar Wiener (die in wenigen Kilometern schon Frankfurter heißen) und einen Spezi. Kein Kaviar der Welt kann so lecker sein, wie ein paar Würstel bei Heißhunger. Zu mir gesellen sich 3 Einheimische, die sich sogleich durch die gesamte Kuchenauswahl des Hauses futtern. Für ein paar Minuten tauche ich lauschend in deren Welt ein. Es geht um das Fassungsvermögen von Jauchefässern, um Wasserentnahmerechte aus dem Rißbach und um eine wahre Zeckenplage. Diese Sorgen sind so ganz anders als meine und doch hat jeder dort, wo er hingestellt ist, sein Päckchen zu tragen. Mit diesen philosophischen Gedanken zahle ich und mache mich wieder auf den Weg, denn ich habe noch ein gutes Stündchen zu laufen.

Das nächste Highlight in Form der Landesgrenze ist schon nach wenigen Minuten erreicht. Normalerweise wird dies im Falle von Österreich durch großformatige rot-weiß-rote Straßenschilder angezeigt. Hier fehlen diese Schilder. Lediglich auf der Grenzbrücke ist ein winziges Schild „Staatsgrenze" angebracht. Wäre dieses Schild gar nicht da, würde man den Unterschied zwischen Österreich und Deutschland gar nicht bemerken. Staatsgrenzen sind von Menschen erdachte Linien, die in der Natur überhaupt nicht vorkommen (außer man macht sie sichtbar, durch Zäune und Mauern). Das Wasser des Rißbaches, das unter der „Grenzbrücke" durchrauscht, fragt sich nicht, ob es einen gültigen Aufenthaltstitel für Deutschland mitführt oder nicht. In Augenblicken wie diesen frage ich mich, ob das Konzept der Nationalstaaten schon der Weisheit letzter Schluss ist. Vielleicht hat ja Gene Roddenberry, der Erfinder von Raumschiff Enterprise, recht, dass die Menschheit eines Tages eine gemeinsame, allumfassende Gesellschaft bildet (und vielleicht begründet diese Idee zu einem Teil die Beliebtheit der Serie weltweit).

Die letzte Stunde spule ich unter diesen Gedankenspielen ab. Ich checke gegen 2 Uhr im Gasthof zur Post, der mitten im Ort nicht zu verfehlen ist, ein. Zu meiner großen Freude ist mein Zimmer schon bezugsbreit und ich darf, als ich beichte, doch kein Doppelzimmer zu brauchen (ich hatte gebucht, als noch nicht feststand, ob ich einen Wanderpaten haben werde oder nicht), den Einzelzimmerpreis zahlen. Einzige Bedingung ist die Nutzung des Trockenraums, wo die Wanderstiefel zu deponieren sind. Trockenräume sind in den Bergen eine sinnvolle Angelegenheit, denn es ist nicht leicht in Tallagen mit wenig Sonne den Feuchtigkeitshaushalt eines Gebäudes zu regulieren. Es ist noch früh am Tage und so verlieren sich meine Treter im riesigen Trockenraum.

In der Relaxphase ist es wieder Zeit für den Tagesbericht.

Ubi sum? Austria! 12.07.16, 15:08

Heute habe ich Österreich erreicht. Andernorts werden Zäune hochgezogen. In der Eng gibt es noch nicht einmal das sonst übliche Schild an der Straße. Deshalb mußte ich mit diesen Winzlingen vorlieb nehmen. 12.07.16, 15:12

Die technischen Daten der vierten Etappe: 18,7 km, 650 Höhenmeter, 4:45 Wanderzeit, Wanderpartner keiner. 12.07.16, 15:16

Heute war die erste alpinistische Herausforderung zu bewältigen, der Abstieg vom Risssattel. Durch die glitschigen Wurzeln musste ich so viel Konzentration aufwenden, dass ich auf der Teerstrasse in eine Art Wanderschlaf verfallen bin. Die Beine laufen und der Kopf legt sich schlafen. Das ist echt spaßig. By the way, das Wetter war absolut brauchbar. Es hat nur etwa die Hälfte der Zeit leicht geregnet. 12.07.16, 15:22

Ich nehme mein Abendessen, Tiroler Gröstl, denn ich bin ja jetzt in Tirol, in der gut besuchten Wirtstube ein. Es ist superlecker mit reichlich Majoran auf dem Tellerrand, mit dem man den Geschmack selbst regulieren kann.

Siehe da, an einem anderen Tisch sitzt auch die Frau mit den Zöpfen. Anna hat mir also doch keinen Bären aufgebunden. Für einen kurzen Moment überlege ich sie anzusprechen, fürchte aber, dass mir das als plumpe Anmache ausgelegt wird. Außerdem hat sie jetzt andere Sorgen. Sie muss morgen und übermorgen in die höchsten Regionen des Karwendel bis zum Schlauchkarsattel auf 2639 Meter Höhe aufsteigen bei einer Schneefallgrenze von 2.000 Metern. Eventuell denkt sie gerade über einen Umweg nach. Auch für mich könnte die Schneefallgrenze ein Faktor werden. Allerdings liegt mein höchster Punkt noch 7 Tage entfernt. Für den Moment reicht mir die Erkenntnis, wo ich bin „Ubi sum? Austria!", in Österreich, und das zu Fuß, was für ein erhabenes Gefühl.

Das Ziel
13.07.2016 Hinterriß - Plumsjochhütte

In Wintersportübertragungen sieht man manchmal Skifahrer, die den Parcours im Geiste durchgehen. Genau das habe ich in der Vorbereitung mit meiner Strecke wieder und wieder getan (ohne die skurrilen Verrenkungen natürlich). Während sich die Leistungssportler nicht mit dem Gedanken aufhalten, auf dem Weg zum Ziel irgendwo auszuscheiden, habe ich mich als Breitensportler sehr wohl damit beschäftigt. Ich habe für mich beschlossen, dass die Erfolgszone am Inn beginnt. Heute stehe ich circa 35 Kilometer, also zwei Tagesetappen, vor dem Inn. So wie ich im Moment drauf bin, noch zwickt und zwackt nichts, wird sich das machen lassen.

Die beiden Tagesetappen sind ein wenig unwuchtig verteilt, da ich das geplante Nachtquartier, die Gernalm, nicht bekommen habe. Das hätte zwei gleich lange Etappen ergeben. So aber muss ich mit der Plumsjochhütte Vorlieb und damit die erste Übernachtung auf einer Hütte in Kauf nehmen. Die Plumsjochhütte war auch aufgrund schlechter Kritiken im Internet nicht von Anfang meine erste Wahl. Für die heutige Etappe ergibt sich dadurch eine überschaubare Aufgabe von etwa 15 Kilometern mit zwar 700 Höhenmetern, aber keinem Abstieg.

Dementsprechend siegessicher begebe ich mich in den Trockenraum, um meine inzwischen bestimmt staubtrockenen Bergstiefel aufzulesen. Schockschwerenot, was ist denn hier passiert? Der vormals fast leere Raum ist jetzt vollständig ausgefüllt mit Bergstiefeln. Ich zähle nicht weniger als 3 Paar Lowa Camino GTX, meinem Modell. Die sehen exakt gleich aus. Dort wo ich glaube, meine Stiefel zurückgelassen zu haben, befindet sich auch ein Paar. Nur stecken in den Schäften Einlegesohlen, wo ich doch gar keine benutze. Ich muss zugeben, ich bin leicht verwirrt. Am langen Ende werde ich wie weiland Aschenputtel die Stiefel anprobieren müssen. Schon das erste Paar, das mit den Einlegesohlen, überzeugt mich restlos. Daher lege ich die Einlegesohlen zur Seite und mache mich aus dem Staub in der Hoffnung, dass, wenn es nicht meine Stiefel waren, meine dem Sportsfreund genauso gut passen, wie mir seine. *(Tipp für alle, die es vielleicht nachmachen wollen: Es kann nicht schaden alle Ausrüstungsgegenstände, die potenziell im Trockenraum landen, mit Namen zu versehen.)*

Draußen auf der Straße erwartet mich das gleiche Wetter wie gestern, tiefhängende Wolken, vielleicht noch ein, zwei Grad kälter als am Vortag. Ein Auskundschaften des Weges war gestern nicht wirklich nötig, führt mich mein Weg doch weiterhin auf der Teerstraße Richtung Talschluss in der Eng. Gleich hinter dem Ort Hinterriß wird die Straße zur

Mautstraße. An der Mautstelle befinden sich die Ruinen eines vormals sehr gemütlichen Hotels namens Herzoglicher Alpenhof, welch trauriger Anblick. Was mag wohl dazu geführt haben, dass es geschlossen wurde?

Wenigstens sind Fußgänger, ebenso wie Radfahrer, mautfrei (wäre ja noch schöner). Die nächsten eineinhalb Stunden genieße ich die Gratisnutzung der Straße, heute bei vollem Bewusstsein, weil ich ja noch im Vollbesitz meiner Kräfte bin. An den Haglhütten zweige ich auf den Wanderweg zur Plumsjochhütte ab. Den Weg kenne ich schon, weil ich vor circa 20 Jahren mit einer größeren Gruppe einmal auf der Hütte und dem danebenliegenden Kompar war. Zumindest dachte ich, ich kenne den Weg. Aber der Einstieg von damals ist der gnadenlosen Erosion zum Opfer gefallen. Er musste ein paar hundert Meter weiter bachaufwärts verlegt werden und beginnt jetzt mit einer schicken Brücke. Es folgt ein vorbildlich markierter, durchaus steiler Steig, der in Teilen einem Bach ähnelt. In den Tagen zuvor hat es einfach sehr viele Niederschläge gegeben.

Nach etwa einer halben Stunde erreiche ich eine Forststraße, der man ab hier folgen muss. Das erhöht das Verkehrsaufkommen aber in keinster Weise. Auf dem gesamten Anstieg begegnet mir keine einzige Menschenseele. Auch in meiner Richtung bewegt sich niemand, weder überhole ich jemanden noch werde ich überholt. Ich bin wirklich mutterseelenallein.

Da ist es auch nicht besonders hilfreich, dass ich an eine knifflige Stelle komme. Quer über die Fahrbahn rauscht ein Bach zu Tal. Man hat sich auch gar nicht die Mühe gemacht, eine Brücke anzulegen. Vielmehr hat man mit großen Betonplatten eine Art Rinne gebaut, in der das Wasser geordnet über die Forststraße geführt werden soll. Als ich das erste Mal hier war, war das auch kein großes Problem. Der Bach war seinerzeit vergleichsweise ein Rinnsal und die Außentemperaturen hoch. Damals haben viele die Stiefel ausgezogen und sind einfach hindurchgewatet. Jetzt sieht das ganz anders aus. Durch die vielen Niederschläge ist der Bach stark angeschwollen. In der Rinne entsteht sogar etwas wie eine Strömung. Das Wetter ist kalt, so dass Waten auch nicht als so erquicklich erscheint. Ich prüfe eine Umgehung, was aber aussichtslos ist. Das Gelände links und rechts der Straße ist nicht kompromissbereit. Da muss ich also durch, wie man so schön sagt. Wenn ich nur wüsste, ob die Betonplatten schlüpfrig sind oder nicht. Wenn sich jetzt nicht eine Szene aus dem Film Picknick mit Bären in mein Bewusstsein drängen würde (natürlich landen Redford und Nolte im Bach). Wenn und Aber zählt nicht. Ich starte los. Storchengleich aber mit hoher Geschwindigkeit stakse ich durch die Fluten. Es ist zum Glück nicht glitschig. Ich spüre die Wucht des Wassers auf der Hangseite. Für Bruchteile von Sekunden staut sich das Wasser auf dieser Seite bis über das Knie. Nach nicht einmal 5 Sekunden ist der Spuk vorüber und ich stehe sicher auf dem jenseitigen Ufer. Ich analysiere mich kurz und stelle in beiden

Stiefeln einen mittelstarken Wassereinbruch fest. Die Wanderhose am rechten Hosenbein ist ziemlich nass bis übers Knie. Das ist gar kein so schlechtes Ergebnis, wie ich finde.

Mit leichtem Quietschen in den Stiefeln erreiche ich unter der Plumsalm den Abzweig eines Pfades, der direkt Richtung Plumsjochhütte führt. Kurz darauf halte ich eine kleine Jause und mache mir dabei um die Plumsalm Sorgen. Die Hänge darum herum sind von der Erosion schon so stark angegriffen, dass die Alm irgendwann einmal ihrem Namen gemäß zu Tal plumpsen wird. Ich breche relativ schnell wieder auf, weil die Füße doch ziemlich schnell abkühlen. Im Gehen funktionieren die Stiefel sofort wieder wie ein Taucheranzug. Ist das eingedrungene Wasser erst mal erwärmt, fühlt man die Kälte, die von außen kommt, gar nicht mehr.

Die Einsamkeit macht mir schon ein wenig zu schaffen und es kommt die Zeit, wo ich hinter jeder Biegung hoffe, das Ziel möge in den Blick kommen. In meiner Erinnerung an die Tour von damals ist das bei der Plumsjochhütte ziemlich früh der Fall. Und richtig, da ist sie, winzig klein, wie sie sich kurz unter dem Joch an den grünen Hang schmiegt. Der Anblick setzt ungeahnte Kräfte frei. Es fühlt sich schon fast wie ein Sog an. So mag es einem Piloten ergehen, wenn er bei schlechter Sicht den Leitstrahl des Zielflughafens erreicht.

Derart beflügelt geht die letzte halbe Stunde leicht von der Hand (oder heißt es bei Wanderern „von den Beinen"?). Ich kann schon um dreiviertel eins per WhatsApp meiner Frau ein „Bin eingecheckt" zumorsen (was ich übrigens bei jeder Ankunft tue, um die Sorgen in Grenzen zu halten). Das Einchecken offenbart allerdings schon die erste Überraschung. Der Neubau, in dem ich ein Lager gebucht hatte, erfuhr einen Wasserschaden und ist nicht verwendbar. Ich muss im Lager der Hütte übernachten. Was sich zuerst wie ein „Downgrade" anhört, entpuppt sich in der Folge als wahrer Glücksfall. Mittlerweile bläst nämlich ein eiskalter Wind ums Haus. Da spart man sich am besten jeden Schritt vor das Haus.

Da es gerade Mittagszeit ist, bestelle ich noch etwas zu Essen. Ich kann mir den kulinarischen Scherz nicht verkneifen und bestelle Frankfurter (die vor ein paar Kilometern noch Wiener geheißen hätten). Die letzten Mittagsgäste trollen sich (die müssen wohl von der Achenseeseite gekommen sein). Es verbleiben als einzige Gäste ein Paar in meinem Alter mit Hund und ich, womit offensichtlich schon der Kreis der Übernachtungsgäste umrissen ist. Das ist wie ein Sechser im Lotto. So klein kann das Lager gar nicht sein, dass man sich zu so wenig gegenseitig auf die Nerven gehen kann. Ich mache es mir in der Wirtsstube gemütlich. Und wie gemütlich das ist. Es bullert ein gusseiserner Ofen und draußen pfeift nicht nur bildlich, sondern wirklich der Wind um das Haus. Um den Ofen herum sind genügend Haken und Platz, so dass ich Kleidung und Stiefel trocknen kann. Mehr brauche ich in diesem Augenblick gar nicht.

Das Lager darf erst um vier Uhr bezogen werden, daher schreibe ich noch in der Stube meinen Tagesbericht.

Das Ziel 13.07.16, 13:24

Die Plumsjochhütte hat den Vorteil, dass man sie schon von Weitem sieht. Das motiviert beim Endanstieg gewaltig. Und das Beste das Wetter hat auch gehalten. 13.07.16, 15:13

Die technischen Daten der fünften Etappe: 15,4 km, 839 Höhenmeter, 3:39 Wanderzeit, Wanderpartner keiner. 13.07.16, 15:15

Draußen pfeift der Wind ums Haus und ich sitze neben dem Bullerofen und röste vor mich hin. Bin ich froh ein festes Dach über dem Kopf zu haben. 13.07.16, 15:17

Punkt vier Uhr dürfen wir das Lager beziehen. Warum das nicht früher geht, verstehe ich nicht ganz. Aber andererseits, was hätte ich früher hier sollen? Es ist natürlich nicht geheizt. Das Lager ist wirklich groß genug, geschätzt etwa 40 Betten. Das Paar mit Hund bekommt sogar noch ein Separee. Ich suche mir auf der linken Seite der Treppe ein schönes Plätzchen. Es gibt auch eine Dusche, die aber nur um das Haus herum zugänglich ist. Da bringen mich heute keine zehn Pferde mehr hinaus (und wie sich später zeigt auch keinen anderen der Gäste). Daher muss heute die Waschgelegenheit herhalten, die sich im Schlafsaal befindet. Die besondere Attraktion ist jedoch die Toilette, die vom Schlafsaal aus über eine Art Balkon erreichbar ist. Damit nicht genug, die Toilette (glücklicherweise ein richtiges WC) verfügt über ein Fenster, das allerdings nicht verglast ist. Es hätte gerade noch gefehlt, dass das Fenster die Form eines Herzchens gehabt hätte. Nein, die Form ist eher die Silhouette eines Hauses. Aber der Ausblick dort hinaus, das muss man sagen, ist gigantisch.

Nachdem mein Nachtlager gerichtet ist (das macht man besser bei Tageslicht) und ich notdürftig salonfähig gemacht bin, suche ich wieder die Wirtstube auf. Zu uns gesellen sich noch drei, ein wenig abgerissene Studenten aus Nord-Rhein Westfalen. Sie haben bei diesem Wetter eine Karwendel Rundtour hinter sich. Es wird langsam duster und die Lichter gehen an. Zuerst als Gaslicht und dann elektrisch. Elektrischen Strom gibt es auf der Hütte nur, wenn das Aggregat für die Melkmaschine angeworfen wird. Das ist für uns Städter die Gelegenheit unsere Handys und Navis aufzuladen. Dafür hält der Hüttenwirt mehrere Riegel Mehrfachsteckdosen bereit.

Ich finde den Service auf der Hütte immer besser. Als Hüttenessen hat man die Wahl zwischen mehreren Gerichten. Die Wahl zwischen Gulasch und Leberkäse fällt schwer, fällt aber zu Gunsten des Leberkäses aus. Ausgehungert wie ich bin, ist der Berg Röstkartoffeln gerade richtig. Unnötig zu erwähnen, dass es schmeckt, wie im siebten Himmel. In gelöster Stimmung tauschen wir noch etwas Wanderlatein aus. Dann ist es Zeit schlafen zu gehen.

Als ich mich in meinen Hüttenschlafsack einringele, muss ich feststellen, dass es verflixt kalt hier oben ist. Ich leihe mir von den umliegenden unbenutzten Betten noch ein paar Decken, so dass die Auflage dick wie ein Brett ist. Heute Nacht wird es weit herunterschneien. Sicher auch auf dem Krimmler Tauern. Und wieder ein Tag weniger für das Wegtauen. Das wird echt knapp.

Ich glaub ich spinn, der Inn
14.07.2016 Plumsjochhütte - Jenbach Rotholz

Ich bin, wie ich schon sagte, mehr so der verfrorene Typ. Der heutige Morgen auf der Plumsjochhütte, und da bin ich mir sicher, hätte aber wohl jedem die Gänsehaut auf den Leib gezwungen. Als ich das Brett Decken abwerfe, um aufzustehen, hat es im Schlafsaal nur wenig Grad über null. Das Wasser am Waschplatz ist gerade noch flüssig und mein Kreislauf ist auch noch nicht voll auf Draht. Das macht das Zähneputzen schwierig, weil ich die klappernden Zähne kaum mit der Zahnbürste verfolgen kann. Leichte Erinnerungen an das Buch „Der Archipel Gulag" werden wach. Ich halte die morgendlichen Waschungen betont kurz und lege alle Schichten an, die mein Rucksack bereithält. Pflichtschuldig erledige ich den Bettenbau. Mit vor Kälte zitternden Fingern belade ich meinen Rucksack.

Das Frühstück erreicht nicht gerade Gourmetniveau (wo sollen die frischen Semmeln auch herkommen?). Immerhin bekommt man warme Finger von der Teetasse und die nötigen Kalorien für die ersten Stunden des Tages. Der Gastraum ist leider noch nicht so richtig warm, weil der Bullerofen noch ein wenig Zeit braucht. Daher ist meines Verweilens auch nicht länger. Ich zahle und laufe los in der Hoffnung, dass mehr Kreislauf auch mehr Wärme in meinen Körper bringt. Im Gehen überschlage ich den Service auf der Hütte und muss sagen, dass ich die schlechten Kommentare im Internet nicht verstehen kann. Das Preis-Leistungsverhältnis war absolut in Ordnung.

Wie befürchtet hat es in der Nacht geschneit. Ich muss den Blick auch gar nicht so weit nach oben richten. Geschätzt liegt die Schneefallgrenze auf 1.800 Meter. Mit dem Plumssattel, den ich nach 5 Minuten erreiche, tauche ich gerade mal so unten durch. Er ist mit 1.669 Metern der bis jetzt höchste Punkt der Reise. Groß genießen kann ich das nicht, weil die Aussicht heute eher begrenzt ist. Außerdem bläst ein eiskalter Wind über die Kuppe. Dagegen hilft nicht mal mein Schlauchtuch als Mützenersatz. Auf die Handschuhe verzichte ich noch. Man muss ja noch Reserven haben.

Es heißt, dass die Temperatur je hundert Meter Abstieg um 1 Grad steigt. Ein Grund mehr sich beim Abstieg ein wenig zu beeilen. Die geschotterte Fahrstraße windet sich in vielen Kehren nach unten. Sie ist stark ramponiert wegen der Niederschläge der letzten Tage. An unzähligen Stellen gluckert das Wasser quer über die Straße. Zum Glück kommt es zu keinem weiteren Tigersprung wie gestern. Nach etwa einer Stunde, an der Gernalm, sind die ersten 500 Höhenmeter der für heute vorgesehenen 1.100 Meter Abstieg geschafft. Die Temperatur ist tatsächlich leicht gestiegen. Dafür fängt es wieder leicht zu regnen an. Unter dem Vordach eines Gartenhauses des Hotels nehme ich mir eine kleine Trinkpause.

Alles ist easy. Ich bin nicht in Eile und trotzdem begehe ich einen Fehler, der umso unverständlicher ist, da ich es schon mehrere Male auf der Tour richtiggemacht habe. Ich mache meinen Rucksack regenfest und ich mache mich selbst regenfest. Richtig wäre gewesen ich mache uns beide regenfest, indem ich den Regenüberwurf über Körper und Rucksack streife. So wird den ganzen Tag lang der Regen von meiner Regenhaut auf die ungeschützte Innenseite des Rucksacks laufen und peu a peu einsickern.

Davon merke ich natürlich nichts, als ich Richtung Pertisau am Achensee aufbreche. Obwohl es auch Alternativen gäbe, wähle ich wieder die Teerstraße. In punkto Verkehr verhält sich die Straße genauso wie die in der Eng (sie ist ebenso mautpflichtig und deshalb ebenso wenig befahren). Warum sollte ich mir die Wanderhose versauen oder ich irgendwo ausrutschen und mich auf die Nase legen? Da folge ich lieber dem Wasser, das sich die Straße als zusätzliches Bachbett ausgesucht hat. Im Film „Jenseits von Afrika" fließt das Wasser nach Mombassa, weil es dort wohnt. Dieses Wasser wohnt im Achensee und genau dort will ich hin.

Es ist Zeit für eine Bananenpause, als ich die ersten Häuser von Pertisau erreiche. Wie piekfein hier alles ist. Ein Hotel reiht sich an das andere, alle mit ausreichend Sterne versehen (3- Sterne aufwärts). Dazu passend ist der Dorfanger in eine Art Golfplatz umfunktioniert worden. Das alles kontrastiert stark mit dem, was ich vor zwei Stunden noch erlebt habe. Obgleich ich Komfort durchaus zu schätzen weiß, ist mir diese Ballung heute, da ich zu Fuß hier bin, ein wenig zu viel.

Das Hüngerchen wird stärker und so suche ich einen Lebensmittelladen. Doch das ist in dieser Bastion des All-inklusive (oder wie es früher hieß Vollpensions-) Urlaubs gar nicht so einfach. Mein Schlenker in Richtung Ortsmitte würde mir mehrere Haarschnitte und Sportausrüstungen einbringen, aber keine einzige Kalorie. Ich lasse alle Hoffnung fahren und kehre zur Hauptstraße zurück und muss feststellen, dass ich nur 20 Meter weiter geradeaus hätte laufen müssen, um auf einen Laden zu stoßen. Der Laden ist irgendwie ein Kuriosum, weil in der ehemaligen Garage eines mächtigen Hotels befindlich. Leider ist er auch nicht allzu gut sortiert. Obst, und somit meine geliebten Bananen, fehlt gänzlich. Dafür ist die Süßigkeiten Abteilung gut bestückt. Ich kaufe einen mächtigen Mars-Riegel und stopfe ihn in mich hinein kaum, dass ich zur Türe hinaus bin. Das Ganze gieße ich mit einem halben Liter Cola auf. Die Kinder würde man für so eine Zuckerbombe schelten. Ich hingegen hatte sie einfach nötig.

Nach dieser Fressattacke bin ich wieder bereit für weitere Kilometer. Der Weg führt mich bei Dauerregen die Strandpromenade am südlichen Ufer des Achensees entlang. Den Dampfersteg Seespitz mit der Endstation der Achenseebahn erreiche ich nach einer guten halben Stunde. Am Bahnsteig befindet sich eine sehr schöne schematische Darstellung der

Trasse. Ich lerne, dass die Bahn über zwei Antriebsarten verfügt, die klassische auf den Schienen (auch Adhäsion genannt) und im steilen Gelände über Zahnradantrieb. Die Strecke ist 6,7 Kilometer lang und endet am Bahnhof Jenbach im Inntal. Moment mal, genau zum Bahnhof in Jenbach muss ich doch. In einem Anflug von ungeahnter Spontanität werfe ich meine ursächliche Routenplanung über Bord und beschließe der Bahntrasse, so gut es geht, zu folgen.

Das beinhaltet natürlich für mich, der ich ein glühender Eisenbahnfan bin, die Chance des Trainspottings. Nur wenige Minuten später höre ich die Bahn pfeifen. Das ist ein netter Service, denn damit hat man genügend Zeit die Handykamera zu zücken. Mir gelingt eine Fotostrecke mit vorgespannter Dampflok vom Feinsten.

Mein Treibstoff (der Zucker) reicht bis Eben am Achensee. Es ist Zeit einen Picknickplatz für die Mittagspause zu suchen. Die Geschicke meinen es gut mit mir, weil mir ein feines Plätzchen in Form einer Hausbank vor die Füße fällt. Sie ist überdacht und von einer Seite schützt ein mannshoher Holzstoß vor dem immer noch extrem kühlen Wind. Heute ist nicht der Tag der Delikatessen. Mein Backwerk rührt noch von der Jachenau her und ist somit steinhart. Wahrscheinlich würde die Semmel, als Wurfgeschoss missbraucht, locker das Fenster des Bauernhofes gegenüber durchschlagen. Das geht natürlich nicht. Außerdem ist jedes bisschen Energie kostbar. Wenn man sie lange genug in Trinkwasser aufweicht, sind die Semmeln dann immerhin genießbar. Die mangelnde Kulinarik und der ätzend kalte Wind gemahnen schneller zum Aufbruch als gedacht.

Ich folge also dem „Bahwegl" zuerst flach über eine Wiese und dann steil abwärts durch den Wald Richtung Jenbach. Die Achenseebahn bewältigt hier eine Steigung von 16 Prozent, was selbst für den Wanderer einen gewissen Anspruch darstellt. Weil der Tag so schön ist, bin ich am Gleis zur Stelle, als die Lok, dieses Mal von hinten schiebend, im Schritttempo den Berg hochschnauft. Dieses Schauspiel vollzieht sich nur einen Stein- (oder soll ich sagen Semmel-) Wurf von der Achenpassstraße entfernt. Aber da die Eisenbahnstrecke ein klein wenig tiefer liegt als die Straße, bekommt man als Autofahrer davon nichts mit.

Die letzten 100 Höhenmeter spür ich schön langsam in den Beinen, die ja schon über 1.000 Höhenmeter hinter sich haben. Der Bahnhof Jenbach kommt keine Minute zu früh. Nun schlägt die Stunde meines Wandernavis. Obgleich ich hier schon einmal war, weiß ich nicht so recht, welche Straße Richtung Fußgängerbrücke über den Inn führt. Es könnte diese hier sein oder eine nicht weit entfernte Parallelstraße. Mein Navi weiß Rat. Mit ihm ist es quasi möglich ein paar hundert Meter die Straße hinunterzublicken und auch um die nächsten Kurven. Auch wenn es mir schwerfällt. Dieser Punkt geht klar an das Navi.

Das nächste Stück gehört jetzt nicht zu den Highlights der Tour, muss aber ebenfalls bewältigt werden. Schließlich muss man die Inntalautobahn irgendwo überwinden. Hat man das erst mal getan, steht man schon wieder fast in einem uralten Bauernhof, welch ein Kontrast.

So schön der Tag auch war, er hält für mich noch eine letzte Klippe bereit, die Brücke über den Inn. Ich hasse große Brücken. Zu meinem Entsetzen muss ich feststellen, dass der Inn auch noch Hochwasser führt. Dies führt zu einer erhöhten Fließgeschwindigkeit, was den schon beschriebenen Sog-Effekt noch vervielfacht. Außerdem haben die Architekten, die Brüder im Geiste der Ingenieure, das alles richtig berechnet? Wenn das mal alles gut geht. Ich muss mich ein wenig sammeln, bevor ich es wage. Außerdem muss ich dazu sagen, dass der Steg sehr solide gebaut ist und obendrein auch noch überdacht ist. Ein Mensch ohne Brückenphobie würde darüber lachen. Ich entschließe mich zu einer Art „Hans-guck-in-die-Luft"-Technik und marschiere entschlossen los. Als ich drüben ankomme, kann ich zumindest sagen, dass die Dachkonstruktion sehr kunstvoll ausgeführt ist. Natürlich haben die Architekten das richtig berechnet. Die Brücke steht ja nicht erst seit gestern. Ich schieße noch ein paar Beweisfotos und Selfies, aber immer ganz nah vom Ufer aus, und begebe mich zum Quartier, dem Hotel Esterhammer. Es befindet sich nur wenige Meter aufwärts an der Hauptstraße gleich rechts.

Um zwanzig Minuten vor 2 Uhr kann ich vermelden, dass ich eingecheckt bin. Sogleich muss ich meinen fatalen Fehler beim Regenschutz erkennen. Bei einer Komplett-Entladung des Rucksacks kommen einige feuchte Gegenstände zum Vorschein. Meine Landkarten sind aufgeweicht und vor allem das Wandertagebuch. Beides ist in einem Fach direkt am Rücken verstaut. Auch einige Kleidungsstücke hat es erwischt. Zum Glück ist das Zimmer, weil im Altbau des Hotels liegend, sehr groß und vor allem hoch. Hier kann ich mich sehr schön ausbreiten. Zu späterer Stunde scheint auch noch die Abendsonne (ja, die gibt es noch) herein, was den Trocknungsprozess nachhaltig unterstützt.

Nach einer Nacht im Lager, obwohl sie echt gut war, ist ein Nickerchen fällig. Gleich danach ist es Zeit für den Tagesbericht.

Ich glaub, ich spinn, der Inn. 14.07.16, 15:49

Um ehrlich zu sein, sooo sicher war ich mir selber nicht, dass ich hier ankomme. Umso schöner ist es das Südufer des Inn erreicht zu haben. Eingeweihte wissen, dass ich vor Brücken über Flüsse einen Heidenrespekt habe.
14.07.16, 15:53

Die technischen Daten der sechsten Etappe: 21,4 km, 200 Höhenmeter, 1200 Höhenmeter abwärts, 4:52 Wanderzeit, Wanderpartner keiner. 14.07.16, 15:58

Heute war es eine wahre Wasserschlacht. Regen fast ununterbrochen. Mittlerweile bin ich ein passabler Bachüberquerer, denn aus jedem Seitental rauscht das Wasser herab. Auch einen kleinen Wassereinbruch im Rucksack habe ich zu beklagen und zwar auf der Innenseite (also der beim Rücken). Aber bis morgen habe ich das wahrscheinlich im Griff. 14.07.16, 16:04

Da ich heute im letzten vorgebuchten Quartier nächtige, muss ich noch Tourmanagement betreiben. Nach einem Telefonat und zwei Buchungen via Internet auf dem Handy, sind Roland und ich durchgebucht bis nach Italien. Das klappt wie am Schnürchen. Quartiermäßig kann die Operation Alpenhauptkamm beginnen. Das muss ich gleich Roland berichten, der morgen zu mir stößt. Er bestätigt, dass auf seiner Seite alles in Ordnung ist, bis hin zum Zugticket für morgen. Sehr schön, dann kann ich ja essen gehen.

Das Abendessen gleicht, wie erhofft, die gesamte Fehlernährung des Tages wieder aus. Das Cordon bleu ist sensationell und reichhaltig. Das Personal und der Seniorchef sind superfreundlich. Satt und im Gefühl mein Tagwerk getan zu haben, trete ich noch ein wenig vor das Haus. Es scheint die Sonne. Ich fühle mich unbeschreiblich wohl.

Auf dem Weg auf mein Zimmer komme ich noch an der Rezeption vorbei. Sie ist besetzt mit der Senior-Senior Chefin, wie ich annehme. Wir halten noch einen kleinen Plausch. Die Dame ist äußerst charmant. Aus ihr sprechen Jahrzehnte an Hotelerfahrung. Das ist der Vorteil eines echten Familienunternehmens in der Hotellerie, dass auch die Senioren sinnvoll zum Gesamterfolg beitragen können. Wenn ich so alt werden sollte, hätte ich auch gerne so einen Job.

Wieder auf dem Zimmer telefoniere ich mit Andrea, die nach eigenen Angaben zu Hause alles im Griff hat. Auch wenn es nicht so wäre, würde sie mir es nicht gleich auf die Nase binden, um mir die Freude nicht zu trüben. Außerdem genieße ich die Ruhe und die Wärme im Zimmer. Das ist so ganz anders als gestern. Kurz vor dem Einschlafen dämmert noch ein Gedanke durch mein Gehirn. Hoffentlich hast du dir bei dieser Saukälte keinen Schnupfen eingefangen.

Treffpunkt Notburga Steg
15.07.2016 Jenbach Rotholz – Aschau im Zillertal

Ab heute wird alles ein wenig anders ablaufen. Aus dem lonesome cowboy werden die dreisten Zwei (wir sind so dreist, den Alpenhauptkamm anzugreifen). Das schlägt sich schon im Vorfeld auf meinen morgendlichen Ablauf nieder. Ich kann mir heute besonders viel Zeit lassen, weil Rolands Zug erst ein paar Minuten nach neun in Jenbach ankommt. Bis er am Treffpunkt Notburga Steg ist, wird es bis etwa halb zehn dauern. Es bleibt genügend Zeit, die Druckstellen (keine Blasen) an meinen beiden kleinen Zehen zu behandeln, die ich mir gestern, bei diesem intensiven Abstieg zugezogen habe. Meine Sachen sind alle soweit trocken, dass ich sie verpacken kann. Dabei miste ich auch ein wenig aus. Die leeren Trinkflaschen fallen dieser Aktion zum Opfer, weil ich mir sicher bin, dass es in Strass am Bahnhof, also in circa 3 Kilometern, einen Sparmarkt gibt. Nach einem ausgiebigen Frühstück begebe ich mich zum Treffpunkt.

Wie es so meine Art ist, bin ich natürlich viel zu früh und so bleibt genügend Zeit, um ins Grübeln zu kommen. Wandern kann ziemlich ätzend sein, wenn es in der Gruppe zu einem größeren Leistungsgefälle kommt. Der Fittere langweilt sich zu Tode, während der Schwächere mit hochrotem Kopf hinterherhechelt. Schon nagen gewisse Bedenken an mir, wenn ich daran denke, dass Roland bereits vor 40 Jahren so ausgesehen hat, wie die Fußballer heute, mit einer wohldefinierten Beinmuskulatur und einem voll austrainierten Oberkörper. Ich konnte damals trainieren, wie ich wollte, mein Muskelspiel war immer das Spiel des Versteckens. Gewissenhaft wie Roland ist, hat er sich für die Tour auch noch vorbereitet. Er war in diesem Jahr schon mehrere Male in den Bergen, was ja eigentlich viel bedarfsgerechter ist, als meine Flachlandexerzitien. Da werde ich wohl derjenige mit dem roten Kopf sein. Es ist schon komisch, dass eine so harmlose Tätigkeit wie wandern, in meinem Kopf ein Wettkampfszenario in Gang setzt. Im Film „Harry und Sally" heißt es, dass Frauen und Männer keine Freunde sein können, weil ihnen immer der Sex dazwischenkommt. Kann es sein, dass Männer untereinander keine Freunde sein können, weil ihnen immer die Rivalität dazwischenkommt?

Zu weiteren Gedanken dieser Art, komme ich nicht, weil Roland auf dem Notburga Steg auftaucht. Federnden Schrittes überquert er den Inn. Der Auftritt ist schon mal nicht von schlechten Eltern. Was auf den ersten Blick auffällt, ist, dass jeder von uns in punkto Ausrüstung zwar in die gleiche Richtung gedacht, aber doch jeder seine eigene Interpretation gefunden hat. So trägt Roland einen Hut, geziert von einem frischen Blümchen im Hutband. Mein Sonnenschutz besteht aus einem schwarzen Käppi aus hochmoderner, atmungsaktiver Faser. Des weiteren schwingt Roland beim Gehen einen mannshohen, massiven Wanderstab aus Holz mit sich. Sofort schießt mir durch den Kopf, dass das sehr praktisch ist, wenn man auf einem Steg einen ebenso ausgerüsteten Wandersmann begegnet und sich damit den Weg freikämpfen muss. Spaß beiseite, ich hatte mir auch einen Wanderstab überlegt, allerdings so einen Zierlichen, wie er in Schottland benutzt wird. Am langen Ende kam ich auf meine mittlerweile hochgeschätzten Wanderstöcke aus Aluminium. Eins ist sicher, abgesprochen haben wir uns bei der Ausrüstung nicht.

Zur Begrüßung fliegt mir sofort eine Stange Toblerone entgegen, ein Vorbote dessen, was noch folgen sollte. Roland trägt mehr eine Speisekammer, denn einen Kleiderschrank auf dem Rücken. Wir freuen uns tierisch, dass es endlich losgehen kann. Das müssen wir gleich in einem Selfie festhalten und ab geht die Post. Der Einstieg in die Tour ist ein wenig knifflig zu finden, verläuft der Weg doch mitten durch ein schlossartiges Gebäude, das heutzutage die landwirtschaftliche Landeslehranstalt beherbergt. Danach befindet man sich auf der Lindenallee, die in östlicher Richtung nach Strass am Eingang des Zillertals führt. Der Himmel reißt auf und rechts von uns dampft die historische Zillertalbahn vorbei. Soweit zum angenehmen Teil des Tages.

Danach ist uns das Wanderglück den ganzen Tag nicht mehr hold. Tatsächlich geraten wir in ein Schlamassel nach dem anderen. Das erste davon betrifft mich, weil es den Sparmarkt in Strass nicht mehr gibt. Das heißt ich stehe ohne Trinkbarem da. *(Tipp für alle, die es vielleicht nachmachen wollen: Leere Gebinde sind grundsätzlich nie nutzlos. Sie sind noch im Quartier mit Trinkwasser zu füllen. So bleibt man den ganzen Tag flexibel).* Da es am Ostufer des Ziller bis Stumm keinen Laden mehr gibt, werde ich Roland peinlicherweise später um Wasser anschnorren müssen. Das ist ein bisschen wie Pferdediebstahl in der Prärie, wo man ohne Wasser und Pferd nicht weit kommt.

Wir durchqueren Strass in östlicher Richtung bis wir auf den Ziller treffen. Dort trainieren ein paar Kinder für ihren Traum als Skifahrer groß rauszukommen. Dafür haben sie am Abhang des Zillerdammes Hütchen auf den Weg gestellt, die sie schon sehr geschickt mit Rollerblades umkurven. Wie früh man doch für den großen Ruhm mit Training beginnen muss. Auch wenn die Zeiten schon mit der Stoppuhr gemessen werden, sieht das noch sehr spielerisch aus. Das beruhigt mich und wir können uns den wirklich wichtigen Fragen des Lebens widmen. Heißt es der oder die Ziller? Wenn das die wichtigste Frage des Tages ist, hat man es erholungstechnisch schon weit gebracht. Nach nicht allzu langer Zeit kommt Roland auf die Lösung. Es muss **der** Ziller heißen, weil es den Ort Zell am Ziller gibt. Wäre Ziller weiblich, müsste es Zell an der Ziller heißen.

Leider ist jetzt die Schönwetterphase des Tages vorüber und es kommt immer wieder zu Schauern. Das ist superlästig, weil man eigentlich ständig den Regenschutz an und wieder ausziehen müsste. Zu zweit ist es für mich zwar einfacher in meinen Umhang zu kommen, da Roland assistiert. Es ist aber doch nervig. Roland hat das Thema sowieso ganz anders gelöst. Er zaubert aus seiner Wundertüte, dem Rucksack, einen Regenschirm hervor, den man am Gürtel und/oder Rucksack befestigen kann. Ist das Ding erst einmal angebracht, schwebt der Schirm über Roland, obwohl er beide Hände frei hat. Man sucht immer nach der Person, die ihm den Schirm hält. Die ist aber nicht da. Das ist ein verwirrender Anblick.

Immerhin kann es für uns als Wanderer bei einer solchen Witterung überhaupt weitergehen. Schlechter ergeht es den Radfahrern, die sich unter Bäumen zusammenkauern. Das Zillertal ist in diesem Bereich sehr übersichtlich. Umso unverständlicher ist es, dass wir keinen direkten Weg nach Süden vorfinden. In nicht endend wollendem Zick-Zack arbeiten wir uns voran. Irgendwann verlieren wir die Geduld und kürzen von Zeit zu Zeit über sumpfige Wiesen ab. Bei Imming wechseln wir auf die Ostseite des Ziller. Das führt zu einer etwas geradlinigeren Streckenführung. Aber das Kalkül, dass die kleinen Sträßchen abseits der Bundesstraße ein entspanntes Wandern ermöglichen könnten, geht überhaupt nicht auf. Es ist erstaunlich viel Verkehr bis hin zu einer kompletten Hochzeitsgesellschaft, die an uns vorbeibraust.

Unsere Pausen fallen eher kurz aus. Zu ungemütlich ist das Wetter. Erst hinter Hart im Zillertal ergibt sich eine Passage, die etwas angenehmer ist. Neben der Straße verläuft dort einen Forstweg. Das ist sehr gut für Roland, dessen Schritt mittlerweile gar nicht mehr so federnd ist. Sein Schuhwerk scheint für die vielen Asphaltstrecken nicht so gut geeignet zu sein. Wenn es nicht ganz so gut läuft, stellt man sich die Frage, warum man sich die Tortur eigentlich antut. Die Antwort darauf ist natürlich vielschichtig. Es stellt sich heraus, dass Roland die für ihn wichtigen Dinge, die er sich zu tun vornimmt, auf eine Liste schreibt. Eine Alpenüberquerung steht dort schon seit längerer Zeit darauf. Welch glückliche Fügung, dass es mich auch zur selben Aktion treibt. Ich führe allerdings keine Liste, mit solchen Dingen. Da wir in der Arbeit viele, viele To-Do-Listen haben mit beliebig vielen Deadlines (was für eine martialische Ausdrucksweise), bin ich mit Listen ein wenig geschädigt. Mir fällt als Teilerklärung das Motiv einer Wallfahrt ein. Dabei sehe ich meine Wallfahrt nicht so sehr aus der Buße heraus begründet, vielmehr verspüre ich mehr den Drang mich zu bedanken, für all die Dinge, die in meinem Leben bis jetzt gut gelaufen sind. Mit diesen Gedanken beschäftigt erreichen wir den Ort Stumm.

Ich bin hocherfreut, als wir dort einen riesigen Supermarkt entdecken. Endlich kann ich meine Schuld, in Form von Getränken zurückzahlen. Außerdem gibt es taufrische Bananen, wovon ich einen größeren Posten erstehe und sofort eine davon verzehre. Da ich mich mit dem Trinken den ganzen Tag stark zurückgehalten habe, hole ich das Versäumte nach wie ein Dromedar nach Durchquerung der Wüste. All diese Köstlichkeiten erreichen Roland nur bedingt. Die Beschwerden mit den Schuhen erreichen vorhabenbedrohliche Ausmaße. Bei mir hingegen stellt sich der letzte Stunde Effekt ein. Das ist das gute Gefühl, wenn man weiß, dass die eigenen Kräfte reichen werden.

Unter unterschiedlichen Vorzeichen raffen wir uns also zum Endspurt auf. Am Ortsausgang von Stumm in der Gewerbezone, dem wohl trostlosesten Ort auf der ganzen Wanderung, ist bei Roland der Ofen aus. Seine Stiefel, deren Schäfte unablässig auf die Achillesfersen drücken, drohen diese dauerhaft zu schädigen. Wenn er jetzt nichts dagegen tut, dann kann er den morgigen Tag vergessen. Und so werde ich Zeuge der Erschaffung einer Weltneuheit, der Wander-Crocs. Die Crocs waren ursächlich als Hausschuhe in den Unterkünften gedacht, so wie bei mir die Jogging-Schuhe. Jetzt werden sie zu Höherem berufen. Ich, der ich keine Crocs besitze, glaube ja, dass das nur wenige Kilometer halten wird. Aber andererseits, mehr ist es zum Tagesziel ja auch nicht. Modisch ist es auch kein großer Verlust. Seine Crocs sind grau blau und passen ganz gut zum Rest der Kleidung. Na dann, einen Versuch ist es wert.

Siehe da, es läuft viel besser, als von mir befürchtet. Wir passieren einen Campingplatz von gigantischem Ausmaß und schon stehen wir auf der Brücke, die über die Bundesstraße und den Ziller nach Aschau im Zillertal führt. Noch ein kurzer Schlenker nach Norden zur Ortsmitte und schon ist das Gasthaus zum Löwen erreicht. Kurz nach 3 Uhr checken wir ein. Roland versucht noch einen Saunagang zu organisieren. Aber die Dame an der Rezeption bleibt hart. Die Sauna wird heute nicht angeheizt. Zum Zimmer nehmen wir den Lift, weil wir der Ansicht sind, wir haben es uns verdient.

Wir sind noch gar nicht lange auf dem Zimmer, als Roland kurz verschwindet, um nach wenigen Minuten mit zwei frischen Radler-Halben im Glase wiederzukommen. Das finde ich supernett, wenn man bedenkt, dass ihm das Laufen im Moment gerade nicht so leichtfällt.

Nachdem die Radler auf wundersame Weise verdampft sind, verfasse ich meinen Tagesbericht.

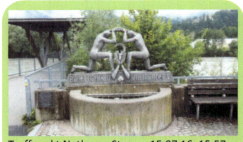

Treffpunkt Notburga Steg 15.07.16, 15:57

Hier soll die Heilige Notburga von zwei Ochsen ohne Brücke über den Yn (Inn) getragen worden sein. Beim heutigen Wasserstand undenkbar und so hat mein Wanderpartner den Steg genommen. 15.07.16, 16:01

Die technischen Daten der siebten Etappe (alles geschätzt, da das Navi sich eine Auszeit gegönnt hat): 20 km, 200 Höhenmeter, 5:00 Wanderzeit, Wanderpartner Roland 15.07.16, 16:06

Heute war der Tag der wechselnden Kleiderordnung. Regenkleidung an und wieder aus und so weiter. Ausserdem waren die kleinen Strässchen nervig stark befahren. Und drittens unterschätze nie einen leichten Gegner. Zum Schluß raus ging's ziemlich zäh. 15.07.16, 16:10

Roland führt noch eine weitere Neuerung ein, Dr. Dünner's Weihrauchgel. „Zur Erhaltung der Beweglichkeit" steht darauf. Das kann auf gar keinen Fall schaden. Das Gel riecht ausgezeichnet und wird auf den Schenkeln nach eigenem Gusto mal kalt oder mal warm. In jedem Falle fühlen sich die Muskeln besser an als vorher. Deshalb nehmen wir die Salbe in den Kanon der täglichen Schmierungen mit auf. Es wird ja ohnehin schon geschmiert, was das Zeug hält, nämlich Anti-Mück, Sonnencreme und Fußbalsam, den ich auf Anraten von Volker Keidel, dem Dietmar Jacobs Weg-Pilger, verwende.

Für das Abendessen setzen wir keinen Fuß mehr vor das Hotel. In der fast leeren Gaststube nehmen wir ein grundsolides Abendessen ein. Die Bedienung ist nicht von hier. Doch wir kommen nicht darauf, von woher sie kommt. Wir raten und liegen beide falsch, als sie uns verrät, dass sie aus Ungarn kommt.

Wieder auf dem Zimmer zieht sich Roland auf den seltsam unfertigen Balkon aus schierem Beton zurück. Er hat sich offenbar noch etwas Arbeit von zu Hause mitgebracht und telefoniert wie ein Weltmeister. Lange bleiben wir heute sowieso nicht mehr auf. Roland schläft schon ein, bevor sein Kopf auf dem Kissen ankommt. Mir bleibt noch ein bisschen Zeit über Harry und Sally nachzudenken. Warum soll das nicht gehen mit der Freundschaft? Wenn man es mit dem Motto des Notburga-Stegs hält „Bauet Brücken zueinander!", ist man, so glaube ich, schon mal auf dem richtigen Weg.

Alpine Gefahren Teil 1
16.07.2016 Aschau im Zillertal – Gerlos Gmünd

Seit Roland mit von der Partie ist, komme ich von Zeit zu Zeit in den Genuss von Witzen und Anekdoten, die er als begnadeter Witzeerzähler mit Hingabe zum Besten gibt. Einmal spielt er mir die Geschichte eines Spaßanrufs nach, der von einem sächsischen Radiosender gesendet wurde. Ein armer Mitarbeiter des Leipziger Mediamarktes sollte hochgenommen werden, indem ein scheinbar total überforderter Kunde sich beschwert, dass der soeben erstandene Videorecorder nicht funktioniert. Nach längerem Hin und Her erhält der Kunde den Rat, das Gerät einfach einmal einzuschalten. Natürlich war das das Problem und das Gerät läuft einwandfrei. In einer gespielten Mischung aus Erstaunen und Freude ruft der Kunde mehrmals „Der geht!". Diese Mischung der beiden Emotionen hat es uns spontan angetan. Schon war der Wahlspruch unserer gemeinsamen Tour in einer leicht abgewandelten Variante „Es geht!" geboren. Immer wenn uns ein Teilstück oder eine knifflige Situation geglückt ist, rufen wir, manchmal brüllen wir es sogar, „Es geht!" aus.

Die gestrige Flachetappe war, auch wenn sie von mir als leichter Einstieg für Roland gedacht war, nicht wirklich sein Geläuf. In dieser Hinsicht kann ich ihn beruhigen, da es heute auf dem Weg nach Gerlos-Gmünd Höhenmeter satt zu bewältigen gilt. Erfreulicherweise haben sich auch seine Achillesfersen über Nacht beruhigt. Er ist jedenfalls putzmunter, als wir den Löwen verlassen. Dazu trägt auch das leicht verbesserte Wetter bei. Es ist zwar nicht strahlend schön, aber weitere Niederschläge bleiben erst einmal aus. Ob die Temperatur allerdings ausreicht, um auf dem Krimmler Tauern den zuletzt gefallenen Schnee wegzutauen, vermögen wir nicht zu sagen.

Der Tag beginnt mit der Verproviantierung. Am Dorfplatz befinden sich ein Supermarkt und eine Bäckerei. Was will der Wanderer mehr. Vor der Bäckerei mit dem vielversprechenden Namen „Dorfbäck" sei allerdings gewarnt. Dort kommt biederste Aufbackware zum Verkauf. Roland organisiert sich neuen Blumenschmuck für seinen Hut direkt aus der Rabatte des Dorfplatzes. Jetzt ist es wohl besser, sich aus dem Staub zu machen.

Wir überqueren den Ziller und die Bundesstraße auf derselben Brücke wie gestern. Am jenseitigen Ufer in der Nähe des Eingangs des Campingplatzes befinden sich so viele Wanderwegweiser, dass es schon fast verwirrend ist. Die Grindlalm, ein Zwischenziel für heute, ist zum Glück auch dabei. An der Flanke eines kleinen Skiliftes geht es zunächst leicht bergauf. Auf der anderen Seite eines Baches meine ich für Bruchteile von Sekunden weitere Wegweiser auszumachen. Aber vielleicht habe ich mich auch getäuscht. Am Ende des Skiliftes ist erst einmal Schluss mit lustig. Die Wände des Zillertales scheinen an dieser Stelle senkrecht aufzuragen. Will man nach oben blicken, muss man den Kopf in den Nacken legen, wie wenn man am Fuße eines Hochhauses stünde. Roland schaltet einen Gang runter und springt den unverschämt steilen Weg hinauf. Schon nach wenigen Minuten ist er aus meinem Blickfeld verschwunden. Ich hingegen wuchte mich an meine Stöcke geklammert Schritt für Schritt nach oben. Das Gemeine ist, dass diese Steilstufe ganz ohne Aufwärmen bezwungen werden muss. Sofort rinnt der Schweiß in Strömen. Trotz dieser immensen Steigung ist der Weg nicht ausgesetzt. Beim Steigen achte ich allerdings immer auf gute Vorlage, weil ich fürchte der Rucksack zieht mich kopfüber nach hinten. Wenn das tatsächlich passieren würde, machte es Rumpedipumpel und weg ist der Kumpel. Die Tour wäre wohl schlagartig zu Ende.

Mit einer erheblichen Sauerstoffschuld laufe ich wieder zu Roland auf, der in einem seltsam verlassenen Weiler auf mich wartet. Die aktuelle Wegweisung führt keine Grindlalm mehr, sondern schickt uns in Richtung Thalblick. Das liegt gefühlt zu weit links, aber es tut sich im Moment keine Gelegenheit zur Kurskorrektur auf. Es bleibt uns nichts Anderes übrig als der Wegeweisung zu folgen. Dabei stoßen wir immer wieder auf Sträßchen, die aber leider unbeschildert sind. Schön langsam wird uns mulmig, weil wir bestimmt schon 500 Höhenmeter zurückgelegt haben. Auf dieser Höhe müssten wir eigentlich den Hang Richtung Rohrberg queren. Unser Steig erreicht eine Art Verkehrsknotenpunkt, wo zwei dieser kleinen Sträßchen aufeinandertreffen. Prompt taucht ein Transporter auf, den Roland beherzt aufhält. Wenn gar nichts Anderes mehr hilft, fragt man eben Einheimische nach dem Weg (wir nennen das die „Ask a local"-Methode).

Es gibt eine gute und eine schlechte Nachricht. Die Schlechte ist, die Grindlalm ist nicht mehr bewirtschaftet. Das lässt sich verschmerzen, weil wir ja ohnehin Proviant dabeihaben. Die Gute ist, wir sind auf der richtigen Höhe. Wir müssen nur dem Sträßchen zur Rechten folgen und nach dem Lantscherweg Ausschau halten. Wenige Minuten später treffen wir auf eine etwas größere Ansiedlung. Das müssen die Neidhäuser sein, wo es eine putzige Kapelle im Westentaschenformat gibt. Wir zählen sage und schreibe ganze 6 Sitzplätze. Man wollte auf sein Gebet in einem Gotteshaus nicht verzichten, auch wenn die nächste größere Kirche (in Aschau) zu Fuß mehr als eine Stunde entfernt war.

Danach wird die Wegführung, wenn man das überhaupt so bezeichnen kann, vogelwild. Von unserem Standpunkt, dem Lantscherweg, machen wir in dem übersichtlichen Gelände einen größeren Bach aus. Ohne Brücke dürfte eine Überquerung schwierig sein. Auf dem gegenüberliegenden Ufer strebt auch ein Weg in Richtung Bach. Nur auf unserer Seite deutet nichts darauf hin, dass der Weg eine Fortsetzung findet. Somit ist nicht bewiesen, dass es dort eine Brücke gibt. Außerdem findet sich nicht der geringste Hinweis auf eine Wegweisung, auch wenn auf der Karte sehr wohl ein Weg eingezeichnet ist. Wir geben querfeldein ein wenig Höhe ab und setzen darauf, dass hinter der nächsten Biegung eine Brücke erscheint. „Es geht!" wie erhofft taucht eine stattliche Brücke auf. Warum man diese Brücke nicht beschildert, ist uns ein Rätsel. Nichtsdestoweniger fällt mir ein Stein vom Herzen. Der Weg jenseits des Baches wird immer breiter. Er wird zur Forststraße, die schließlich in eine Teerstraße mündet, die wiederum Richtung Grindlalm führt. *(Tipp für alle, die es vielleicht nachmachen wollen: Wer sich diese Wegeunsicherheit ersparen möchte, sollte sich unten im Zillertal die Mühe machen, die Wegweiser jenseits des Baches genauer zu studieren. Dort ist die Grindlalm höchstwahrscheinlich ausgeschildert.).* Diese Navigationshürde wäre genommen. Zu dumm, dass es auf dieser Etappe noch eine zweite Unbekannte gibt. Das Stück Astachhof nach Gerlos-Gmünd ließ sich im Internet nicht schlüssig belegen. Laut Karte soll es dort einen Weg geben, was nach der Erfahrung von vorhin gewissen Anlass zur Hoffnung gibt.

Wir überqueren die Talabfahrt der Zillertalarena Richtung Zell. Welch ein Irrsinn. Schon vor dreißig Jahren, als von der globalen Erderwärmung noch nicht die Rede war, konnte man im Zillertal, das hier nur auf knapp 600 Metern liegt, nur alle heiligen Zeiten ins Tal abfahren. Offensichtlich wird hier mit viel Aufwand an Energie und Wasser ein höchst zweifelhaftes Vergnügen aufrechterhalten (die Talabfahrt macht man in der Regel nur einmal am Tag, weil der Schnee oben einfach besser ist). Hier befindet sich auch die Grindlalm, die wir aus besagten Gründen auslassen. Als Ziel für die Mittagspause geben wir den Enzianhof aus, für den wir uns noch etwa 200 Höhenmeter erarbeiten müssen. Kurz bevor das Gelände nach Osten Richtung Gerlos kippt, wenden wir uns noch einmal um. Zu unseren Füßen liegt das Zillertal in seiner vollen Länge, bis es im Norden von der Rofangruppe begrenzt wird. Gestern in der Frühe sind wir von dort losgelaufen. Es ist immer wieder erstaunlich und erhebend zu sehen, wie weit man doch zu Fuß kommt.

Schlag 12 Uhr laufen wir am Enzianhof ein, einem stattlichen Hotel, das offensichtlich im Winter seine beste Zeit erlebt. Es ist Samstagmittag und auf der Terrasse sind gerade mal 3 bis 4 Tische belegt. Wir suchen uns den Tisch an der Hauswand aus. Die Sonne blitzt durch die Wolken. Das trifft sich jetzt nicht schlecht. Am Tisch uns gegenüber nimmt eine 4-köpfige Familie Platz. Die Stimmung an deren Tisch ist ausnehmend schlecht und das obwohl die Familie auf Urlaub ist. Die Eltern sind irgendwie selbst mit sich nicht im Reinen, was sich direkt auf die Kinder auswirkt, die ihrerseits quengelig und ungut sind. Es bleibt für alle Beteiligten zu hoffen, dass das heute nur eine schlechte Tagesform ist, denn die Vorstellung, die sie heute bieten, ist dazu geeignet bei dessen Betrachtung „eine volle Stunde Sodbrennen zu bekommen" wie es bei Shakespeare so drastisch heißt. Das Trauerspiel findet sein Ende, indem wir wieder aufbrechen. Schließlich haben wir noch circa 2 Stunden Marsch vor uns.

Auf der Straße begegnen wir einem eigenartigen Zeitgenossen, einem Hängebauchschwein. Wegen seiner dunklen Farbe wirkt es erst einmal bedrohlich. Hat man aber erst einmal Fühlung aufgenommen, wird klar, dass es ein gemütlicher Geselle ist. Aggressivität kann sich das Schwein auch gar nicht leisten, weil wenn das Bäuchlein ins Schwingen geriete, wäre es schwer sich auf den Beinchen zu halten.

Da die Etappe bis zum Astachhof, dem nächsten Teilziel, nur Asphaltstrecken vorsieht, spurt Roland wieder auf seine Wander-Crocs um, die wider Erwarten den ersten Einsatz schadlos überstanden haben. Die Sträßchen hier oben sind fast komplett verkehrsfrei. Zuerst geht es flach dahin, eine Wohltat nach dieser knackigen Steigung von heute Morgen. Dann muss ich wieder um Höhenmeter weinen. Bevor es zur Abzweigung zum Astachhof kommt, verlieren wir etwa 100 davon. Im Umkehrschluss heißt das, dass wir zum nächsten Zwischenziel wieder 300 Höhenmeter investieren müssen.

Beim Wandern gibt es Phasen, in denen man nicht sehr gesprächig ist, weil jeder mit sich selbst beschäftigt ist. Ich für meinen Teil bin schon ein bisschen erschöpft, sowohl im Kopf als auch in den Beinen. Keine Minute zu früh taucht der Astachhof am Ende eines weitläufigen, halbrunden Almgeländes auf. Das Wetter zieht zu, was in der Wirtsstube eine schummrige und sehr gemütliche Atmosphäre erzeugt. Wir werden von der Hausherrin persönlich empfangen. Sie gehört zu der Sorte Mensch, bei denen man sofort spürt, dass sie am rechten Platz sind. Während ihr kleiner Spross um sie herumwuselt, plaudert sie locker und entspannt über den Forststraßenbau vor ihrem Haus, den sie für komplett überzogen hält. Wir lernen, dass Holzwirtschaft im Zillertal neben dem Tourismus kommerziell den zweithöchsten Stellenwert hat und die Interessen des Naturschutzes oftmals hintenanstehen müssen. In diesem Sinne waren wir heute eher in Holzplantagen, denn in einem richtigen Wald unterwegs. Es ist fast schade, dass unsere Getränke geleert sind und wir wieder aufbrechen müssen. Die Wirtin tritt noch mit uns vor das Haus und weist uns den Weg Richtung Gerlos-Gmünd, den es zu meiner großen Erleichterung tatsächlich gibt.

Das Geläuf wird wieder rustikaler. Deshalb zieht Roland wieder seine Wanderstiefel an. Ich zurre, in der irrigen Annahme ich könnte mir mehr Halt für den anstehenden Abstieg im Schuh verschaffen, meine Schnürsenkel extra fest zu. Der Abstieg dauert und dauert. Er nimmt kein Ende. Wir verlieren weit mehr an Höhe, als uns guttäte. Das Entsetzen ist groß als wir am tiefsten Punkt vor einer Steigung stehen, wie wir sie heute in der Frühe vorgefunden hatten. Jetzt wird mir auch klar, warum der Weg im Internet so stiefmütterlich behandelt wird. Er ist ziemlich anspruchsvoll ohne eine außergewöhnliche Aussicht bereit zu halten. Wir sind schon reichlich fünfeinhalb Stunden unterwegs und somit nicht mehr taufrisch. Aber da müssen wir jetzt durch.

Roland pirscht wieder voraus, als ich noch in meinem Körper nach Kraftreserven suche. Wie ich schon öfter auf Wanderschaft beobachtet habe, tut sich in solchen Augenblicken immer wieder eine Türe auf. Ohne zu wissen, woher die Energie kommt, leistet der Körper in Ausnahmesituationen Außergewöhnliches. Mit letzter Kraft lege ich die gut 100, extrem steilen, Höhenmeter zurück. Oben angekommen kippt das Gelände von supersteil nach bretteben. Erschöpft, aber glücklich erreichen wir Gerlos-Gmünd an einem kleinen Stausee entlang.

Unser Quartier heißt „Haus Elfriede". Das weiß ich noch aus dem Kopf. Da ich weder Lust noch Energie habe, meine Unterlagen oder das Navi aus dem Rucksack zu kramen, marschiere ich schnurstracks in ein Familienhotel und frage an der Rezeption nach dem Weg. Obwohl ich in meinem Aufzug sicher nicht zur Klientel des Hauses zähle, begleitet mich der Chef des Hauses vor die Türe und erklärt wortreich den doch sehr kurzen Weg (das nenne ich einmal Servicegedanke).

Wenige Minuten später sind wir im „Haus Elfriede", einer klassischen Frühstückspension, eingecheckt. Roland setzt seinen Roomservice fort und bringt postwendend ein Radler auf das sehr gepflegte Zimmer. Auf diese Weise habe ich die Hände frei, meinen Tagesbericht zu verfassen.

Alpine Gefahren Teil 1   16.07.16, 16:12

Mit allen möglichen Gefahren habe ich ja gerechnet, wildes Jungvieh, Steinschlag oder unüberwindliche Wildbäche oder die fiese Bettwanze auf der Hütte. Aber mit einem frei laufenden Hängebauchschwein wie hier am Enzianhof in Rohrberg nicht.

16.07.16, 16:18

Die technischen Daten der achten Etappe (wieder alles geschätzt): 19 km, 1000 Höhenmeter, 6:00 Wanderzeit, Wanderpartner Roland.   16.07.16, 16:21

Wenn der Tour de France Fahrer vom roten Bereich spricht, dann weiß ich jetzt was er meint. Heute war ich mehrmals in diesem Bereich. Gleich am Anfang hinter Aschau geht es rasant bergauf. Und kurz vor Schluss der Etappe in Gerlos-Gmünd (nach gut 5:30) nochmal. Das war echt fies.   16.07.16, 16:27

Für das Abendessen haben wir ein kleines Problem. Im Haus selbst wird nicht gekocht. Die beiden Hotels unten an der Straße sind teuer und verlangen einen gewissen Dress-Code, den wir nicht bedienen können. Wir säßen echt in der Tinte, hätten wir nicht supernette Hausherren. Der Hausherr bietet an, uns mit dem Auto nach Gerlos in ein Restaurant zu fahren. Wenn wir mit dem Essen fertig wären, sollen wir anrufen und er holt uns wieder ab (und das ohne Geld dafür zu verlangen). Gesagt getan. Wir werden in eine Pizzeria kutschiert. Das verstößt gegen meine „eat-local"-Regel. Aber wie könnte ich diese generöse Geste ausschlagen. Außerdem kann nach einem Tag wie diesem ein großer Teller Nudeln sicher nicht schaden. Wir fühlen uns nach dem grandiosen Erfolg des Tages in dem gemütlichen Restaurant sehr gelöst. Nach einem harten Wandertag (es war die schwerste Etappe bis jetzt) mit vollem Bauch kommt eine tiefenentspannte Feierabendstimmung auf. Der Effekt verstärkt sich noch, als der Wirt einen Limoncello spendiert. Derart beschwingt erhalten wir noch eine Stadtrundfahrt durch Gerlos. Wir sollen ja wissen, wo die morgige Fortsetzung des Weges beginnt (sogar diese Marotte hat mir der Hausherr in den Gedanken gelesen).

Satt und glücklich begeben wir uns zu Bett. Heute hatten wir mehrere „Es geht'!"-Momente. Wie befreiend es doch ist, das auch mal laut auszurufen.

Free longhorn policy in Gerlos
17.07.2016 Gerlos Gmünd - Krimml

Jeder Tag auf der Tour birgt seine eigene Herausforderung. Heute wird es für mich darum gehen einen Fehler von gestern auszuhalten und, wenn es geht, auszumerzen. Die gestrige Aktion, die Schnürsenkel für den Abstieg vom Astachhof besonders stark festzuzurren, war gelinde gesagt kontraproduktiv. Das führte dazu, dass die Oberkanten der Wanderstiefel an den Schienbeinen scheuerten. Obwohl man rein äußerlich nichts sieht, schmerzt jeder Schritt erheblich. Im Wintersport würde man wohl von einer Schuhrandprellung sprechen. *(Tipp für alle, die es vielleicht nachmachen wollen: Lasst Euch beim Kauf der Wanderstiefel in die richtige Schnürung der Schuhe einweisen. So trivial das klingen mag, kann man sich doch solche Unannehmlichkeiten ersparen.).*

Dann heißt es halt heute, wie in der Sportwelt oft zitiert, „No pain, no gain". Frei übersetzt heißt das „ohne Fleiß kein Preis". Aber die wörtliche Übersetzung „Ohne Schmerz, kein Gewinn" kommt der Wahrheit viel näher. Sport kann richtig wehtun. Man setze sich nur mal auf ein Fahrrad und fahre so lange, bis der Körper an die Reserven gehen muss. So unverständlich das für Sportmuffel (auch Couch Potatoes genannt) klingen mag, das ist genau die Art von Schmerz, die wir Sportler bewusst suchen. Der Spruch hat für mich aber noch eine zweite Bedeutung. Ich sage ihn mir immer dann in Gedanken vor, wenn ich Probleme mit einem Nierenstein habe. Denn wenn es richtig weh tut, ist der Stein in Bewegung und jeder Zentimeter, den sich der Stein Richtung Ausgang bewegt, ist ein echter Gewinn. Überhaupt bin ich der Meinung, dass mir Sport und die damit einhergehende erhöhte Schmerzresistenz in Steinkrisen große Dienste leistet (ganz davon zu Schweigen, dass ein fitter Körper die sonstigen Strapazen einer Krise, wie Schlafentzug, einfach besser wegsteckt). Heute ist es einmal andersherum. Heute hilft die Steinerfahrung dem Sportler. Wir Steinpatienten können uns mit Fug und Recht als Schmerzexperten bezeichnen. Und als solcher gebe ich dem heutigen Schmerz auf der 10er Skala eine drei, also kein Grund zur Beunruhigung, und packe meine Sachen für den Aufbruch.

Der Tag beginnt mit einem ausgiebigen Frühstück. Im Frühstückraum, den wir uns mit einem Stammgast teilen, läuft das Radio. Der Wetterbeicht klingt genauso wie an allen drei Tagen zuvor. Tirol liegt am Rande einer Störung, die verantwortlich für unbeständiges Wetter ist. Es ist schon verblüffend, dass der Rand der Störung immer genau die 20 Kilometer weiterzieht, wohin wir uns gerade bewegen. Was soll's. Unbeständig heißt nicht Dauerregen und außerdem sind wir die letzten Tage auch damit klargekommen.

Bevor es auf die Piste gehen kann, muss ich an der geeigneten Schnürung meiner Stiefel tüfteln. Heraus kommt, von mir eigenhändig erfunden, die Cabrioletschnürung, unten kompakt und oben fast komplett lose. Trotz dieses ingenieurwürdigen Geniestreiches fällt der kurze Abstieg zum Gerlosbach nicht leicht. Zum Glück kommt die heutige Route einer klassischen Bergtour gleich. Es geht nur einmal bergauf zur Gerlosplatte, die mit 1667 Metern fast exakt genauso hoch liegt wie der Plumssattel, dem bisher höchsten Punkt der Tour, und einmal bergab nach Krimml. Morgen winkt der erste Ausgleichstag, der viel kürzer ist und überhaupt keinen Abstieg aufweist.

Wir halten uns auf der südlichen Seite des Gerlosbaches, wie es uns unser Gastgeber, der passenderweise für das Wanderwegenetz der Gemeinde Gerlos zuständig ist, empfohlen hatte. Hier begegnen uns verhältnismäßig viele Kühe. Welch seltsamer Ort für sie, ist der Grünstreifen rechts und links des Weges doch relativ schmal. Jetzt, wo wir zu zweit sind und Roland diesen extralangen Stock dabeihat und wir somit für etwaige Raufhändel gut gerüstet sind, mache ich mir nicht mehr sonderlich viel aus unserer tierischen Gesellschaft.

Theoretisch könnte man auf dieser Bachseite den gesamten Ort Gerlos umgehen. Da bei mir schon wieder Bananen- und Getränkenotstand herrscht, wechseln wir das Ufer und suchen den hiesigen Supermarkt auf. Zu unserer großen Überraschung prägen Kühe, die unbeaufsichtigt durch die Straßen stromern, das Ortsbild. Vor einigen Jahren, als ich hier mit dem Fahrrad unterwegs war, hatte ich Ähnliches auf der Passhöhe des Gerlospasses beobachtet. Damals hielt ich das für ein Malheur des Bauern. Heute werden wir darüber belehrt, dass das in Gerlos durchaus üblich ist. Wir lassen die Szenerie ein wenig auf uns wirken und müssen feststellen, dass sich die Kühe sehr zivilisiert benehmen. Das haben sie so manch zweibeinigem Rindvieh, wie zum Beispiel einem marodierenden Hooligan, voraus.

Wir passieren eine Megabaustelle mitten im Ort. Von unserem Gastgeber wissen wir, dass hier die Talstation samt Tiefgarage der neuen „Dorfbahn" entsteht. Die Gemeinde lässt es sich 30 Millionen Euro kosten, um sich mehr Verkehr in den Ort zu holen und das, obwohl gleich hinter dem Ort bereits eine Seilbahn mit großem Parkplatz existiert. Andernorts wird mit Park and Ride Systemen daran gearbeitet, den Verkehr aus dem Ort zu bekommen. Hier arbeitet man bewusst gegen den Trend, von den zusätzlichen Pisten, die natürlich ebenfalls im Ort enden müssen, gar nicht erst zu reden. Manchmal fragt man sich wirklich, was in den Köpfen der Verantwortlichen vorgeht.

An besagtem Parkplatz am Ortsende beginnt unser Weg Richtung Durlaßboden Speichersee. Zuerst geht es über freies Feld, das aber recht sumpfig ist, wie sich zeigt. Roland, der leicht auf Abwege geriet, kann sich nur mit einem beherzten Sprung, gestützt auf seine Allzweckwaffe, dem Stock, retten. Das Tal wird enger und bald ist in tiefem Wald nur noch Platz für den Gerlosbach und unseren Weg. Obwohl die Gerlospassstraße links und rechts von uns gar nicht weit entfernt ist, bekommt man hier gar nichts davon mit. Kurz vor dem Staudamm des Speichers überqueren wir die Passstraße. Um den Staudamm zu erklimmen, haben wir die Wahl zwischen einer geteerten Fahrstraße und einer Treppe mit mehreren hundert Stufen. Aufgrund meines kleinen Schuhproblems tendiere ich zu einem schrittoptimierten Ansatz. Deshalb nehmen wir die Treppe, weil skandalöser weise auch kein Lift zur Verfügung steht.

Das Treppensteigen hat auch sein Gutes. Man nimmt sehr schnell Höhe auf. Indem wir die Dammkrone erreichen, haben wir schon fast die Hälfte der heute geforderten Höhe auf der Habenseite. Das „Gipfelziel", ein Haus, das auf der Bergschulter der Gerlosplatte thront, ist von hier schon gut zu erkennen. Ein Spaßvogel hat im Stausee eine schwimmende Insel platziert, die ein „Green" eines Golfplatzes vorstellen soll, mit Fähnchen und Loch natürlich. Das Seestüberl hält reichlich Bänke bereit. Das alles führt dazu, dass wir den Zeitpunkt für ein Picknick für gekommen halten. Wir freuen uns schon auf ein high-class drei Gänge Wander-Menü, bestehend aus Banane, Wurstsemmel und als Dessert ein Bonbon aus Rolands tragbarem Süßwarenladen. Doch als wir unsere Rucksäcke öffnen, beginnt es zu regnen. So beschränken wir uns auf den Hauptgang und trollen uns schneller als gedacht.

Wie zum Hohn hört es wenige Minuten später wieder zu regnen auf. Das hilft dem Badegelände, das sich am Nordufer des Durlaßboden-Speichers erstreckt, heute nicht mehr weiter. Die wunderschönen Liegewiesen mit Spiel- und Grillplätzen sind komplett verwaist. Lediglich einige unentwegte Urlauber sind zur Umrundung des Speichersees angetreten. Wir verlassen diese an der Stelle, wo der Speichersee sich Richtung Süden wendet. Die Aussicht in dieses Tal ist für uns deshalb so interessant, weil hinter den dort befindlichen Bergriesen der Krimmler Tauern liegt, auf dem wir übermorgen stehen wollen.

Der Aufstieg zur Gerlosplatte ist bestens markiert (Richtung Filzalm), beginnt jedoch in sehr matschigem Gelände. Hier ist Vorsicht geboten, wenn man eine „Volle Suhle" vermeiden möchte. Weiter oben wird der Weg trockener. Er ist steil, aber gut zu laufen. Kurz vor Erreichen des Gipfelziels werde ich Opfer einer mir heute noch rätselhaften Fehlleistung. Etwa 150 Meter vor dem hier schon klar sichtbaren Haus verläuft der Weg auf einer Wiese, die leicht nach links, talseits abbricht. Es ist sozusagen eine Art Grat. Markierungen gibt es hier, ob des übersichtlichen Geländes, nicht. Roland ist, wie gewohnt, weit voraus. Mir ist so, als ob der Weg nach links abbiegt. Irgendwie sieht der von Rindviechern ausgetretene Pfad vertrauenserweckender aus, als der Wanderweg. Daher biege ich also links ab und gerate in immer unwegsameres Gelände. Ich umrunde in gemäßigten Abstand das Haus, muss dabei sogar einen Bach überqueren und komme schließlich schweißgebadet oben an.

Roland, der auf mich wartend locker die Samstagsausgabe der Süddeutschen hätte lesen können, hat die Zeit genutzt, um das nächste, offene Wirtshaus zu lokalisieren. Diese

Aufmunterung kann ich nach meinem Ausritt gut gebrauchen. Überhaupt tut Aufmunterung hier oben Not. Das „Gipfelziel", früher ein Haus für Jugendfreizeiten, ist aufgelassen und gammelt vor sich hin. Die Unterkünfte, im Winter wie Gold gehandelt, sind im Sommer fast alle nicht gebucht. Man fühlt sich wie in einer Geisterstadt. Dazu noch die riesigen Parkflächen, die sich um die Talstationen der Lifte scharen. Das Ganze, gepaart mit dem tristen Wetter, ist geeignet in eine Sommerdepression zu verfallen.

Zum Glück ist die Duxeralm nach 20 Minuten erreicht. Obwohl es gerade nicht regnet, nehmen wir im Gastraum Platz. Wir wollen unser Glück nicht herausfordern. Der Name Duxeralm klingt romantischer, als es die Lokalität am langen Ende ist. Sie ist vielmehr ein für Skigebiete übliches Großrestaurant. Glücklicherweise war der Architekt in diesem Falle so schlau und hat einen kleineren, für den Sommerbetrieb geeigneten Gastraum von der großen Halle abgetrennt. Wir werden von einem Kellner bedient, der sprachlich nicht ganz astrein klingt. Auf einem soliden Sockel von hochdeutsch streut er tirolerische Brocken ein. Das mag bei holländischen Touristen als echt durchgehen. Uns kann er seine Herkunft nicht verheimlichen. Seine Redseligkeit beschert uns das Wissen, dass im Winter mittags mehr als 500 Essen über den Tresen gehen und am Abend noch einmal 300. So viel Masse wird der Wandertourismus, trotz des Booms, den er gerade erfährt, auf absehbare Zeit nicht erzeugen, außer es ist gerade Volkswandertag, der aber als Dauer-Remmidemmi auch nicht gerade erstrebenswert scheint. Nach einer Suppe für Roland und einem Apfelstrudel für mich sind wir ausreichend gestärkt, um uns dem Abstieg zu widmen.

Dieser geht erfreulich leicht von statten. Der Winterweg nach Krimml ist bestens markiert. Sogar an eine Unterführung für Wanderer unter der Gerlos-Alpenstraße ist gedacht. Der Schmerz an den Schienbeinen ist auszuhalten. Irgendwie scheint sich der Körper an alles zu gewöhnen. In der Ferne tauchen die Krimmler Wasserfälle als weiße Flecken in einem Meer von dunklem Wald auf, was die Vorfreude auf morgen schon mächtig anheizt. Im Zielanflug auf Krimml kommen wir noch einmal kurz ins Zweifeln, in welchem der zahlreichen Ortsteile von Krimml unser Quartier liegt. Ein hochbetagter Wanderfreund, der uns zufällig begegnet, weiß Rat, wir müssten nur auf die Kirche zuhalten, die Pension Waltl läge direkt daneben.

Gegen drei Uhr nachmittags erreichen wir unser Quartier. Der Empfang ist freundlich und Roland muss auch gar nicht lange bitten, damit eigens für ihn die Sauna angeheizt wird, ein Service der ihm zwei Tage zuvor im Löwen nicht zuteilwurde. Unser Zimmer ist eigentlich eine kleine Ferienwohnung mit kompletter Küchenzeile und einem Essplatz. Das hätten wir in Gerlos wissen müssen, dann hätten wir ein paar Schnitzel eingekauft und über den Pass geschleppt. Ganz so schlimm ist das aber auch wieder nicht, denn im Haus ist ein Restaurant, in dem das hauseigene Bier ausgeschenkt wird. Wir sind gespannt.

Während Roland in der Sauna brutzelt, verfasse ich den folgenden Tagesbericht.

Free longhorn policy in Gerlos
17.07.16, 16:02

Im Winter steppt in Gerlos der Bär. Im Sommer legen die jungen Longhorns ein Tänzchen aufs Parkett. Und das auch auf der Bundesstraße. Eben weil es eine free longhorn policy gibt.
17.07.16, 16:06

Die technischen Daten der neunten Etappe (wieder geschätzt das Navi kommt mit tiefen Talfluchten nicht klar): 19 km, 650 Höhenmeter, 5:15 Wanderzeit, Wanderpartner Roland G. (the Gams)
17.07.16, 16:12

Wir kommen aus dieser Wetterzone nicht raus. Es ist recht frisch (je höher je frischer). Immer wenn wir uns zur Brotzeit niederlassen, fängt es mindestens zu nieseln an. Ausserdem sind wir heute durch das Skigebiet Gerlosplatte gekommen. Mein lieber Mann, das ist eine triste Angelegenheit. Hunderte von Unterkünften und im Sommer fast alle leer. Aber hier unten in Krimml ist es echt okay.
17.07.16, 16:19

Außerdem gibt mir Rolands Absenz die Gelegenheit mit der besten Ehefrau von allen zu telefonieren, ohne mich auf dem zugigen Balkon herumdrücken zu müssen. Andrea hat alles im Griff, so dass die Lage zu Hause weiterhin keinen Anlass zur Beunruhigung gibt. Unbeschwert kann ich mir das Abendessen schmecken lassen. Das vor Ort gebraute Bier ist sehr süffig und macht sich auch in der Soße des Bratens nicht schlecht. Alles zusammen verleiht wieder die wohlige Bettschwere, wie sie so typisch für lange Wandertage ist.

Im Bett gehen mir noch ein paar Gedanken durch den Kopf. Das war der neunte Tag, wieder mit dem geplanten Raumgewinn (the gain). Es läuft bis jetzt wie geschmiert (bis auf ein bisschen pain). Morgen Früh beginnt der Anstieg zum Alpenhauptkamm, den wir übermorgen Mittag erreichen wollen. Dass unsere Kräfte dafür reichen, erscheint mir gar nicht mehr so abwegig. Wenn nicht der verflixte Schnee wäre, der heute bestimmt wieder nicht groß abgetaut ist. Es bleibt spannend.

Alpine Naturgewalten
18.07.2016 Krimml – Krimmler Tauernhaus

Ausgleichstag das klingt einfach. 3 bis 4 Stunden, im Vergleich zu den Vortagen, sind nicht die Welt. 600 Höhenmeter bergauf, nichts bergab, da haben wir schon Schlimmeres gesehen. Für Ablenkung ist in Form der Krimmler Wasserfälle ebenfalls bestens gesorgt. Wer jetzt glaubt, das wird ein Kinderspiel, hat die Rechnung ohne das Unterbewusstsein gemacht. Ich weiß nicht genau, wie das in meinem Gehirn funktioniert. Bei mir ist es jedenfalls so, dass sich ob dieser Aussichten in meinem Körper eine gewisse Erwartungshaltung breitmacht. Daraus wiederum wird ein Energiequantum für den Tag abgeleitet. Und mein Körper ist auch nur ungern dazu bereit, mehr als das errechnete Quantum herauszurücken. Mit anderen Worten **klingt** der Tag zu leicht, verrechnet sich mein kleiner Prozessor im Kopf und weist eine falsche Reichweite aus und plötzlich stehe ich ohne Sprit da.

Da sich dieser Effekt erst gegen Ende einer Tour einstellt, sind wir beim Frühstück noch sehr gelassen. Die Lage am Schuh hat sich gestern zumindest nicht verschlechtert. Außerdem hat es den Anschein, als dass sich die Wetterstörung verlaufen hat. Oder sie hat an der Grenze zwischen Tirol und dem Salzburger Land einfach haltgemacht. Jedenfalls ist es ein paar Grade wärmer und erst einmal trocken. Wir entwickeln in unseren morgendlichen Verrichtungen schon so viel Routine, dass wir ohne Hektik um 9 Uhr aufbrechen können. Der Besuch im Supermarkt ist Plicht, da der Nächste zweieinhalb Tagesmärsche entfernt in Italien (klingt das nicht Klasse?) liegt. Dann kann es auch schon losgehen.

Im Gegensatz zu den Tagestouristen ist unsere Anreise zu den Wasserfällen vergleichsweise kurz. Die üppigen Parkflächen sind noch komplett leer. Nach wenigen Minuten stehen wir vor einem Kassenhäuschen, wo wir unser Eintrittsgeld entrichten müssen. Dass überhaupt Eintritt verlangt wird, finde ich nicht in Ordnung. Dieses einmalige Naturschauspiel sollte frei zugänglich sein, auch wenn ich natürlich weiß, dass der Unterhalt der Wege gewissen Aufwand fordert. Was aber dann folgt, schlägt dem Fass den Boden aus. Unsere umsichtige Gastgeberin hat uns für die Übernachtung in Krimml die Nationalpark Sommercard Hohe Tauern (jeder Ort in den Bergen, der etwas auf sich hält, hat heutzutage eine solche Karte mit mehr oder weniger sinnvollen Vergünstigungen) ausgestellt. Die wiederum räumt uns freien Eintritt für die Wasserfälle ein. Soweit so gut. Nur das diensteifrige Personal an der Kasse besteht darauf, uns einen Beleg über 0,00 EUR auszustellen. Okay, dann werden wir den Beleg irgendwo vorzeigen müssen. Aber auch das unterbleibt. Das ist irre. Wir haben einen Beleg über nichts, den keiner sehen will. Ich dachte immer wir Deutschen sind

Bürokratieweltmeister. Offensichtlich stehen uns die Österreicher in dieser Beziehung in nichts nach.

Derlei Kleingeisterei sollte einen aber nicht davon abhalten, zu den Fällen vorzudringen, denn es ist ein wahrhaft faszinierender Ort, ein Fest für (fast) alle Sinne. Man kann sie spüren. Besonders am Fuße der Fälle, wo das Wasser mit unbändiger Wucht aufschlägt, meint man der Boden erzittert und die Luft vibriert. Unwillkürlich fällt mir das taubstumme Mädchen aus Herbert Grönemeyers Lied „Musik nur, wenn sie laut ist" ein, die die Musik nur über die Schwingungen des Zwerchfells wahrnimmt („wenn sie in den Magen fährt"). Hier käme sie voll auf ihre Kosten. Man kann die Fälle riechen. Es riecht nach regennassem Wald, ohne dass es regnet. Man kann sie sehen. Das herabstürzende Wasser ist weiß wie Schnee. Die Gischt wiederum glitzert in der Sonne in allen Farben. Man kann sie hören. Über einem Grundton eines unablässigen Grummelns variieren verschiedene Zischtöne. Seit aberhundert Jahren spielt sich dieses Gesamtkunstwerk in der gleichen Weise ab, und das alles wartungsfrei, was mein Ingenieurherz höherschlagen lässt. Wenn man bedenkt, wie schnell ein Gartenspringbrunnen aus dem Baumarkt seinen Geist aufgibt.

Diese Pracht muss man sich durch eine mittelschwere Bergtour erschließen. Auf bestens gepflegten Wegen, was ja Ehrensache ist, wenn man schon dafür bezahlt, schraubt man sich 400 recht kernige Höhenmeter nach oben. Die Strecke wird von diversen Aussichtskanzeln gesäumt, die immer wieder spektakuläre Blicke freigeben. Jede Kanzel ist beschildert, wobei die jeweilige Seehöhe ausgewiesen ist. So kann man sich seine Kräfte bestens einteilen. Oben angekommen machen wir an einem Info-Pavillon ein kleines Picknick, dieses Mal von Regen unbehelligt. Roland spurt wieder auf die Wander-Crocs um, weil die Hauptsteigung für heute bewältigt ist.

Jedem Tagestouristen sei unbedingt empfohlen nach den Fällen noch ein wenig weiterzulaufen. Denn nach dem Furioso der Fälle sollte man sich das Andante des Krimmler Achentales auf keinen Fall entgehen lassen. Krasser kann der Unterschied zwischen zwei Landschaften nicht sein. Eben noch rauschte das Wasser senkrecht zu Tal, jetzt mäandert die Krimmler Ache gemächlich in einem weiten Trogtal dahin. Der Talboden selbst ist unbewaldet, die Abhänge zu beiden Seiten des Tales jedoch schon. In der Ferne recken sich gewaltige Berge, sogar mit Gletschern, in die Höhe. Von Zeit zu Zeit trifft man auf kleinere Ansammlungen von Kühen. Almhütten sind wie beiläufig im Tal verteilt. Würde man 10 Leuten die Aufgabe stellen ihr ideales Alpental zu malen, 9 davon würden exakt dieses Tal entwerfen. Wir befinden uns in den Designeralpen.

Das Gelände steigt nur ganz leicht an. Trotzdem holt uns jetzt das eingangs beschriebene Reichweitenproblem ein. Roland prägt den epochemachenden Satz: „Egal wie lange eine Tour ist, die letzte Stunde geht immer zäh!". Recht hat er. Wir sind richtig froh, als sich das

Krimmler Tauernhaus zeigt. Zur besten Mittagessenszeit erreichen wir die Hütte. Es sind jede Menge Tagestouristen da und wir hegen schon gewisse Zweifel, ob wir unseren Hunger in Kürze gestillt bekommen. Aber es zeigt sich, dass hier absolute Profis am Werke sind. Der Service ist prompt, freundlich und unaufdringlich. Aus der Ähnlichkeit der Bedienungen schließen wir, dass es sich um einen Familienbetrieb handeln muss. Obendrein ist das Haus sehr geschichtsbewusst. Auf mehreren Schautafeln und in Prospekten kann man Einiges über die lange Geschichte der Hütte erfahren.

Es ist noch früh am Nachmittag. Aber unser Zimmer, das ich ja schon vor langer Zeit gebucht hatte, ist schon für den Bezug bereit. Das holzgetäfelte Zimmer und die zwei mit karierter Bettwäsche bezogenen Betten sind auf 8 Quadratmeter konzentrierte Behaglichkeit. Die Duschen und die Toilette, beide topmodern, liegen quer über dem Flur. Da es noch so früh am Tage ist, haben wir sie komplett für uns alleine. Das hat so gar nichts mit den gefürchteten Hüttenübernachtungen zu tun. Umso besser, wir können jede Rekreation, die wir kriegen können, gebrauchen.

Der Tagesbericht entsteht heute schon etwas früher.

Alpine Naturgewalten! 18.07.16, 13:58

Wer die Krimmler Wasserfälle noch nicht gesehen hat, sollte sie schleunigst auf den Zettel nehmen. Ein bisschen Kondition ist mitzubringen (von ganz unten bis ganz oben sind es rassige 400 Höhenmeter) aber dann steht dem feuchtfröhlichen Vergnügen nichts im Wege. 18.07.16, 14:03

Die technischen Daten der zehnten Etappe: 11 km, 600 Höhenmeter, 3:30 Wanderzeit, Wanderpartner Roland 18.07.16, 14:06

Heute war der erste Tag ganz ohne Regen (dafür hatten wir mehrmals satte Gischt vom Wasserfall). Die Temperaturen steigen leicht. Es taut auch in den höheren Lagen. Das eröffnet tatsächlich die Chance den Krimmler Tauern morgen zu attackieren. 18.07.16, 14:10

Nach einer Siesta kauft Roland ein Tütchen mit weißem Pulver. Das ist nicht der Stoff, auf dem wir alle talwärts fahren (wie Falco singt). Nein es ist Waschpulver, denn heute ist Waschtag. Wie erhofft verfügt das Tauernhaus über eine Waschmaschine samt Trockner. Angetan mit unserer verschmutzten Wäsche, dem Säckchen und zwei Münzen ziehen wir in den Keller und geben uns größte Mühe unsere Kleider nicht zu schrotten. Das Ergebnis kann sich sehen lassen, nichts verfärbt oder eingelaufen. Noch vor dem Abend können wir unsere Rucksäcke wieder mit sauberer Wäsche füllen.

Für das Abendessen hat sich Roland noch einmal etwas Besonderes einfallen lassen. Er hat uns Plätze in der mehr als 600 Jahre alten Stube reservieren lassen. Die alte Stube ist schon allein architektonisch eine Sehenswürdigkeit. Das gesamte Gebäude wurde, wie eine Kathedrale, in mehreren Etappen erbaut und immer wieder erweitert. Gerade eben wird ein weiterer Anbau hinzugefügt. Dabei blieb die alte Stube immer unangetastet. Sie ist quasi die Keimzelle eines organisch gewachsenen Gebäudekomplexes. Dazu kommen die Inschriften, die an den niedrigen Wänden heute noch lesbar sind. Sie zeugen von dramatischen Vorkommnissen, die über die Jahre hier ihren Schauplatz fanden. Lässt man sich auf die Magie dieses Ortes ein, kann man vor dem geistigen Auge den Schmuggler sehen, der in der Stube Rast machend etwas mehr über die Patrouillen der Zöllner herausfinden wollte. Die Stube war Zeuge von Fluchten in beide Richtungen. Am Ende des 2. Weltkrieges passierten viele Soldaten der Wehrmacht den Krimmler Tauern auf ihrem Rückzug aus Italien als einem der letzten freien Alpenübergängen. Nur wenigen Jahre nach dem 2. Weltkrieg nutzten Juden auf ihrem Weg nach Palästina den Übergang nach Italien in der Hoffnung in Venedig ein Auswandererschiff erreichen zu können. In meinem Kopf entstehen Bilder, wie in der Stube zusammen mit dem Wirt die Übernachtung und Verpflegung der Menschenmassen organisiert wird.

Heute sitzen wir in dieser Stube zusammen mit etwa einem weiteren Dutzend Auserwählter und nehmen unser Hüttenessen, das vielmehr ein ausgezeichnetes 3 Gänge-Menü ist, ein. Draußen schwingt sich die Wetterstörung noch einmal zu Höchstleistung auf. Sie schickt uns ein Gewitter mit Platzregen und Donnern, die wie Peitschenknallen im Tal widerhallen. Wir können nur hoffen, dass das Unwetter das letzte Aufgebot der Störung ist. Es wäre nicht auszumalen, wenn uns morgen auf mehr als 2.000 Metern Höhe ein Gewitter erwischen würde. Laut meiner Karte sind die Unterstände da oben mehr als rar. Für jetzt genießen wir die Geborgenheit einer festen Unterkunft, wenn es draußen stürmt.

Wir könnten ewig so sitzen. Aber der morgige Tag wird heftig. Ein früher Aufbruch ist angezeigt. Deshalb ist es besser zeitig ins Bett zu gehen. Auf dem Weg dorthin wage ich an der Rezeption noch einen Vorstoß. Auf meine Frage, ob oben am Krimmler Tauern noch viel Schnee läge, erhalte ich die Auskunft, man wisse es nicht, aber wenn es so wäre, hätten die Mountainbiker schon eine schöne Spur hineingelegt. Ich muss zugeben, dass das nicht genau die Antwort ist, die ich mir erhofft hatte. Trotzdem sind wir beide wild entschlossen, morgen den Alpenhauptkamm zu bezwingen. Das Kribbeln im Bauch beginnt.

Standing on top of the world
19.07.2016 Krimmler Tauernhaus - Adleralm

Heute zählt's. Heute kommen alle Karten auf den Tisch. Heute zählt der Spruch „Wenn es nicht oben drüber geht, geht es eben außenherum." nicht. Heute muss es oben drüber gehen. Das Obendrüber heißt Krimmler Tauern und ist gleichbedeutend mit dem Alpenhauptkamm. Auf der Tagesordnung stehen 1.000 Höhenmeter im Anstieg und 1.000 Höhenmeter im Abstieg. Ich kann mich nicht erinnern, wann ich das das letzte Mal gemacht habe, schon gar nicht mit 10 Tagen Vorspiel.

Die äußeren Bedingungen können besser nicht sein. Der Morgenhimmel ist wolkenlos. Es ist noch kühl. Aber die Wettervorhersage verheißt einen sonnigen Tag mit einer verschwindend geringen Gewitterneigung. Die Schuhrandprellung ist auskuriert. Die gewaschene Wäsche ist im Rucksack verstaut. Dann steht einem gigantischen Tag in den Bergen nichts mehr im Wege.

Eigentlich müsste ich mich kreuz und quer durch das Frühstücksbüffet fräsen. Über den Tag verteilt wird die ein oder andere Kalorie mehr als üblich vonnöten sein. Doch ich bin viel zu aufgekratzt, um mir den Bauch vollzuschlagen. Ich will raus auf die Piste und das so schnell wie möglich. Nach einem für diese Voraussetzungen zu kurzen Frühstück lassen wir uns unsere Flaschen mit Wasser füllen. Wie geplant treten wir kurz vor 8 Uhr aus dem Haus. Die Nervosität lässt mich ein wenig mehr an der Ausrüstung herumnesteln als nötig.

An der Auffahrt zur Hütte steht eine bernsteinfarbene etwa hüfthohe Pyramide aus Plexiglas. In großen Lettern steht hochkant das Wort „Hoffnung" geschrieben. Diesen Zuspruch kann ich gut gebrauchen. In der Tat kann ich nur hoffen, dass ich diesen Aufstieg meistern werde. Wissen tue ich es nicht. Als ich das Kleingedruckte auf der Pyramide lese, wird mir wieder bewusst, dass wir uns auf dem alpinen Friedensweg befinden, was ja mit ein Grund war, diese Route überhaupt zu wählen. Auf dem gesamten Weg zwischen Krimml und Kasern im Ahrntal stehen immer wieder solche Pyramiden. Gestern hatte ich das irgendwie verdrängt und die erste Pyramide mit dem Thema „Sorge" einfach nicht wahrgenommen. Der Friedensweg wurde zum Gedenken an die Flucht von mehreren tausend Juden im Jahre 1947 nach Palästina eingerichtet. Sie waren damals buchstäblich auf dem Weg ins gelobte Land. Sie machten sich in der Hoffnung auf den Weg existentiellen Bedrohungen, wie weiterer Verfolgung, entgehen zu können. In der Spitze der Pyramide steht der Satz „Allen Flüchtlingen dieser Welt gewidmet". Genauso wie bei den Juden damals sind die Bedrohungen der Flüchtenden von heute von existenzieller Natur, sei es durch Krieg, Vertreibung oder Armut. Auf ihrer Flucht setzen sie all ihre Hoffnung auf eine

Karte, einen Platz für ein friedliches Leben zu finden. Die derzeitige Diskussion spricht immer von der großen Anzahl von Flüchtlingen. Man darf nie vergessen, dass hinter jedem einzelnen Hilfesuchenden damals wie heute ein sorgenvoller Entschluss steht, das eigene Umfeld zu verlassen. Vor diesem Hintergrund erscheint mir die Motivationslage für meinen Egotrip reichlich belanglos.

Nichtsdestoweniger bin ich hier. Die Herausforderung wird für mich dadurch auch nicht geringer. Wie groß diese ist, kann ich jenseits der Krimmler Ache schwarz auf gelb auf einem Wegweiser lesen. Neben vielen anderen namhaften Zielen steht dort „Krimmler Tauern 4 Stunden". Üblicherweise bin ich nach 4 Stunden schon wieder im Tal und strecke alle Viere von mir. Heute ist damit nur das Gipfelziel erreicht.

In der morgendlichen Frische des Talschattens nehmen wir den ersten Aufgalopp, der aus zwei fast ebenen Kilometern auf derselben Fahrstraße besteht, die wir gestern auch schon genommen hatten. Am Abzweig Richtung Wildbachtal, wo die nächste Pyramide mit dem Thema „Zuversicht" steht, überholen wir drei wackere Schwaben, die hier offenbar etwas zu diskutieren haben. An der Orientierung kann es nicht liegen, weil die Wegweisung mehr als deutlich und das Brücklein über die Ache klar zu erkennen ist. Hinter dem Brücklein schlagen wir uns in die erste Steilstufe. Sie führt durch einen Streifen Waldes, der mit einem wunderschönen Wasserfall verziert ist. Andernorts wäre das eine Attraktion für sich. Hier oben ist es für das Wasser lediglich eine Gelegenheit, das Fallen zu lernen, bevor es ein paar Kilometer bachabwärts zum großen Auftritt kommt. Nach zwanzig schweißtreibenden Minuten treffen wir am Ende des Waldstückes wieder auf eine Fahrstraße. Die Baumgrenze ist somit erreicht. Den nächsten Baum werden wir erst wieder in 6 Stunden von der Nähe sehen.

Am Wegesrand entdecken wir ein Murmeltier. Sofort zücken wir unsere Handys, um einen Schnappschuss zu erhaschen. Doch zu einem Fotomodell wird es unser pelziger Geselle nicht bringen. Nur einen verwackelten Schnellschuss gewährt er uns, um sich danach sofort in seinem Bau in Sicherheit zu bringen. Wenig später endet die Fahrstraße an der Wildbachtalalm, wo sich ein Hund mächtig an uns abarbeitet, indem er unablässig kläfft. Er kann von Glück reden, dass hier nicht allzu viele Wanderer vorbeikommen, sonst hätte er bald keine Stimme mehr.

Wir passieren den letzten Außenposten der Zivilisation auf österreichischer Seite und setzen unseren Aufstieg auf einem Weg aus Natursteinplatten fort. Jetzt wird es richtig einsam. Wären da nicht die wackeren Schwaben, die uns nach längerem Diskurs doch gefolgt sind, wären wir total allein. Das Wildbachtal ist nicht besonders steil, was uns gut vorankommen lässt. Das Gelände verändert sich nur unwesentlich von Wiese mit vereinzelt Steinen, zu Steinen mit vereinzelt Wiese.

An der Abzweigung in Richtung Plauener und Richter-Hütte, immerhin schon auf 2106 Metern Höhe, steht die nächste Pyramide mit der Überschrift „Sehnsucht". Ich blicke tatsächlich sehnsüchtig nach oben. Das Ziel ist von hier aus noch nicht zu sehen. Allerdings gibt es auch eine gute Nachricht. Von dem befürchteten Schnee ist ebenfalls nichts zu erkennen. Und das Beste, auf dem Wegweiser steht, dass es nur noch 1 Stunde 15 Minuten nach Italien sind. Da das Plätzchen sehr idyllisch liegt, mit ein paar größeren Flecken Wiese, nutzen wir das zu einer wohlverdienten Pause. Die Verproviantierung in Krimml war bei mir ein wenig knapp bemessen. Deshalb muss ich die eiserne Ration in Form eines mittelleckeren Brotaufstriches angreifen. Das war jetzt nichts für Gourmets. Aber es wird die Kraft für den restlichen Aufstieg liefern. Als die wackeren Schwaben wieder an uns vorbeiziehen, halten wir den Zeitpunkt zum Aufbruch für gekommen.

Der Weg wird jetzt deutlich steiler. Er zieht sich in weiten Schwingen eine Bergflanke entlang. Ließ das beschauliche Wildbachtal noch ein gemeinsames Wandern zu, unterscheidet sich unser Rhythmus jetzt wieder deutlich. Schon nach kurzer Zeit sehe ich Roland in der Ferne zwei, drei Kehren über mir. Doch auch das Team Schwaben fällt auseinander. Zwei Kameraden liefern sich mit Roland ein Rennen um die Bergwertung und einer fällt zu mir zurück. Wir zwei bilden das sogenannte Gruppetto, das sich bei den großen Radrundfahrten am Schluss des Feldes über den Berg rettet. Wir sprechen kein einziges Wort miteinander und doch wissen wir, was wir aneinander haben. Für ein Stündchen unseres Lebens bewahren wir uns gegenseitig vor Resignation. Manchmal muss man weder etwas tun, noch etwas reden. Es genügt, einfach nur da zu sein.

Auf diese Weise kommen wir dem Ziel immer näher. Jetzt erreichen wir auch kleinere Schneefelder, die aber allesamt ungefährlich sind. Es sind die letzten Flecken winterlichen Schnees, der sich in Senken angesammelt hatte. Somit sind sie fast flach und die Gefahr abzurutschen ist nicht gegeben. Allerdings macht es das Steigen in dieser Höhe auch nicht gerade leichter. Kurz vor dem Erreichen des Bergkammes wird das Gelände flacher. Obwohl wir schon so dicht vor der dem letzten Bergkamm stehen, sieht der letzte Anstieg immer noch unüberwindlich aus. Es ist tatsächlich wie in dem Bild von der Welle, das ich mir zu Hause noch ausgemalt hatte. Ich schwimme auf einer immensen Welle kurz unterhalb der Krone, die gerade dabei ist über mir zu brechen. Ein Entkommen ist nicht mehr möglich, denn die Welle bricht auf der ganzen Breite. Ein mächtiger Freudenschrei reißt mich aus meinen Träumen. Das ist Rolands Stimme, ein gutes Zeichen. Doch wo steckt er? Der Weg holt noch einmal in einem größeren Bogen aus, so dass wir den Grat schräg von der Seite anschneiden. Und siehe da, der Grat ist nicht ein homogenes Stück, sondern besteht aus zwei Teilen. Wie in einer Theaterkulisse stehen die beiden Enden leicht versetzt, so dass der Schauspieler, in unserem Fall der Wanderer, hindurchschlüpfen kann. Zwischen all diesen Steinen tut sich für mich eine Lücke auf. Der Augenblick, dies zu erkennen, ist mir zum

Sinnbild dieser Tour geworden. Egal wie hart die Herausforderungen im Leben auch sein mögen, es geht immer eine Tür, eine Lösung oder eine Lücke auf.

Roland nimmt mich freudestrahlend in Empfang, als ich schnaufend die Lücke erreiche. Wir sind oben, auf der anderen Seite grüßt Italien. Mir ist so, als stünde ich auf dem höchsten Punkt der Erde. Ich fühle mich unbesiegbar und wundersam verletzlich zugleich. Während sich mein Körper anfühlt, als ob er Berge versetzen könnte, ist mein Innenleben dagegen sehr fragil. Mich schütteln Freudenschluchzer der Erleichterung. Nicht von ungefähr steht hier oben die Pyramide mit dem eben diesem Motiv „Erleichterung". Sicher haben schon viele an genau dieser Stelle dieses Gefühl erlebt.

Um das Gipfelglück reichlich auszukosten, halten wir eine Rast. Leider haben uns die Schwaben das beste Plätzchen weggenommen. Freundliche Zeitgenossen haben nämlich eine Art Bushäuschen aus Holz für zwei Personen direkt neben dem Durchlass auf italienischer Seite errichtet. Aber auch so genießen wir den Augenblick mit der Aussicht nach Österreich und nach Italien. Schließlich müssen wir uns losreißen und den Abstieg beginnen. Er wäre auf den ersten Metern durchaus kritisch, wäre da nicht eine Treppe mit Geländer angebracht. Nach einer Kehre auf der Treppe werden wir auf einen Steinplattenweg, der gut zu gehen ist, entlassen.

Es mag pure Einbildung sein, aber wir haben das Gefühl die Luft in Südtirol wäre lauer als nördlich des Alpenhauptkammes. Jedenfalls ist es angenehm warm und wir verlieren auf absolut baumlosem Gelände rasch an Höhe. Die Serpentinen sind hier nicht so weit ausladend. Das bedeutet am langen Ende auch weniger Strecke. Nach etwa zwei Stunden kommen wir an die obere Tauernalm, von wo man das Ziel, die Adleralm, schon sehen kann. Auf der Tauernalm wird gerade gebaut, was Roland dazu tendieren lässt, durchzuziehen und das letzte Stündchen noch abzureißen. Ich muss aber vehement widersprechen, weil ich gerade in einen Hungerast hineinlaufe. Im Moment geht es zwar noch, aber ich merke wie mein Schritt immer unsicherer wird. *(Tipp für alle, die es vielleicht nachmachen wollen: Für solche Situationen führe ich in der Regel zuckerhaltige Limonaden, mit oder ohne Coffein, mit. Dabei achte ich auf möglichst hohen Zuckergehalt. Die auf dem Markt befindlichen Diätprodukte sind an dieser Stelle weniger hilfreich.)*

Wir bekommen das beste Plätzchen an der Hüttenwand direkt neben der Eingangstüre. Dort können wir unsere matten Beine ausstrecken und den wunderschönen Ausblick ins Tal genießen. Eine südtiroler Brotzeit ist immer eine gute Idee. Aber wenn man schon auf Reserve läuft, ist es wohl die beste Idee, die es gibt. Die Tochter oder Nichte des Hauses bringt uns das Brett mit Speck, Wurst, Käse und Essiggurke. Dazu gibt es Vinschgauer vom Feinsten, welch ein Genuss. Meine Lebensgeister kehren mit jedem Bissen wieder. Ganz unvermittelt kommt unser Gespräch darauf, welches Lied wir auf unserem eigenen

Begräbnis hören wollen. Warum wir gerade jetzt auf dieses Thema kommen, bleibt unerklärlich. Vielleicht, weil der Augenblick zum Sterben schön ist. Auf jeden Fall zeigt sich, dass Roland auf diese Frage nicht unvorbereitet ist. Ich bin also nicht allein, wenn ich mir Gedanken über das Ende meines irdischen Seins mache. Meine beiden Favoriten für den Fall der Fälle sind „In the sky" und „Piper to the end", beide von Mark Knopfler, am liebsten von meinem jüngeren Sohn auf der Akustik-Gitarre interpretiert. In Letzterem kommt eine Strophe vor, die wie für einen Wanderer gemacht scheint und allen Gefährten, die mich auf meinem Lebensweg begleiteten, zugedacht ist.

> We watched the fires together
> Shared our quarters for a while
> Walked the dusty roads together
> Came so many miles

Genauso schnell wie das Thema kam, geht es auch wieder. Es ist ohnehin Zeit die letzte Etappe des Tages in Angriff zu nehmen. Zuerst erreichen wir die Baumgrenze und wenig später, es ist schon 3 Uhr durch, erreichen wir die Adleralm auf 1.700 Metern über dem Meer. Roland kennt den Wirt von mehreren Urlaubsaufenthalten. Dementsprechend vertraut ist die Begrüßung. Die Adleralm ist eigentlich nur eine Jausenstation und auf Übernachtungsgäste nicht eingerichtet. Der Wirt lässt uns aber im Quartier, das er für die Senner eingerichtet hat, schlafen. Es liegt stilecht in der angrenzenden Scheune. Neben Heu und diversen landwirtschaftlichen Geräten sind in einer Ecke zwei Boxen angeordnet. In einer wohnt der amtierende Senner selbst. Die andere ist für heute Nacht unser Schlafplatz. Im Inneren erinnert die Box an einen Liegewagen im Zug. Es gibt zwei Stockbetten und einen schmalen Gang dazwischen. Über den Standard eines Liegewagens hinaus geht ein minimaler Vorplatz vor den Betten. Der reine Luxus beginnt mit der abgetrennten Dusche, die ebenfalls in der Box Platz findet. Das sieht alles sehr gemütlich aus.

Wir beziehen unsere Betten und unter dem Eindruck von ordentlich Adrenalin verfasse ich folgenden Tagesbericht.

Standing on top of the world!
19.07.16, 15:37

Natürlich weiß ich auch, dass der Krimmler Tauern nicht top of the world ist. Aber für mich war es das heute. Nach 10,5 Tagen Fussmarsch hier Italien zu betreten hat mich emotional schon ein wenig mitgenommen. Jeder verarbeitet das ein bißchen anders. Roland mein Wanderpartner ist von haus aus etwas extrovertierter und lässt einen Freudenjuchzer hören. Mich schüttelt ein leises Schluchzen.
19.07.16, 15:46

Die technischen Daten der elften Etappe: 16 km, 1000 Höhenmeter aufwärts und 930 Höhenmeter abwärts, 6:30 Wanderzeit, Wanderpartner Roland (the power)
19.07.16, 15:52

Heute war Königsetappe bei Kaiserwetter. 4 Stunden Aufstieg durchweg im dunkelgelben Bereich. Der Weg war wie erhofft nirgends ausgesetzt. Nur 3 kleinere Schneefelder waren zu queren. Der Abstieg plagt einen fast noch mehr. Aber er wurde mit einer super leckeren Brotzeit auf der Tauern-Alm versüßt. Jetzt ist Regeneration angesagt.
19.07.16, 15:58

Es bleibt gar nicht so viel Zeit sich zu kultivieren und zu entspannen, da die Küche der Jausenstation sehr früh schließt. Das Abendessen dürfen wir uns auf keinen Fall entgehen lassen, haben wir doch heute reichlich aus unseren Reserven geschöpft. Der Wirt weiß das auch und macht die Portionen extra groß. Ich schaufele einen Berg Hirtenmakkaroni in mich hinein, als gäbe es kein Morgen. Nach dem opulenten Festmahl starten wir zusammen mit dem Wirt einen Angriff auf seine Rotweinvorräte. Das ist ja ab jetzt erlaubt, da wir uns seit heute Mittag auf südtiroler Boden befinden. Heute soll es vom Feinsten sein. Manch Rarität wird da aus dem Keller gezaubert. Eine Flasche muss der Wirt selbst aus dem Verkehr ziehen, da sie möpselt, will heißen unangenehm riecht. Die Anderen schmecken dafür umso besser. Gegen halb sieben schließt die Jausenstation vollends und die Bewohner, bis auf den Senn, fahren ins Tal nach Hause. Wir decken uns noch großzügig für den Rest des Abends ein und versprechen gut auf die Alm aufzupassen.

Als sich auch noch der Senn mit einem Teller Trauben in seine Box zurückzieht, halten wir alleine die Wacht auf der Alm. Wir stellen uns eine Bierbank an das Scheunentor. Mit dem Rücken an das Scheunentor gelehnt schauen wir auf den Berg, den wir heruntergekommen sind, und können unser Glück kaum fassen. Nichts, aber auch gar nichts, lenkt uns von dem Erlebten des Tages ab. Wir sitzen hier gefühlt mehrere Kilometer von der nächsten bewohnten Behausung entfernt und dürfen uns im Lichte unseres Erfolges sonnen. Dass wir morgen womöglich schwere Beine und eventuell einen Kater haben werden, stört uns hier und jetzt nicht die Bohne. Der Augenblick, so wie er ist, genügt uns völlig.

So bleiben wir sitzen, bis der letzte versprengte Wanderer oder Mountain-Biker vom Berg heruntergekommen ist. Es wird duster und die Tiere suchen instinktiv die Nähe der Alm. Leider wird es auch ganz schön kalt, so dass wir uns in unser Nachtlager zurückziehen müssen. Um den Schlaf brauchen wir uns nicht zu sorgen, ich zumindest bin zum Umfallen müde.

Picknick im Grünen
20.07.2016 Adleralm – Steinhaus im Ahrntal

Zu einer Zeit als sich Kurt Tucholsky noch frei in Deutschland bewegen konnte, ging er mit ein paar Freunden für ein paar Tage auf Wanderschaft, was er in der Kurzgeschichte „Das Wirtshaus im Spessart" verewigte. In seiner unnachahmlichen pointierten Art beschreibt er vor allem die Zechereien am Ende der Tage in den schillerndsten Farben. Dort stellt er die These auf, dass der Wandersmann nach dem Genuss von zu viel Weines selbst zu möpseln beginne. Daher stelle ich mich heute Morgen auf den Prüfstand, kann aber erleichtert festhalten, dass daran nichts ist. Taufrisch wäre jetzt auch übertrieben. Jedoch im muskulären Bereich bin ich erstaunlich gut auf der Höhe. Und das obwohl in der Nacht eine Art Randale stattfand. Ich weiß nicht, was genau der Senn mit den Kühen veranstaltet hat. Es hörte sich jedenfalls an, als ob sich alle Rindviecher des Tales direkt außerhalb unserer Box versammelt hätten.

Uns zuliebe kommt der Wirt heute schon etwas früher auf die Alm und bringt frisches Backwerk mit, damit wir rechtzeitig aufbrechen können. Es ist wieder sehr sonnig und so sitzen wir schon beim Frühstück im Freien. Die Ruhe um uns herum tut uns beiden gut. Ein klein wenig langsamer als sonst packen wir unsere sieben Sachen. Die Routine hilft uns nichts zu vergessen. Mit ausschweifendem Dank verabschieden wir uns von unserem Gastgeber. Noch vor 9 Uhr sind wir wieder auf der Walz. Heute soll es immer talabwärts bis Steinhaus im Ahrntal gehen.

Als wir so auf den ersten Metern alle unsere Systeme, einschließlich Gehirn, wieder hochfahren, fällt uns auf, dass unser Freund, der Wirt, seinem zweiten Auftrag nicht nachgekommen ist. In seiner Eigenschaft als lokaler Tourismusexperte sollte er uns ein Quartier für heute Nacht organisieren. So kommt es, dass ich das einzige Mal auf der Tour aufbreche, ohne zu wissen, wo ich am Abend schlafen werde. Groß ist das Risiko nicht, nirgends unterzukommen, da Roland im Ahrntal einige Adressen weiß. Wir werden das im Laufe des Tages regeln.

Die ersten beiden Kilometer absolvieren wir auf der Fahrstraße talauswärts Richtung Kasern. Hier begegnen uns unsere wackeren Schwaben wieder. Aus dem Zusammenhang schließen wir, dass die Herren heute wieder nach Österreich zurückmarschieren. Die Diskussion gestern musste sich darum gehandelt haben, in welchem Drehsinn sie die Runde gehen wollten, zuerst Krimmler Tauern und dann Birnlücke oder umgekehrt. Beides sind, wie wir aus eigener Erfahrung wissen, satte 7 Stünder. Deshalb gebührt ihnen unser größter

Respekt. Wir für unseren Teil sind froh, dass wir nur bergab müssen. In diesem Glauben waren wir zu diesem Zeitpunkt wenigstens.

Im Winter ist der Talschluss des Ahrntales ein Langlaufrevier, das Roland bestens kennt. Außerdem sind wir heute landkartentechnisch besonders gut aufgestellt. Er führt, die „rote" Landkarte im Maßstab 1.25.000 mit sich, die ihm in einem hiesigen Laden als die „Gute" verkauft wurde. Daher können wir es uns erlauben beim Heilig Geist Kirchlein, ein Kleinod der Ruhe inmitten traumhafter Landschaft, links abzubiegen und uns auf verträumte Pfade zu begeben. Roland scheint hier wirklich jeden Baum und Strauch zu kennen. Das zeigt sich, als er mich auf eine besondere Nadelbaumsorte, die Hängefichte, aufmerksam macht, die es so nur in den Hochlagen weniger Alpentäler gibt. Ihr Wuchs ist besonders schlank, so dass die Stürme weniger Angriffsfläche haben. Die Natur weiß für alle Umstände die passende Lösung.

Der stille Pfad führt uns in gehörigem Respektsabstand an Kasern, dem letzten Ort des Tales, vorbei. Das kostet uns die Ansicht der letzten Pyramide des Friedensweges mit dem Thema Frieden. Unsere Priorität liegt aber klar auf dem Vermeiden der Provinzstraße, was im oberen Teil des Tales, wo es noch recht schmal ist, gar nicht so einfach ist. Kurz vor Prettau ist es dann soweit. Die Straße lässt sich nicht mehr umgehen. Das ist nicht weiter tragisch, weil sich der Verkehr so früh am Tage noch stark in Grenzen hält. Im Ort heißt uns ein kleiner Supermarkt willkommen. Bei mir sind alle Bestände an Proviant restlos aufgebraucht. Deshalb bunkere ich Getränke und Bananen so viel ich tragen kann. Die Erste davon wird gleich vor Ort verschlungen, um meinen Kalium- und Kalziumspiegel wieder einigermaßen in die richtige Richtung zu bringen. Mein Körper scheint danach förmlich zu lechzen. Woran das wohl liegen mag?

Die Ahrntaler haben sich für Wanderer einen sehr schönen Service einfallen lassen. Sie weisen einen durchgängigen Wanderweg in Talnähe aus, der von Kasern bis Sand in Taufers reicht. Davon wusste ich während meiner Planungen noch nichts. Wir lassen uns aber nicht zwei Mal bitten und nehmen diesen Service gerne in Anspruch. Am Ortsausgang von Prettau zeigt der Wegweiser auf einen Weg, der schnurgerade und mit freiem Auge betrachtet fast senkrecht bergauf in die linke Talseite hineinführt. Es genügen nur wenige Worte und Gesten, wir schütteln beide unisono den Kopf, um diese Alternative von vornherein auszuschließen. Nach dem gestrigen Tag wollen wir es uns nicht schwerer machen als unbedingt nötig.

Wir bleiben also auf der Provinzstraße, wo sich der Asphalt schon ordentlich aufheizt. Das wird heute ein heißer Ritt werden. Nach wenigen Minuten erreichen wir zwei Tunnels, die erst jüngeren Datums sind und die sich glücklicherweise auf der alten Trasse der Straße umgehen lassen. Der Autoverkehr wird komplett von den Tunnels aufgenommen, so dass wir Fußgänger für eine Weile komplett unbehelligt sind. Das Tal erfährt kurz darauf eine echte Engstelle. Bald streiten sich nur noch die Straße und der Bach in der Talsohle um Platz. Nun verschwindet auch noch die Straße in eine kurvenreiche und damit sehr unübersichtliche Galerie. Das mag uns gar nicht gefallen. Für wenige Augenblicke sind wir ratlos, doch dann entdeckt Roland eine sehr unscheinbare Wegweisung, die noch vor der Galerie auf einen schmalen Saumpfad hinweist. Hier geht es zwar auch bergauf, aber alles ist besser als von einem Autofahrer übersehen zu werden. Nach kurzem knackigen Aufstieg schlängelt sich der Weg am Abhang entlang, der teilweise mit Drahtgestellen vor dem Abrutschen gesichert ist. Wenig später, als sich der Weg wieder verbreitert, stellt Roland verblüfft fest, dass das jetzt das ausgesetzteste Stück Weges der ganzen Tour war. Ich kann ihm da nur Recht geben. Zum Glück war das Stück nur kurz und gerade als sich Angst bei mir breitmachte, war der Spuk auch schon wieder vorüber.

Auf diese Weise erreichen wir fast zufällig die Kirche von Sankt Peter ihm Ahrntal, der wir kurz unsere Aufwartung machen. Ein kleines Sträßchen führt von der Kirche herab in das sich wieder weitende Tal. Eine ebenso unscheinbare Wegweisung wie vorhin markiert den Beginn des Sunsat-(Sonnseiten)-Weges, den ich aus der Literatur kenne und den ich auch eingeplant hatte. Dieser Weg führt gleich zu Beginn durch eine traumhafte Wiese. Ein paar entfernte Bäume spenden erfrischenden Schatten. Der Blick ins Tal ist märchenhaft schön. Wir wissen beide zugleich, das muss der Platz für unsere Mittagspause sein. Gleich neben dem Weg lassen wir unsere Rucksäcke ins Gras gleiten. Unmittelbar danach sinken wir hinterher. So und nicht anders fühlt sich eine perfekte Ruhepause an.

Nach allem, was wir uns gestern zugemutet haben, brauchen wir schon mittags eine gehörige Portion Regeneration. Daher lassen wir uns ausreichend Zeit für die Brotzeit. Außerdem ist ja auch noch die Quartierfrage zu klären. Wir zücken unsere Handies und machen eine kleine Konkurrenzbetrachtung zwischen zwei Buchungsportalen. Roland nimmt HRS, ein vor allem auf Geschäftsreisende ausgerichtetes Portal, und ich nehme Booking.com. Außerhalb von Städten ist Booking.com meilenweit vorne und mit wenigen Klicks habe ich das „Gourmet Alpin Hotel Sonnleiten" in Steinhaus gebucht. Das klingt doch schon mal ganz lecker. Die Aussicht auf ein opulentes Abendessen lässt uns wieder aufbrechen.

Der Sunsat-Weg wird im Internet als total leicht angepriesen. In meinem Geiste war das als „Wanderautobahn" und somit als leichte Beute abgetan. Das ist leider nur bedingt richtig. Es müssen immer wieder mehr oder weniger lange Anstiege auf dem Südhang des Tales bewältigt werden. Dazu scheint sich die Sonne wirklich auf diese Talseite zu konzentrieren. Die Hitze an diesem frühen Nachmittag ist brutal. Zu allem Überfluss haben sich offenbar hie und da die Wegerechte geändert. Rolands Karte weist manchmal Wege aus, die da gar nicht mehr sind. An einer Stelle zeigt der Wegweiser steil bergan, obwohl auf der Karte der Weg einer Höhenlinie folgen sollte und daher bretteben sein müsste. Wir widersetzen uns dem Diktat des Wegweisers und folgen der Linie auf dem Papier. Prompt müssen wir unsere Aufsässigkeit büßen und über einen massiven Holzzaun klettern. Der Anblick, wie wir alte Dackel uns mitsamt unserer Rücksäcke über den Zaun wuchten, muss urkomisch ausgesehen haben. Mit hinlänglich schlechtem Gewissen setzen wir unseren Weg fort. Irgendeinen Grund muss der Bauer ja gehabt haben, die Wanderer aus seinem Land fernzuhalten. Eventuell sichert er sein Terrain mit einem scharfen Hund ab. Doch es bleibt alles ruhig und wir können unseren Weg auf der markierten Trasse fortsetzen.

Die Hitze zwingt uns zu einem weiteren Boxenstopp. Das geht leider auf Kosten eines verfrühten Abstieges nach St. Jakob im Ahrntal. Der Ort wirkt wie ausgestorben. Am Untersteinerhof regt sich etwas. Und wirklich, wir werden außerhalb jeglicher Öffnungszeiten bedient. Auf der Terrasse sitzend lassen wir die Erfrischung auf uns wirken, bevor wir uns der letzten Stunde Weges widmen. Dazu müssen wir noch einmal 100 Höhenmeter niederkämpfen. An den Koflerhöfen, wo der letzte Abstieg beginnt, sieht man den Zielort Steinhaus schon. Auf der gegenüberliegenden Talseite, am Ende der Talabfahrt des dortigen Skigebiets, werden größere Erdbewegungen durchgeführt. Hoffentlich liegt unser Hotel dort nicht in der Nähe. Das fehlte gerade noch, Baulärm mitten in den Bergen.

Unsere Befürchtungen sind unbegründet. Eine kurze Anfrage bei einem Mädchen im Dirndl weist uns den Weg. Das Hotel liegt etwa 500 Meter südlich des Ortes an der Provinzstraße. An der Rezeption sitzt ein junger Mann, der sich als Koch des Hotels erweist. Er preist uns sein mehrgängiges Gourmetmenü an. Es ist nicht ganz billig. Aber auf einen abendlichen Spaziergang in den Ort haben wir keine Lust. Wir werden unsere besten Klamotten und das nötige Kleingeld aufbieten, um des Abends fürstlich zu tafeln.

Nach einer ausgiebigen kühlen Dusche verfasse ich meinen Tagesbericht.

Picknick im Grünen   20.07.16, 16:10

Heute haben wir uns aus diversen Gründen eine längere Mittagspause gegönnt. Wir haben uns einfach unterhalb St. Peter im Ahrn in eine Wiese gesetzt, gegessen und talauswärts geblickt. Was für ein Panorama.
20.07.16, 16:16

Die technischen Daten der zwölften Etappe: 17,5 km, 350 Höhenmeter, 800 Höhenmeter abwärts, 5:30 Wanderzeit, Wanderpartner Roland   20.07.16, 16:20

Heute sind wir größtenteils den Sunsat Weg (Sonnseitenweg) gegangen. Der Name ist Programm und so wurde es eine richtig heiße Kiste. Obendrein schlängelt er sich im munteren auf und ab am Talrand entlang. Dies erklärt die unvermutet vielen Höhenmeter. Und jetzt kommt, drei Mal dürft ihr raten, Rekreation.   20.07.16, 16:25

In unserem besten Zwirn, immer noch leicht glühend von der Hitze des Tages, finden wir uns im Speisesaal ein. Aufgrund unseres Hungers sind wir die ersten Gäste. Gegenüber den anderen Gästen, die so nach und nach eintreffen, sind wir schon ein wenig „underdressed", was uns aber nicht wirklich bedrückt. Das Essen, das aufgetragen wird, ist in der Tat nicht von schlechten Eltern. Die Küche hat schon einen gewissen Anspruch. So wird zum Beispiel keine Kartoffelsuppe serviert, sondern eine Topinambursuppe. Sie liegt aber noch so nah an der alpenländischen Küche, dass es nicht zu abgehoben wirkt. Mit anderen Worten, es schmeckt genial und macht richtig satt. Den Abschluss bildet ein edles Schnäpschen, das uns unser Freund Karl-Heinz via Chat als Sondermotivation für den gestrigen Tag ausgelobt hatte.

Da es jetzt endlich kühler wird, setzen wir uns noch auf ein Gläschen hinters Haus, wo ultramoderne, sehr bequeme Gartenmöbel stehen. Das ist „chillen" im wahrsten Sinne des Wortes.

Durchs Toul
21.07.2016 Steinhaus im Ahrntal - Uttenheim

Wenn man bedenkt, dass sich Rolands und meine Vorstellung von einem perfekten Wandertag fundamental unterscheiden, läuft es, zumindest was meine Einschätzung betrifft, trotzdem prächtig. Während Roland sich möglichst lange in der Natur aufhalten will und das geschickt mit vielen Einkehren hinauszögern möchte, bin ich mehr der Bürokrat, der sein Pensum zügig abspult, um dann möglichst lange Feierabend zu haben. Nach mehreren Tagen auf Achse zählt das alles sowieso nicht mehr. Wir lassen die Tage einfach auf uns zukommen. Die Pausen ergeben sich irgendwie von selbst. Selbst die Route ist an einigen Stellen von Zufälligkeiten beeinflusst. Das haben wir alles gar nicht vollständig in der Hand. Warum sich also größer darüber Gedanken machen? Wir haben uns mit der Zeit richtig eingeschwungen, oder soll ich sagen eingegrooved.

Es bringt uns daher nicht aus dem Konzept, dass die heutige Etappe eine kleine Veränderung erfährt. Ich konnte im geplanten Zielort Kematen im Tauferer Tal keine Unterkunft mehr bekommen. An die Stelle von Kematen tritt Uttenheim, was die Etappe um 3 Kilometer verlängert. Das spielt Roland eher in die Karten, weil er sich zum Abschluss der Tour zusammen mit seiner Frau in einem hochklassigen Hotel einquartiert hat. Je eher er dort in den Whirlpool springen kann, desto besser. Ich kann mit der Verlängerung ebenfalls leben, weil ich dann den Treffpunkt mit meinem nächsten Wanderpartner Toni, der sich gestern schon via Chat gemeldet hat, leichter einhalten kann.

Die Tour führt heute bis zum Ende des Ahrntales, wo die imposante Burg von Sand in Taufers den Beginn des Tauferer Tales ankündigt. Mit der Verlängerung führt die Tour bis tief in das Tauferer Tal hinab. Auch mit dem kleinen Nachspiel müsste das nichtsdestoweniger machbar sein. Die beiden kritischen Tage liegen hinter uns. Denn aus Erfahrung weiß ich, dass nicht nur die Königsetappe selbst, sondern auch der Tag danach, normalerweise ist das der Tag des Katzenjammers, als kritisch einzustufen sind. Nach wie vor verspüre ich nicht die geringsten muskulären Probleme oder sonstige orthopädische Zipperlein. Lediglich meine beiden kleinen Zehen bedürfen gewisser Pflege, da sie von dem ständigen Bergabgehen der letzten beiden Tage etwas ramponiert sind. Ich bringe das mitgebrachte Blasenpflaster in Einsatz, was auch sofort für so viel Linderung sorgt, dass ich unbeschwert laufen kann.

Gut gelaunt verlassen wir den Tempel der gepflegten Völlerei kurz nach 8 Uhr mit den schon lieb gewonnenen Ritualen, ein Selfie und dem Aufbessern des Blumenschmucks an Rolands Hut. Auch wenn das Wetter es ohnehin schon besser mit uns meint, indem es uns ein paar

Wolken schickt, wechseln wir sofort auf die andere Seite des Tales, um eine weitere Hitzeschlacht zu vermeiden. Dazu macht das Tal weiter unten einen großen Bogen nach links, was uns auf dieser Seite des Baches die Innenbahn verschafft. Im Gegensatz zu gestern schrecken uns Anstiege nicht mehr ab. Mit guten Beinen, wie Jan Ullrich unser vom Radfahrhimmel gefallener Stern zu sagen pflegte, schlucken wir die ersten beiden Wellen bis St. Johann im Ahrntal.

Ein kurzer Abstecher zum Wiesenhof ist Pflicht. Dort ist Roland zusammen mit einer größeren Anzahl von Familien aus unserem Bekanntenkreis schon Stammgast. Auch ich habe hier schon logiert. Das Haus ist auf größere Gruppen spezialisiert. Im Winter bedeutet das in der Regel Schulklassen aus Deutschland, die auf Skilager sind. Im Sommer beherbergt der Wiesenhof Jugendgruppen italienischer Pfarreien auf Sommerfreizeit. Als wir in die Einfahrt einbiegen, finden wir alle Möbel vor dem Haus verteilt. Sie werden doch nicht Opfer einer Katastrophe geworden sein? Manch entfesselte Jugendgruppe kann bisweilen wie eine Naturkatastrophe wirken. Nach einer freudigen Begrüßung werden wir ins Bild gesetzt, dass es sich hier um eine turnusmäßige Grundreinigung handelt, an der sich die ganze Familie beteiligt. Wir wollen dabei nicht allzu lange stören und gehen weiter unserer Wege.

Wir verlassen St. Johann immer der Markierung „Durchs Toul" folgend, die jetzt auf einer Art Hochufer des Ahrn entlangführt. An einem Gehöft bewundern wir einen gemauerten Brotbackofen, der, wie früher üblich, separat neben dem Haus angeordnet ist. Das erinnert mich an den Bauernhof meiner Großmutter, wo ein solcher Ofen ebenfalls noch in Betrieb war. Das waren noch Zeiten, als wir als Kinder jeden Sommer das Stadtleben mit dem auf dem Lande tauschten. Hätten wir uns nicht mit diesem Ofen befasst, hätten wir die Markierung des Weges glatt übersehen, die eine Abzweigung nach rechts anweist und nicht geradeaus wie es der Fahrweg suggeriert. Ich möchte wetten, wir wären am Anfang der Tour noch in diese Falle getappt. Je länger wir unterwegs sind, desto mehr entwickeln wir eine Art sechsten Sinn für den Weg.

Der Weg führt jetzt für einige Zeit schnurgerade parallel zur Ahrn. Das ist jetzt wirklich die „Wanderautobahn", die ich gestern schon erhofft hatte. In diesem Bereich beobachten wir wie einige Rafting-Boote zu Wasser gelassen werden. Für ein paar Augenblicke spiele ich mit dem Gedanken, sich ein paar Kilometer mitschippern zu lassen. Doch was tun, wenn dabei der Rucksack mit all meinen Habseligkeiten im Ahrn versenkt wird? Dann lieber auf Schusters Rappen, das ist die festverzinsliche Variante. Nach einer weiteren sanften Welle, oh wie lieblich sind diese im Gegensatz zu den teils giftigen Rampen von gestern, erreichen wir Oberluttach. Ab hier führt ein sehr schöner und zugleich bequemer Weg den Ahrn entlang. Das ist ein Umstand, den nicht nur wir bemerkt haben, sondern auch viele andere Urlauber. Wir sind plötzlich nicht mehr alleine auf dem Weg, sondern in zahlreicher

Gesellschaft. Das kommt uns, dem Almöhi und seinem Bruder, nach der Einsamkeit der letzten Tage sehr ungewohnt vor.

An der Talstation der Speikboden-Bahn wechseln wir die Talseite. Ab hier wird das Tal wieder enger und es geht steiler bergab. Der Ahrn donnert mit einer Wucht talwärts, dass wir uns um die Rafter ernsthaft Sorgen machen. Naturgemäß fällt der Weg jetzt auch steiler ab, was für Roland den letzten ernstzunehmenden Abstieg darstellt. Es kommen uns jede Menge Mountain-Biker entgegen. Die ohne elektrischen Antrieb, klammern sich an den Lenker, als wäre es der letzte Strohhalm. Die mit Antrieb, lehnen sich entspannt zurück und hätten auch noch eine Hand frei, um uns elegant zuzuwinken. Irgendwie finde ich das ungerecht. Aber andererseits erschließt es für weit mehr Leute als früher Regionen, die sie ohne das E-Bike nicht erreichen hätten können. Vielleicht löst es ja in absehbarer Zeit für die hiesige Tourismusbranche das Problem des Sommerloches.

Etwas abseits dieses Ameisenpfades halten wir unsere Mittagsrast. Das Wetter hat sich soweit eingetrübt, dass wir uns an unsere Picknickversuche in Österreich erinnern fühlen. Aber im Gegensatz zu damals, wir sind ja auch schließlich in Südtirol, bleibt alles trocken. Wenige Minuten nach unserem Wiederaufbruch kommt auch schon die mächtige Burg von Sand in Taufers ins Bild. Somit ist das Ahrntal zu Ende. Ab hier wird es keine „Durchs Toul" Wegweisung mehr geben. Das ist schade, weil wir uns schon so daran gewöhnt hatten.

Kurz darauf werden wir durch den Ort Sand in Taufers auf andere Gedanken gebracht. Das ist seit Gerlos die größte Ansiedlung, durch die wir kommen. Noch dazu besitzt Sand in Taufers einen richtigen Ortskern, was Gerlos, als reines Straßendorf, nicht hat. Dieser Umstand kommt uns richtig großstädtisch vor. Daher gehen wir unseren Neigungen als geborene Städter nach. Roland setzt sich in ein Café, trinkt einen solchen und liest die Zeitung (wir hatten schon verdrängt, dass es so etwas überhaupt gibt). Ich stromere durch einen Supermarkt, der seinen Namen auch wirklich verdient. Bevor wir uns zu heimisch einrichten, verlassen wir die Stätte des urbanen Treibens wieder, nicht dass wir bemerken, dass das unser natürlicher Lebensraum ist.

Wir nehmen also das Tauferer Tal in Angriff, das auf dieser Seite mit einer für uns riesigen freien Fläche beginnt. In diesem Jahr wird sie als Maisfeld genutzt. Er steht bereits übermannshoch. Unser Weg führt mitten durch diese Mauern aus Mais. Diese Szenerie könnte auch mitten im Flachland, sagen wir in der ungarischen Puszta, ihren Platz haben. Nach etwa zwei Kilometern sind wir wieder in Südtirol, als wir auf das etwas unschöne Gewerbegebiet von Kematen treffen. Glücklicherweise ist es nicht allzu groß und wir können wieder auf die andere Seite des Ahrn wechseln, wo sich der Ortskern befindet. An eben dieser Brücke treffen wir wieder auf die Rafter, die ebenfalls wohlbehalten hier angekommen sind. Aus reiner Neugierde fragen wir die Wasserratten, wie sie das angestellt haben. Es stellt sich heraus, dass der kritische Teil ausgelassen wird. An der Speikboden Bahn werden die Boote aus dem Wasser geholt und erst bei Sand in Taufers wieder zu Wasser gelassen. Hätten wir das gewusst, hätten wir auch mitfahren können.

Ab Kematen geht es auf kleinen Teersträßchen noch weitere 3 Kilometer nach Uttenheim. Immerhin geht hier, im Gegensatz zum Zillertal, das Kalkül auf, dass die Sträßchen quasi autofrei sind. Radfahrer tummeln sich hier zuhauf in verschieden großen Gruppen. Aber mit Radfahrern kommen wir gut klar. Wir genießen noch ein letztes Mal zusammen den „die letzte Stunde geht immer zäh"- Effekt. Roland kramt noch einmal Bonbons aus seinem Rucksack hervor. Morgen werde ich wieder alleine für Süßigkeiten sorgen müssen.

Der Ort Uttenheim, der wiederum auf der anderen Seite des Ahrn liegt, ist recht übersichtlich und so ist es nicht allzu schwierig unser Quartier, das Hotel zum Schlössl, zu finden. Das Hotel liegt in tiefster Mittagsruhe, als wir dort ankommen. Für mich ist es ist immer wieder ein kleiner Spannungskick, ob das Hotel überhaupt geöffnet ist und ob das Hotel auch von meiner Buchung weiß. Die kurze Unsicherheit ist unbegründet, weil sich die Wirtin sogleich zeigt und die Formalitäten abwickelt. Bevor wir auf das Zimmer gehen, gelüstet es und nach einem Erfrischungsgetränk, das wir gerne auf der Terrasse einnehmen würden. Wir kommen mit der Wirtin ein wenig ins Gespräch und erzählen ihr, dass wir zu Fuß über den Krimmler Tauern und das gesamte Ahrntal hierher marschiert sind. Sie wiederum erzählt, dass sie früher auch oft in dieser Gegend gewandert ist. Sagt es und verschwindet in die Küche, wo sie uns unaufgefordert eine kostenlose Marende, bestehend aus einem ordentlichen Teller Speck und Brot, zubereitet. Wir sind hocherfreut über diese noble Geste und lassen und nicht zweimal bitten. Ausgehungert wie wir sind, verputzen wir die angebotenen Speisen rückstandslos.

Auf dem Zimmer angekommen texte ich folgenden Tagesbericht in die Gruppe.

Durchs Toul — 21.07.16, 15:13

Das ist keine Laune der Eingabehilfe. Es ist vielmehr die Wegweisung, die uns zweieinhalb Tage durch das Ahrntal begleitet hat. Sie führte uns kreuz und quer durchs Tal (das Toul eben) nach Uttenheim nur ca. 6 Kilometer vor Bruneck. 21.07.16, 15:19

Die technischen Daten der dreizehnten Etappe (heute wieder gemessen, weil sich das Navi wieder aus dem Urlaub zurück gemeldet hat): 18,5 km, 360 Höhenmeter, 620 Höhenmeter abwärts, 4:00 Wanderzeit, Wanderpartner Roland (heute noch, morgen trennen sich unsere Wege) 21.07.16, 15:25

Nach der gestrigen Hitzeschlacht ging es in Sachen Temperatur heute moderat weiter. Das Terrain war auch wesentlich flacher, so dass wir heute reichlich Gesellschaft von Wanderern und E-Bikern hatten. Wir haben die Etappe auch um 3 Kilometer verlängert, aus Unterkunftsgründen. Ich bin jetzt 13 Tage unterwegs und sogar über Plan. Ich bin begeistert. 21.07.16, 15:33

Bis zum Abendessen habe ich gut mit Tourmanagement zu tun. Gut, dass ich gestern schon die Lage zu Hause gepeilt habe (nach wie vor stehen alle Zeichen auf grün). Ich brauche für mich zwei Quartiere im oberen Pustertal. Wie befürchtet ist das wegen des bevorstehenden Wochenendes gar nicht so einfach. Auch mit größtem Einsatz mag es mit den mir zur Verfügung stehenden Mitteln nicht gelingen in Welsberg, dem übernächsten Etappenort, ein Quartier zu finden. Jetzt muss Plan B zum Tragen kommen. Ich buche ein Zimmer in Bruneck, was zwei Zugfahrten bedeutet, nämlich am Abend des übernächsten Tages zurück nach Bruneck und am Morgen danach wieder nach Welsberg. Das ist nicht gerade ideal, aber es hilft ja nichts. Dazu kommt, dass ich für den morgigen Tag ein sündteures Hotel in Olang buchen musste, was neben dem hohen Preis auch wieder mein „underdressed"-Problem aus der Versenkung holt.

Zu guter Letzt muss ich meinen neuen Wanderpartner einphasen. Die gute Nachricht ist, er steht hochmotiviert bereit, was er mir per Chat mitteilt. Auf der anderen Seite ist sein Zeitplan, ein gefragter Mann wie er nun mal ist, wieder einmal „auf Kante genäht". Am Sonntag müsse er noch einen Geburtstagsbrunch für seine Tochter ausrichten, aber danach fährt er sofort los. Eingedenk der Tatsache, dass er am Abend auf der Dürrensteinhütte sein will und sein Auto in Toblach parken will, weil er am Abend des Rückreisetages schon wieder etwas vorhat (wie gesagt, er ist ein gefragter Mann), ist das gelinde gesagt ambitioniert. Zumindest weiß ich so viel, dass ich für Sonntagabend mit zwei Personen rechnen muss. Umgehend telefoniere ich mit der Dürrensteinhütte und ich bekomme den letzten Platz im Lager und einen Zusatzplatz, was immer das auch heißen mag. Das verspricht auf jeden Fall eine urige Nacht.

Nach so viel Büroarbeit ist es Zeit für das Abendessen. Zu unserer Überraschung, zu Mittag wirkte das Hotel wie ausgestorben, ist der Speisesaal voll besetzt. Das Halbpensionsmenü ist nicht so exquisit wie gestern, ist aber gehobener südtiroler Standard. Da es unser letzter gemeinsamer Abend ist, lassen wir die zusammen erlebten Tage noch einmal Revue passieren. Das erzeugt in mir eine feine Mischung aus Stolz, Zufriedenheit und Gelassenheit. Mein Eindruck ist, dass es Roland ähnlich ergeht und das obwohl wir so unterschiedliche Vorstellungen von einem perfekten Wandertag haben.

Am Scheideweg

22.07.2016 Uttenheim – Olang Oberdorf

Jedem Ende wohnt auch ein Anfang inne. Selten hat dieser Spruch auf meine eigene Situation so gepasst wie heute. Die dreisten Zwei trennen sich, nachdem sie so frei waren den Alpenhauptkamm zu erobern. Aber indem wir uns trennen, beginnt für mich ein weiterer, neuer Abschnitt dieser Tour. Was ich in der Vorbereitung, als sich herausstellte, dass ich nicht für die ganze Strecke Wanderpartner zusammenbekommen würde, als nachteilig eingeschätzt habe, gereicht mir jetzt zum Vorteil. Die Karten werden neu gemischt. Ein komplett neues Spiel liegt vor mir. Ich hoffe Roland kann das auch so sehen. Für ihn beginnt am Montag der „Ernst des Lebens" wieder. Zumindest hat er für später einen prall gefüllten Rucksack mit Erinnerungen immer bei sich.

Die Quartiersuche und der Wunsch möglichst lange miteinander laufen zu können, macht für heute eine weitere Kurskorrektur notwendig. Ich werde mich nicht wie geplant in den Osthang des Tauferer Tales schlagen, um in Oberwielenbach zu nächtigen. Vielmehr werde ich die Talvariante über Bruneck und das Pustertal nehmen. Somit können wir noch ein gutes Stündchen dazu nutzen unsere gemeinsame Wanderung abzurunden. Bevor wir aber loslaufen kommt es noch zu einem Austausch von Habseligkeiten. Roland bekommt abgewanderte Landkarten von mir. Ich dagegen bekomme Rolands Restposten an Blasenpflaster und von Dr. Dünners magic Muskelsalbe.

Das Wetter ist wieder ausnehmend schön. Jedoch liegt eine gewisse Gewitterneigung in der Luft. Außerdem lockt Roland ein Wiedersehen mit seiner Frau. Deshalb sind wir schon kurz nach 8 Uhr wieder auf der Straße. Wir wechseln wieder auf die andere Seite des Ahrn und wandern unter ähnlichen Bedingungen wie gestern südwärts. Wie gestern in Kematen landen wir auch in Gais erst in der Gewerbezone, was kein allzu schöner Anblick ist. Erst im Ort sieht die Welt wieder ganz anders aus. Er erhält sogar etwas Paradiesisches als uns zwei Kinder mit einem stattlichen Korb gefüllt mit Pfifferlingen begegnen. Das liebe ich so an Südtirol, überall wächst und gedeiht es.

Nur wenig später ist der Zeitpunkt für den Abschied gekommen. Der Ort, das Hochkreuz südlich von Gais, scheint wie für den Zweck einer Trennung gemacht. Der Weg spaltet sich wie bei einem Ypsilon in zwei Wege auf. Roland kann auf dem leicht abschüssigen, asphaltierten Weg bleiben. Ich muss mich leicht links halten und einem geschotterten Fahrweg folgen, der sich um einen seichten Hügel herum gen Osten wendet. Wir klopfen uns noch mal gegenseitig auf die Schulter, machen mit jeweils dem eigenen Handy ein Foto vom anderen, wie er mit ausgestrecktem Arm in seine Richtung zeigt. Wenn wir wieder zu

Hause sind, werden wir die beiden Fotos zueinander führen. Ein paar Meter sieht man sich noch und dann trennt uns eine Wand aus Mais.

Über all diese Trennung hätten wir beinahe das Hochkreuz von Gais nicht ausreichend gewürdigt. Hier hat die Pragmatik über die Kunst gesiegt. Wäre das Kreuz nur 2 bis 3 Meter hoch, wie sonst üblich, hätte der Künstler die Ästhetik seines Werkes besser herausstellen können. Auf der anderen Seite hätten es die Bauern auf und hinter dem schon erwähnten Hügel nicht sehen können. Deshalb hat man es einfach auf einer fast maibaum-hohen Stange angebracht, welch geniale Lösung.

Mein Weg führt mich, den Blick schon auf Bruneck freigebend, ziemlich schnell nach Aufhofen und dann auf einem Gehsteig an einer Teerstraße entlang nach Dietenheim. Das Alleinsein bekommt mir auf seltsame Weise gar nicht gut. Mich überfällt eine Art Proviantpanik. Total übermotiviert breche ich in Dietenhofen in ein Café ein und kaufe dort einen in Plastikfolie eingeschweißten Sandwich, obwohl ich in weniger als einer halben Stunde in Bruneck die Auswahl zwischen mehreren Supermärkten hätte. Ich weiß nicht, wie lange dieses Teil schon in dem Laden lag und es ist auch noch ewig haltbar. Das macht mich schon ein wenig stutzig, als ich den Laden verlasse.

Es dauert in der Tat nur eine Viertelstunde bis ich den östlichsten Zipfel von Bruneck über einen gut ausgebauten Fahrradweg erreiche. Vor dem Ortsschild muss ich ein paar Momente verweilen. Es dauert ein wenig, bis ich begreife, dass ich Alles bis hierher zu Fuß zurückgelegt habe. Ich mache das obligatorische Foto und als ich den Blick hebe, sehe ich, dass sich unmittelbar dahinter der schönste Supermarkt befunden hätte. Jetzt brauche ich ihn auch nicht mehr und lasse ihn rechts liegen.

Nun schlägt erneut die Stunde meines Wandernavis. Es gilt durch ein Gewirr von Straßen eine Brücke über die Rienz zu finden, denn ich möchte mich dort dem Pustertal-Radweg anschließen. Die Orientierung mit dem Navi geht wie geschnitten Brot. In Höhe des Eisstadions erreiche ich die anvisierte Brücke über die Rienz. Ich sage es nicht gern. Aber dieser Punkt geht klar an das Navi.

Auf dem Pustertal-Radweg angekommen, komme ich gleich in den Genuss von dessen Vorteilen. Ich stehe vor einer Infotafel, die mir die nächsten 211 Kilometer nach Venedig haarklein erklärt, mit Höhenprofil und jedem Schnick-Schnack. Mein Zielort für heute, Olang, ist auch mit auf der Tafel. Also nichts wie los.

Die Trasse des Radweges führt an der Rienz entlang, die hier durch eine imposante Schlucht fließt. Weit, weit über mir rumpeln die Lastwagen über die Brücke der Bundesstraße. Ich kann nur hoffen, dass jetzt gerade, da ich untendurch laufe, keiner der Fahrer in Sekundenschlaf fällt. Die Enge der Schlucht erfordert sogar mehrere Tunnel, die extra für den Radweg in den Fels gesprengt wurden. Die Steigung des Weges bleibt dadurch moderat, so dass auch kleine Kinder auf ihren winzigen Rädern noch tretenderweise vorwärtskommen.

In den Tunnels und auch in der Schlucht ist es schön kühl. Daher beschließe ich auf einem Bänkchen Pause zu machen. Es kommt, wie es kommen musste. Beim Öffnen der Plastikhülle meines Sandwichs zerlegt sich dieser schon in viele kleine Einzelteile. Vom Geschmack mag ich hier gar nicht reden. Das Tückische dabei ist, dass diese Art von Dauerbrot im Mund eine klebrig feste Konsistenz erreicht, dass man schon einige Zeit kämpfen muss, um es schlucken zu können. Nach einer gefühlten Ewigkeit ist aber auch dieser Gegner bezwungen und ich kann meinen Weg fortsetzen.

In der Gegend von Percha, für mich als gebürtigen Starnberger ist das ein kurzes Schmunzeln wert, weil es dort am See ebenfalls einen Ort dieses Namens gibt, weitet sich die Schlucht ein wenig. Die Gastronomie, die sich entlang des Weges befindet, hat sich auf die strampelnde Klientel eingestellt und offeriert die ein oder andere Erfrischung. Überhaupt wird der Weg gut angenommen. Immer wieder begegnen mir oder überholen mich Radler. Nach Percha nimmt die Steigung etwas zu. Das wird aber, wenn man die Schlucht vollends verlassen hat, mit dem ersten Blick auf die Dolomiten belohnt. Die Hitze hat einen aber auch wieder. Es ist bemerkenswert schwül.

Rein von den Beinen und vom Kopf her, wäre ich jetzt auch schon in dem Bereich angelangt, wo das Erreichen des Zieles wünschenswert wäre. Nur weiß ich nicht genau, wo es liegt. Was ich bis vor dieser Tour nicht so genau wusste, ist, dass Olang aus drei Ortsteilen besteht. Ich erreiche Niederolang, den Ortsteil, der noch etwas bäuerlicher wirkt. Hier ist das Hotel Post schon mal nicht. Also weiter bergauf Richtung Mitterolang, das wie ein Kurort mit Bergen drumherum aussieht. Eine kurze Nachfrage in einem Laden zeigt, dass das Hotel Post im Oberdorf liegt. Glückwunsch, der Kandidat hat hundert Punkte. Zu allem Überfluss kündigt sich auch noch ein Gewitter an. Über dem Kronplatz zu meiner Rechten brauen sich dicke, schwarze Wolken zusammen. Ich lege noch einmal einen Zahn zu und erreiche noch rechtzeitig das Hotel Post, das gleich gegenüber der Kirche liegt.

Für einen winzigen Augenblick huscht der Dame an der Rezeption ein Ausdruck von Ungläubigkeit über das Gesicht, da sie mich in vollem Wanderornat, also mit Rucksack und allem, vor ihrem Tresen stehen sieht. Normalerweise kommen die Gäste mit dem Auto, und wenn man den Preis für die Übernachtung betrachtet, nicht mit kleinen Autos hierher. Sie ist aber Profi genug, um sofort wieder auf Business as usual umzuschalten. In aller Freundlichkeit erklärt sie mir die Vorzüge des Hauses, das Hallenbad, die Sauna und vieles mehr. Das ist Überfluss, auf den ich im Moment gar keinen Wert lege. Ein Zimmer wäre genehm und das möglichst zügig. Als ich nach dieser länglichen Prozedur in mein Zimmer trete, bricht draußen das Gewitter los.

Auf meinem Handy bemerke ich die Bilder, die mir Roland am Mittag von seinem bravourösen Zieleinlauf geschickt hat. Er hat die Rienz und die Sonnenburg bei Bruneck, wie er es sich erwünscht, vielleicht sogar erträumt hatte, erreicht. Vielleicht hat er auch ein donnerndes „Es geht!" hören lassen. Auf jeden Fall hat er die letzten 7 Tage alles richtiggemacht. Glückwunsch, mein Freund. Für mich geht das Ganze in die Verlängerung.

Draußen regnet es in Strömen, während ich den folgenden Tagesbericht verfasse.

Am Scheideweg! 22.07.16, 14:35

Nach gut 7 Tagen hat sich unser Wanderteam unter dem Feldkreuz südlich von Gais getrennt. Das war schon ein trauriger Augenblick. Deinen legendären Zimmerservice und Deine Bonbons werde ich vermissen. Hier wurden Maßstäbe gesetzt. Aber merke es ist nicht alles eine Gämse, was der Roland zeigt.
22.07.16, 14:44

Die technischen Daten der vierzehnten Etappe: 20,8 km, 470 Höhenmeter, 250 Höhenmeter abwärts, 4:37 Wanderzeit, Wanderpartner Roland bis Feldkreuz danach allein.
22.07.16, 14:48

Nach der verlängerten Etappe von gestern habe ich die Strecke leicht modifiziert. Von Uttenheim ging es heute nach Olang. Das ist erstens der Quartiersuche geschuldet und zum anderen war mir nicht nach Höhebolzen zumute. Ab Bruneck habe ich den Pustertal-Radweg genommen. Den kann man für eine Fernfahrt mit dem Rad gut empfehlen. Er ist perfekt beschildert und interessant trassiert (siehe Profilbild).
22.07.16, 14:57

Wenn in einem Hotelzimmer ein Fernseher zur Verfügung steht, schalte ich ihn auch sofort ein, weil man sich dann nicht so alleine fühlt. Diese Angewohnheit rüttelt mich im Laufe des Nachmittags ein erstes Mal auf. Von einem landesweiten Eisenbahnerstreik ist hier die Rede. Das kommt mir ziemlich ungelegen, da ich morgen auf deren Dienste angewiesen bin. Eine weitere Recherche ergibt, dass derzeit im Pustertal ohnehin keine Züge fahren, da die Strecke überholt wird. Stellt sich daher die Frage, ob die Busfahrer, die den Schienenersatzverkehr bestreiten, ebenfalls streiken. Über das Internet kriege ich nicht besonders viel heraus. Deshalb nehme ich die Hilfe der freundlichen Dame am Empfang noch einmal in Anspruch. Sie telefoniert mit Gott und der Welt, mit befreundeten Hotels und dem Fremdenverkehrsverband. Niemand weiß, ob die Busse morgen fahren. Ein Plan C muss her. Ich beschließe morgen wie geplant in der Frühe nach Welsberg zu gehen und vor Ort zu prüfen, ob die Busse fahren. Wenn ja, läuft alles wie geplant, nur mit dem Bus. Falls nein, suche ich das Fremdenverkehrsbüro auf, wenn es eines gibt, und lasse mir freie Quartiere ausdrucken. Falls das nicht greift, dann weiß ich auch nicht.

Nach dem Schreck gehe ich mich erst einmal in der Badewanne für ein Stündchen einweichen. Ich bin zwar mit einer Badehose ausgerüstet, könnte also im Swimmingpool mein Fahrtenschwimmerabzeichen präsentieren, ziehe aber eine private Grundreinigung vor. Danach muss wieder mein bester Zwirn herhalten, um Einlass in den Speisesaal zu erhalten. Das Essen ist, wie es dem Standard des Hauses angemessen ist, ausgezeichnet. Am Nebentisch sitzt ein Vater mit zwei Kindern im Grundschulalter. Der Sohn lässt nichts unversucht, seinen Vater auf die Palme zu bringen. Dieser verteilt eine gelbe Karte nach der andern. Offenbar ist er mit den Regeln des Fußballs nicht vertraut oder er hat schlichtweg keine rote Karte dabei. Welch ein Unfrieden im Kleinen. Als Alleinreisender kann ich mich entspannt zurücklehnen. Nach dem köstlichen Mahl verabreiche ich mir selbst die rote Karte und ziehe mich auf mein Zimmer zurück.

Wieder auf dem Zimmer verpasst mir der Fernseher einen weiteren Schock. In München soll an mehreren Stellen geschossen werden. Ein terroristischer Hintergrund sei nicht sicher auszuschließen. Wie von der Tarantel gestochen nehme ich Kontakt mit zu Hause auf. Michael, mein älterer Sohn, ist daheim. Das ist schon mal gut. Er wird ab sofort mein Krisenmanager vor Ort. Er hatte auch schon Kontakt mit seinem Bruder, der im Moment mit dem letzten Zug, der München noch verlassen durfte, von seinem Studienort kommend auf dem Weg nach Weilheim ist. Die beste Ehefrau von allen befindet sich in der Nähe von Rosenheim in Sicherheit. Michael ist im Weiteren beschäftigt, seine Schulkameraden in München zu orten. Von einigen weiß er den Standort und dass sie sich in Läden und Bars verschanzt hätten. Die Nachrichten verdichten sich mit der Zeit, dass nur an einem Ort, am Olympia Einkaufszentrum, wirklich geschossen wurde. Das hilft, für viele weitere Verwandte und Bekannte Entwarnung zu geben. Den ganzen Abend kann ich die Augen nicht vom Fernseher lassen. Die Vorkommnisse wirken wie eine eiskalte Dusche. Die gute, entspannte Stimmung ist mit einem Schlag verflogen. Es hat den Anschein, dass die Menschheit nicht mehr klug wird, wie es schon im Song „Where have all the flowers gone" von Peter, Paul and Mary so eindrücklich heißt „Oh, when will they ever learn?".

Still ruht der See...
23.07.2016 Olang Oberdorf - Welsberg

Es heißt, es war die Tat eines Einzelnen. Ein Zusammenhang zu Terrororganisationen sei sehr unwahrscheinlich. Was macht man mit dieser Information am Frühstückstisch eines südtiroler Hotels sitzend? Soll man darüber froh sein? Einerseits bin ich das tatsächlich, weil es das Vertrauen aufrechterhält, dass der organisierte Terror nicht in der Lage ist in Deutschland Fuß zu fassen und der Vorfall die wahren Hilfesuchenden nicht mehr als sowieso schon diskreditiert. Andererseits ist Schaden von nicht abzuschätzendem Ausmaß entstanden. Für die betroffenen Angehörigen, Freunde und Augenzeugen wird nichts mehr sein wie früher und die Stadt München hat nach einer Nacht in Angst ebenfalls einen schweren Schlag abbekommen.

Was hätte der hochverehrte Mahatma Gandhi aus diesem Ausbruch der Gewalt gemacht? Er hat solche Situationen auch mehrmals erlebt, wenn sich zum Beispiel Hindus und Moslems Gefechte lieferten. Ich lese seine Biographie so, dass er diese Vorkommnisse als Rückschläge auf dem Weg zu einer gewaltlosen Welt betrachtete, diese bessere Welt aber unausweichlich kommen werde. Außerdem hat er sich selbst immer als Teil dieser Entwicklung angesehen und versucht durch sein eigenes Handeln dazu beizutragen, dass die Entwicklung in die richtige Richtung geht. Als äußeres Zeichen hat er gebetet und gefastet. Bei Mahatma Gandhi hat das in mehreren Fällen zum Eindämmen der Gewalt geführt. Vielleicht täte uns das allen auch einmal gut, ein Tag des Betens und Fastens. So schwer es nach einer Nacht wie dieser fallen mag, die Hoffnung auf die von Gandhi angekündigte, gewaltfreie Welt möchte ich mir nicht nehmen lassen.

Das gestrige Gewitter hat viel Feuchtigkeit hinterlassen, die im Pustertal in Form von Hochnebel hängengeblieben ist. Das passt zur allgemeinen Stimmungslage. Besonders eilig habe ich es nicht, da mich mein Weg gestern bis in das Oberdorf von Olang geführt hat. Unter den Rahmenbedingungen wie Eisenbahnerstreik und Ausweichquartier in Bruneck kann es sein, dass ich heute nur knapp 7 Kilometer Strecke machen muss. Das rentiert das Schnüren der Stiefel schon fast gar nicht. In trübe Gedanken versunken mache ich mich auf den Weg.

Nach nur einer Kehre auf dem Verbindungssträßchen von Olang zur Bundesstraße hat mich der Pustertal-Radweg wieder, der im Folgenden am Olanger Stausee entlangführt. Der See liegt friedlich eingebettet in einer prachtvollen Natur. Ein paar Jogger wissen das auch und ziehen hier in aller Seelenruhe ein paar Runden. Schärfer kann der Kontrast zu den

Nachrichten vom Tage nicht sein. Mit einem innerlichen Kopfschütteln ziehe ich weiter. Das Ende des Sees ist bald erreicht und es dauert auch nicht lange bis die Handwerkerzone (welch niedlicher Begriff für ein Gewerbegebiet) von Welsberg erscheint. Zum Glück liefert der erste Ausblick auf die Dolomiten, dem Ziel für morgen und die nächsten Tage, genügend Ablenkung. Von der Handwerkerzone ist es nicht mehr weit ins Ortszentrum, wo ich das Fremdenverkehrsbüro vermute.

Dort kommt es zur Probe aufs Exempel. Wird es Plan B oder Plan C? Oder sitze ich sogar fürs Erste auf der Straße? Auf dem Dorfplatz gibt es schon einmal eine Bushaltestelle. Einige Leute warten auch davor. Das muss aber nicht heißen, dass wirklich einer fährt. Es ist jedoch vorerst nicht nötig sich einzureihen, weil es in Welsberg tatsächlich ein Fremdenverkehrsbüro gibt. Sogleich lege ich mein Anliegen in die Hände des dortigen Personals. Nur wenige Sekunden später halte ich ein ausgedrucktes Verzeichnis mit den für heute Nacht verfügbaren Zimmern in Händen, aufsteigend sortiert nach dem Preis. Es gibt sie also doch, die Welt jenseits des Internets. Das müssten nach Adam Riese alles Häuser sein, die sich nicht über die landläufig bekannten Reiseportale vermarkten lassen. Ich starte noch einen weiteren, zaghaften Vorstoß, ob ich eine solche Liste auch für Außerprags haben könnte, da der Tag noch jung sei und ich dadurch morgen nicht so viel zu laufen hätte. Der abschlägige Bescheid kommt ebenso prompt, wie die Liste vorher. Außerprags läge außerhalb ihres Zuständigkeitsbereiches, es täte ihnen leid. Wäre auch zu schön gewesen.

Ich begebe mich also in Richtung Bushaltestelle, um dort die Lage zu peilen. Auf Höhe der Kirche leicht nach hinten versetzt entdecke ich das Haus Oberporte, das ganz oben auf meiner soeben ergatterten Liste steht. Obschon es noch deutlich vor Mittag ist, versuche ich dort mein Glück. Vielleicht ist ja ein Zimmer per sofort beziehbar. Die Rezeption ist bei meinem Eintreffen verwaist. Nach endlicher Zeit erscheinen eine sehr große, sehr blasse junge Frau und ein ebenso großer, blasser Mann, augenscheinlich ihr Vater. Es wird schnell klar, dass ich ein Zimmer haben kann und dass ich auch sofort auf das Zimmer gehen könnte. Diese Umstände, verbunden mit dem günstigen Preis, entscheiden den weiteren Tagesverlauf wie von selbst. Ich spare mir die ungewisse Busfahrerei und checke ein. Damit produziere ich ein sogenanntes „No-Show", wie es in der Reisebranche heißt, wenn der gebuchte Gast sein Zimmer nicht in Anspruch nimmt. Das erzeugt zwar unnötige Kosten, aber das muss das Reisebudget einmal aushalten. Die anschließenden Formalitäten gestalten sich als etwas schwierig, weil der übervorsorgliche Vater seine Tochter, die das perfekt alleine könnte, mehrmals aus dem Konzept bringt. Mir ist das einerlei. Ich habe soeben einen nicht eingeplanten Ausgleichstag gewonnen.

Es ist direkt schade, dass ich erst vor 4 Tagen Waschtag hatte. Heute hätte ich reichlich Zeit dafür. Anstelle dessen nutze ich die Zeit für einen ausführlichen Einkauf von Proviant. Einen

Teil davon verspeise ich auf dem Zimmer, das ein wenig den Charme der 60er Jahre verströmt. Der Farbgeschmack, was die Fliesen im Bad betrifft, hat sich über die Zeit deutlich gewandelt. Auf der anderen Seite hat man früher nicht so penetrant auf Raumoptimierung geachtet. Ich finde es Klasse hier.

Morgen steht die Übernachtung im Lager der Dürrensteinhütte an. Mit 2.040 Meter über dem Meer wird das die höchst gelegene Übernachtung der ganzen Tour und sie verspricht ein wenig rauer zu werden als die letzten beiden Hüttennächte auf der Plumsjochhütte und dem Krimmler Tauernhaus. Die Tatsache, dass wir nur einen regulären und einen Zusatzplatz haben, sagt ja schon aus, dass wir ein „volles Haus" zu erwarten haben. Das kann für mich nur heißen, ich schlafe vor, auch wenn alle immer sagen, das würde nichts helfen. Da ich gar nicht müde vom Wandern bin, kommt ein altbewährtes Hausmittelchen zum Tragen. Fernseher an, Tour de France eingeschaltet, aufs Bett legen und warten. Das wirkt zuverlässig.

Nach drei Uhr wache ich wieder auf, gerade rechtzeitig, um meinen Tagesbericht zu schreiben.

Still ruht der See...   23.07.16, 15:26

.... und die Welt geht in Scherben. Es ist nicht leicht mit der Diskrepanz zwischen den schönen Erlebnissen der Wanderung und den Vorgängen in der Welt umzugehen. Der Olanger Stausee früh an einem trüben Samstag ist der Inbegriff der Ruhe. Das mit den Ereignissen in München in Einklang zu bringen geht nicht.   23.07.16, 15:33

Die technischen Daten der fünfzehnten Etappe: 6,5 km, 225 Höhenmeter, 208 Höhenmeter abwärts, 1:30 Wanderzeit, Wanderpartner keiner   23.07.16, 15:37

Eigentlich war das heute so etwas wie ein Ruhetag. Aber ich war himmelweit vor Plan und ich kann wg. des Treffpunkts morgen mit Toni nicht über das Ziel hinaus schießen. Jedoch meine kleinen Zehen werden es mir danken. Die fühlen sich seit einigen Tagen im Schuh irgendwie an den Rand gedrängt.
                                23.07.16, 15:43

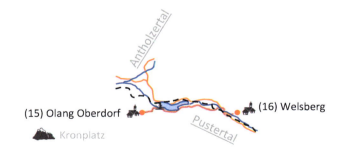

Der Rest des Nachmittags ist, weil komplett ohne weiteres Programm, dem Tourmanagement gewidmet. Ich buche weitere 3 Quartiere, in Cortina d'Ampezzo, auf der Città di Fiume Hütte und in Forno di Zoldo. Außerdem fällt mir beim Kramen im Rucksack die Tube Bepanthen in die Hände. Dass ich die dabeihabe, hatte ich längst verdrängt. Mir kommt in den Sinn, dass ich meinen kleinen Zehen etwas Gutes tun könnte. Dazu kommt noch ein weiterer Griff in die Trickkiste der Wanderpsychologie. Jedes Mal wenn ich Zahnpasta oder Sonnencreme benutze, rede ich mir ein, dass der Rucksack um wenige Gramm leichter wird. In diesem Sinne verwende ich verschwenderisch viel Salbe. Schaden kann es ja nicht.

Um mir die Zeit bis zum Essen, das ich schon wieder sehnsüchtig erwarte, zu überbrücken, mache ich einen Spaziergang. Nachdem ich nun weiß, wo die Tour für morgen beginnt, kann ich mich beruhigt in den Speisesaal begeben, der erstens gut besucht ist und zweitens der Prototyp südtiroler Hotelerie ist. Das Anrichten eines Salatbüffets scheint in den Hotelfachschulen Südtirols Prüfungsfach zu sein, denn fast überall kommt das selbe, vorzügliche Ergebnis heraus. In großen Schüsseln aus Glas werden die immer extrem frischen Zutaten präsentiert. Das ergibt schon rein farblich ein schönes Bild. Grüner Salat, rote Tomaten, rohes, weißes Kraut, gelber Mais, dann wieder grüne Gurken und dunkelrote Bohnen lassen mir das Wasser im Munde zusammenlaufen. Das restliche Halbpensionsessen kann sich ebenfalls sehr gut sehen lassen. Es wird serviert vom selben blassen Mann, den ich von der Rezeption schon kenne. Da er sehr groß ist, muss er sich beim Servieren immer stark herunterbeugen. Er tut das mit einer unerschütterlichen Grazie, obwohl die vielen, vielen Jahre am Kunden bei ihm schon einen Buckel hinterlassen haben. Dieses Stehvermögen ringt mir den allergrößten Respekt ab.

Vor dem zu Bett gehen, telefoniere ich noch einmal ausgiebig mit zu Hause. Die Stimmung ist um einen winzigen Farbton gedämpfter. Die Ereignisse von gestern haben wohl auch bei der besten Ehefrau von allen ihre Spuren hinterlassen. Ein Hauch von Heimweh trifft mich unvermutet. Ich tröste mich mit dem Gedanken, dass je weiter ich mich von zu Hause wegbewege, desto näher komme ich unserem Wiedersehen in St. Stino di Livenza. Gut zu wissen, dass man nach wie vor in der richtigen Richtung unterwegs ist.

Des Wanderers Paradies
24.07.2016 Welsberg - Plätzwiese

Auf der Suche nach dem rechten Weg durch die Alpen habe ich jede Menge Literatur studiert. In einem Buch über den Traumpfad München – Venedig, von mir auch die Graßler-Route genannt, wurde ich auf eine Alpenüberquerung von Adolf Kolping, dem Begründer des Katholischen Gesellenvereins, aus dem das heutige Kolpingwerk wurde, aufmerksam. Als langjähriges Mitglied einer Kolpingfamilie war mir sehr wohl bewusst, dass er in seiner Zeit als Schuhmachergeselle auf Wanderschaft war. Wie sonst hätte er die Probleme der Handwerker auf Wanderschaft auch so genau wahrnehmen können. Dass er aber während seines Studiums in München im Jahre 1841 zu einer Alpenüberquerung antrat, war mir komplett entgangen. Ich war schon vor dieser Erkenntnis der Bewunderung für diesen ungeheuer charismatischen Mann voll. Die Geschichte dieser Wanderung fügte noch einen weiteren Aspekt hinzu. Er war seiner Zeit auch in punkto Wandern meilenweit voraus.

Die Route führte ihn damals bis nach Venedig. Damit nicht genug, er lief die Strecke hin und zurück und zwar hin in 17 Tagen und zurück in 14 Tagen (nur in wenigen Fällen wurde die Postkutsche zu Hilfe genommen). Die Tagesleistungen, im Vergleich zu den meinigen, müssen gigantisch gewesen sein. Überhaupt wurden die Tage von Sonnenaufgang bis zum Sonnenuntergang komplett genutzt, denn neben dem Wandern war noch Platz für Gottesdienste und sogar für weitere touristische Aktivitäten, wie Besichtigungen. Was mich aber fast noch mehr fasziniert, ist die Tatsache, dass seine Reisegruppe oftmals aus mehreren Personen bestand, die sich verabredeter weise in Innsbruck oder im Zillertal hinzugesellten. Man muss sich das vorstellen. Zu einer Zeit, in der noch nicht einmal die Telegrafie flächendeckend eingeführt war, musste man sich vor Abreise in München auf eine Zeit und einen Ort einigen und diesen auch einhalten. Andernfalls musste man einen Brief postlagernd schicken, dass man nicht kann oder vielleicht einen Tag später kommt. Das bekämen wir in der heutigen Zeit gar nicht mehr hin. Zum Glück haben Toni und ich für unser Zusammentreffen heute Abend beide ein Smartphone. So können wir uns minuten- und zentimeter-genau abstimmen.

Um zeitgerecht am Treffpunkt zu sein, muss ich heute wieder eine „Volletappe" zurücklegen. Nach all den Veränderungen der Strecke in den letzten Tagen ist es erstaunlicherweise genau die Etappe, wie sie für genau diesen Tag geplant war. Meine kleinen Zehen sind nach der Sonderbehandlung des Vortages fast komplett wie neu. *(Tipp für alle, die es vielleicht nachmachen wollen: Eine Salbe mit dem Wirkstoff Dexpanthenol gehört unbedingt in die Reiseapotheke. Sie ist bei Sonnenbränden, Insektenstichen und sonstigen Hautabschürfungen von größtem Nutzen.)*

Das Wetter hatte einen Tag gebraucht, um die Feuchtigkeit aus dem Tal zu vertreiben. Als ich aus dem Haus Oberporte trete, verziehen sich die letzten Wolken Richtung Norden. Die Luft ist wie reingewaschen. Der Tau schimmert im Gras. Fast möchte ich ein „Im Frühtau zu Berge..." anstimmen. Da ich mich aber noch im Ortsbereich von Welsberg befinde, lasse ich das lieber. Ich will die Rechtschaffenden ja nicht ängstigen. Wie gestern schon gescoutet, biege ich am Fremdenverkehrsbüro rechts in die Bahnhofstraße. In der Nähe des Bahnhofs unterquere ich die immer noch ungenutzten Bahngleise und schließe mich links dem Wanderweg 2 A an, der, welch Überraschung, identisch mit dem Pustertal-Radweg ist.

Weiter geht es leicht ansteigend über weite Wiesenflächen. Das ist ein klein wenig paradox, weil ich mich schon mehrere Tage Richtung Talschluss des Pustertales bewege und Täler zum Ende hin normalerweise immer schmaler werden. Was soll es. Der Himmel wird immer blauer und die Dolomiten rücken näher. Nach einer knappen Stunde trenne ich mich endgültig vom Pustertal-Radweg, weil ich mich rechts Richtung Außerprags/Schmieden halten muss. Ein übereifriger italienischer Staatsbürger kämpft mit einem Stift um die Sprachhoheit in Südtirol. Er schreibt auf jedes Schild mit einem Stift die italienische Bezeichnung des Ortsnamens. Da schwelt ganz offensichtlich immer noch der alte Konflikt zwischen den deutsch-österreichischen und italienischen Landsmannschaften.

Es wird Zeit für die Bananenpause. Ich suche mir ein schönes Plätzchen und finde in Außerprags ein Hausbänkchen, genau dort, wo sich die Wege in zwei Untertäler verzweigen. Ich könnte rechts den Pragser Wildsee aufsuchen, der auch sehr schön gelegen sein soll, oder links Richtung Brückele und Plätzwiese abzweigen, was auf meiner Route liegt. Zunächst räkele ich mich in der Sonne, genauso wie es ein paar verspielte Katzen auf dem gegenüberliegenden Bauernhof machen. Es ist so gemütlich hier, dass ich mir selbst einen Ruck geben muss, sonst wird das heute nichts mehr mit der Dürrensteinhütte.

Von der Plätzwiese weiß ich, dass man mit dem Auto hinauffahren kann. Ab Brückele wird Maut dafür erhoben. Darüber hinaus fährt in einem relativ engen Takt ein Linienbus hinauf. Das ist gut für Toni, der ja zeitlich ein bisschen knapp dran ist. Für mich kommt der Bus heute, gut drauf wie ich bin, natürlich nicht in Frage. Doch plagt mich der Gedanke, in wieweit die Straße das Wandererlebnis beeinträchtigen wird. Die Befürchtungen stellen sich als unbegründet heraus. Der Weg wird zwar steiler, von der Straße bekommt man aber so gut wie nichts mit. Als i-Tüpfelchen wird auch noch ein wunderschön angelegter Quellenweg angeboten, der einige interessante Schautafeln über das Element Wasser bereithält. Erst kurz vor dem Alpengasthof Brückele treffen Weg und Straße wieder zusammen. Man muss allerdings nicht auf der Straße laufen, weil der Weg leicht oberhalb der Straße verläuft. Der übervolle Parkplatz lässt schon erahnen, wie stark der Andrang oben ist.

Mit angemessener Genugtuung, dass ich als Fußgänger wieder keine Maut bezahlen muss, passiere ich das Kassenhäuschen. Kurz hinter der Mautstation ist ein größeres Waldstück abgeholzt. Das ist für sich gesehen kein allzu schöner Anblick. Idefix wäre, wie im Asterix Band „Die Trabantenstadt", darüber sehr traurig. Für mich stellen die Baumstümpfe die idealen Sitzgelegenheiten für meine Mittagspause dar. Gleich der erste Stumpf passt wie angegossen. Dieses winzige Detail löst in mir einen Hochstimmungsflash aus, da alles irgendwie wie für mich gemacht erscheint. Das Wetter, die Strecke und meine Verfassung, die sich, ich kann es selbst kaum glauben, frisch anfühlt, wie am ersten Tag. Für einige Augenblicke wähne ich mich in des Wanderers Paradies.

Von meinem Hochsitz aus kann ich das Treiben auf der Straße gut beobachten. Die Kombination aus Mautpflicht und gutem Busangebot führt dazu, dass fast niemand mit dem eigenen Auto zur Plätzwiese weiterfährt. Das hat für den weiteren Tagesverlauf insofern Bedeutung, als dass die Strecke für Wanderer ab jetzt ziemlich brachial geradeaus den Berg hochführt und die Serpentinen der Fahrstraße mehrmals schneidet. Es wäre zu dumm, wenn man immer erst minutenlang den Querverkehr passieren lassen müsste. Diese direkte Wegführung bedingt auch eine Zunahme der Steigung. Es wird mächtig steil und ich habe wirklich damit zu kämpfen. Aber es ist ein schöner Kampf, denn genau diese Herausforderung suche ich ja.

Es dauert nicht lange und ich bin wieder in dem Zustand, in dem alle Automatismen greifen ohne sie bewusst steuern zu müssen. Spitzensportler bezeichnen diesen Zustand als Tunnel. Doch irgendetwas stimmt mit dem Tunnel heute nicht. Es klappert. Sollte ich nach der Brotzeit beim Packen einen „Packfehler" gemacht haben, so dass es jetzt im Rucksack scheppert? Dagegen spricht, dass das Geklapper nach und nach lauter wird. Schließlich drehe ich mich um und werde gewahr, dass mir ein Pferd samt Reiter folgt. Mir huscht die Frage durch den Sinn, ob man mit einem PS auch Maut zahlen muss. Vermutlich muss man das nicht. Ross und Reiter sind ein wenig schneller als ich und schließen zu mir auf. Nach einem kurzen Plausch mit dem Reiter ziehen sie ganz langsam an mir vorbei. Selbstverständlich stelle ich mir in diesem Moment vor, um wieviel leichter es wäre mit einem Pferd auf den Berg zu kommen. Was mich aber viel mehr an dem Gespann beeindruckt, ist die Ruhe und Gelassenheit, die die beiden ausstrahlen. Die Harmonie der beiden ist frappierend. Der Reiter kann sich blind auf sein Pferd verlassen. Das zeigt sich besonders an den Engstellen, wo der Wanderweg in kniffligen, steilen Rampen die Böschung der Fahrstraße überwindet. Ein Fehltritt und Ross und Reiter hätten ein mächtiges Problem.

Aber das Pferd weiß genau, was es zu tun hat. Souverän meistert das Gespann diese Situationen. Wenig später sind sie meinen Blicken entschwunden.

Im Endanstieg zur Plätzwiese finden Straße und Weg separat an der Hangkante keinen Platz mehr. Als Fußgänger muss man den letzten Kilometer auf der Straße zurücklegen. Da aber wirklich fast gar kein Autoverkehr mehr herrscht, ist das kein großer Schaden. Jetzt kommt die Phase, in der man sich hinter jeder Kurve das Ziel herbeiwünscht. Es dauert einige Kurven bis die Busendhaltestelle samt Parkplatz vor mir auftaucht. Das ist der Moment, in dem ich unwillkürlich weiß, dass das Konzept gut ist, dass die Etappe richtig geplant war und ich das Etappenziel mit ziemlicher Sicherheit erreichen werde. Ich liebe diesen Moment, wenn das, was ich mir ausgedacht habe, Gestalt annimmt und funktioniert. Er ist mit Geld nicht zu bezahlen. Es liegt eigentlich nur an uns selbst, diese Glücksmomente als solche auch wahrzunehmen. Auf der Wanderung kann ich sie voll und ganz genießen, weil die sonst üblichen Störgeräusche des Alltags fehlen.

Von der Bushaltestelle zum Hotel Hohe Gaisl ist es nur mehr ein Katzensprung. Hier weitet sich der Blick über die beachtlich große Almlandschaft der Plätzwiese. In weiter Ferne, auf gleicher Höhe und noch winzig klein kann man vor gigantischer Dolomitenkulisse die Dürrensteinhütte erkennen. Das letzte Stück Weg, gute 1,5 Kilometer, besteht aus einer kinderwagentauglichen Forststraße. Das ist auch der Grund, warum die Plätzwiese so beliebt ist. Man kann hochalpines Flair ohne größere körperliche Belastungen erleben. Für mich ist dieses Stück ein lockeres Auslaufen.

Es ist noch sehr früher Nachmittag, fast noch späte Mittagessenszeit, als ich an der Dürrensteinhütte ankomme. Das Gewusel in und vor der Hütte ist gewaltig. Man ist ein klein wenig an die Wühltische im Sommerschlussverkauf erinnert. Mit Mühe und Not kann ich einen Sitzplatz auf der Terrasse ergattern. Wie sich herausstellt, platziere ich mich mitten in eine Gruppe weiterer Übernachtungsgäste. Mit vereinten Kräften gelingt es uns, der gestressten Bedienung, die mir ein köstliches Radler bringt, zu signalisieren, dass wir ein Quartier gebucht haben. Zu unserer großen Freude taucht auch nach nicht allzu langer Zeit, mitten im größten Getümmel, die Hüttenwirtin persönlich auf und teilt uns unsere Plätze zu. Ich werde ins Untergeschoss geleitet, wo sich das Lager befindet. Das Lager verfügt über 10 Plätze, auf 5 Stockbetten verteilt. Gleich neben der Tür steht ein Feldbett, das sich als der mysteriöse „Zusatzplatz" entpuppt. Die Hüttenwirtin teilt mir aber mit, dass das Feldbett für heute Nacht nicht gebraucht wird, weil ein Bergkamerad aus einer anderen Gruppe schlappgemacht hat. Auch ohne Feldbett, das sogleich entfernt wird, ist der Raum für 10 Leute mitsamt Gepäck verflixt klein. Zum Glück verfügt er, obwohl im Keller gelegen, über ein Fenster, weil das Gebäude in den Hang gebaut ist und so das Untergeschoss an einer Seite über Tageslicht verfügt. An dieser Seite gibt es auch einen Ausgang ins Freie, wo in einer überdachten Holzlege die Ladestation für E-bikes untergebracht ist. Die Holzlege ist ideal, um Kleidung zu trocknen und die Stiefel ausrauchen zu lassen. In der Ladestation für die Räder kann man seine elektronischen Geräte, wie Handy und Navi, laden. Die Dusche ist gleich nebenan. An Luxus werden wir heute Nacht sicher nicht zu leiden haben. Man kann es aber auch noch deutlich schlechter antreffen.

Da ich im Lager noch der Einzige bin, belege ich, wie wir Deutsche das auf Mallorca am Swimming-Pool auch machen, zwei Betten im Unterrang, nahe der Türe. Weil es sich mittlerweile eingetrübt hat und zu regnen beginnt, kann ich im Augenblick nicht mehr tun, als mich an den Tagesbericht zu machen.

Des Wanderers Paradies 24.07.16, 14:24

Nach dem gestrigen fast Ruhetag ging es heute wieder in die Vollen, von Welsberg auf die Plätzwiese. Bei bestem Wanderwetter zuerst leicht ansteigend bis Ausserprags, dann schon etwas griffiger zum Brückele und dann knackig steil zur weit ausladenden Plätzwiese. Und was soll ich sagen. Jetzt auf einem leeren Colaträger diese Zeilen schreibend beginnt es zu regnen. 24.07.16, 14:33

Die technischen Daten der sechzehnten Etappe: 17,6 km, 817 Höhenmeter, 198 Höhenmeter abwärts, 4:29 Wanderzeit, Wanderpartner keiner (aber heute stößt Toni zu mir) 24.07.16, 14:38

Noch ein Gedanke zu gestern. Gegenüber der Dürrnsteinhütte steht das Sperrwerk Plätzwiese, das die Österreicher vor dem ersten Weltkrieg gebaut hatten. Es wurde zwar aktiv nicht verteidigt (die Reichweite der Kanonen war zu groß und es hätte zu leicht vernichtet werden können) erinnert es doch an den irrsinnigen Alpenkrieg, der exakt vor 100 Jahren hier tobte. Früher war wirklich nicht alles besser. 24.07.16, 14:46

Jede Hütte hat sein eigenes Gepräge. Zeichnete die Plumsjochhütte eine gewisse Lässigkeit aus, ist für die Dürrensteinhütte eine resolute Hüttenwirtin charakteristisch. Diese gibt uns Übernachtungsgästen am Nachmittag, nachdem das Mittagschaos abgeebbt ist, ihre Direktiven bekannt. Abendessen findet um 18:00 Uhr statt. O weh, das könnte für Toni knapp werden. Ich frage erst einmal nicht nach eventuellen Ausnahmen. Vielleicht kriege ich wegen der unbotmäßigen Nachfrage keinen Nachtisch. Es gibt genau ein Abendessen, das man zur Not auch in einer vegetarischen Variante haben kann. Selbst die Wahl des eigenen Sitzplatzes ist nicht frei. Man wird von der Wirtin platziert. Zu guter Letzt, es ist Abendkasse angesagt. Vor dem zu Bett gehen ist die Rechnung zu begleichen. Ich finde diese Reglementierung ein klein wenig überzogen. Aber vielleicht hat die werte Wirtin in der Vergangenheit schon schlechte Erfahrungen gemacht.

Ich möchte Toni nicht über Gebühr unter Druck setzen. Trotzdem halte ich es für angebracht mit ihm Kontakt aufzunehmen, wie weit er schon ist. Auf eine Whats App Nachricht antwortet er zunächst nicht. Gegen 17:30 Uhr, das Essen wird in der Küche gerade zubereitet, gehe ich nach draußen, um mit meinem Kumpel zu telefonieren. Es dauert ein wenig, doch plötzlich ist er dran. Es klingt so, als telefonierte er im Gehen. Ich sage ihm, dass sein Abendessen gerade in der Pfanne brutzelt, worauf er entgegnet: Kein Problem, er sei unterwegs, und wenn ich sowieso schon vor der Hütte stehe, ich ihn eigentlich schon sehen müsste. Und richtig, ich sehe am Hotel Hohe Gaisl einen witzig kleinen neongelben Punkt auf die Hütte zusteuern.

Eine gute Viertelstunde später taucht Toni mit einem breiten Grinsen im Gesicht vor mir auf. Dieser Gesichtsausdruck sagt mir erstens, dass er froh ist rechtzeitig angekommen zu sein, zweitens, dass die vor nicht allzu langer Zeit operierte Hüfte diesen kleinen Aufgalopp offensichtlich gut überstanden hat und drittens, dass er eine tolle Geschichte in petto hat. Die Geschichte geht so. Toni fährt wie geplant mit dem Auto nach Toblach. Dort deponiert er sein Auto und nimmt, ebenfalls wie geplant, einen Linienbus. Als er diesen Bus zum Umsteigen verlässt, kommt ein Wagen vorbei und hält an. Toni war schon öfter im Pustertal, allerdings in der Nähe von Bruneck, in Urlaub und kennt aus dieser Zeit in diesem Tal etwa 5 Personen, die ihn auf der Straße wiedererkennen würden. Exakt eine dieser 5 Personen sitzt in diesem Wagen und bringt ihn bis zum Brückele, wo er den vorletzten, anstelle des eingeplanten letzten, Bus erwischt. Nun steht er hier und bekommt auch noch ein Abendessen. Mittlerweile kann ich mich des Eindrucks nicht erwehren, dass diese Tour tatsächlich unter einem guten Stern steht und dass heute bei dieser Geschichte jemand in unserem Sinne Regie geführt hat.

Die Direktiven, so harsch sie bei ihrer Verkündigung geklungen haben mögen, machen in der Durchführung alle Sinn. Die Tische werden ja nicht willkürlich zugeteilt, sondern durchaus mit Methode. Es gibt den lustigen Tisch, an dem viel getrunken und gelacht wird. Es gibt den Tisch der Sportskanonen, an dem 6 Mountainbiker zu sitzen kommen, mit denen wir das Lager teilen. Die Burschen haben Muskeln wie Stiere und tragen ihre Höchstleistungen wie Trophäen vor sich her. Das sind Höhenmeter im 4-stelligen und Distanzkilometer im 3-stelligen Bereich und das nun schon über mehrere Tage. Auch die Streckenführung muss möglichst gewagt sein. Dabei gehen sie mit sich absolut schonungslos um. Der Bergkamerad, der schlappmachte, kam aus dieser Gruppe. Er hatte Kreislaufprobleme. Wundern kann einen das nicht, weil der nächste Kandidat schon in den Startlöchern steht. Er hat nach meinem Dafürhalten eine Grippe und muss sich medikamentös fit halten.

Würde ich mich mit ihnen anhand der nackten Zahlen vergleichen, müsste ich mich maßlos darüber ärgern, weil mein Pensum daneben mickrig erscheint. Das ist sinnlos. Es würde immer welche geben, die mehr zu bieten haben, als man selbst. Die Kunst scheint mir zu sein, die Leistung an seinem eigenen Vermögen auszurichten und zu bewerten. Von dieser Warte aus betrachtet bin ich wieder eins mit mir selbst. Ich tue, was ich kann. Was nicht geht, geht nicht.

Toni und mir werden zwei junge, deutsche Wanderer, die ebenfalls bei uns im Lager schlafen werden, hinzugesellt. Das sind zwei angenehme Zeitgenossen, die alpinistisch in derselben Liga wie Toni spielen. Sie sind in den Dolomitenhöhenwegen sehr bewandert und können sich mit ihm bestens darüber unterhalten. Es geht aber nicht nur über das Bergsteigen. Es wird still am Tisch, als Toni von der „Nacht der Angst" in München berichtet. Er war selbst von der vollständigen Betriebsunterbrechung des Münchner Nahverkehrs betroffen und musste, hinter jeder Straßenecke einen Terroristen vermutend, mehrere Kilometer zu Fuß zurücklegen. Er erlebte hautnah mit, wie Menschen, die Minuten zuvor noch entspannt in den Biergärten saßen, in die Gasthäuser flüchteten. Und er beschreibt, wie er überlegte, ob er an diesem Abend noch in den Supermarkt gegenüber einkaufen gehen sollte oder nicht. Wir müssen uns alle ein wenig schütteln, um wieder auf andere, weniger ernüchternde Gedanken zu kommen.

Das Essen war übrigens sehr gut. Da macht es dann auch nichts, wenn keine Alternativen angeboten wurden. Nach dem Essen vertreten wir uns noch ein bisschen die Beine. Wir kommen gerade rechtzeitig, um einen spektakulären Sonnenuntergang zu bestaunen. Die abziehenden Regenschauer haben einzelne Wolkenbänder hinterlassen. Zwischen einem dieser Bänder und den Bergen ergibt sich genau jetzt eine Lücke, durch die die Sonne fast waagerecht ihre Strahlen herüberschickt. Das ergibt für mehrere Minuten ein beindruckendes Licht- Schattenspiel von berückender Schönheit. Mit dieser prachtvollen

Inszenierung geht ein weiterer, in der gesamten Vorbereitung gehegter Wunsch in Erfüllung, einmal auf der Tour einen hammermäßigen Sonnenuntergang zu erleben.

Sobald die Sonne weg ist, wird es kühl. Wir begeben uns wieder in die Wirtsstube und nehmen noch ein paar Radler zu uns. Schließlich begleichen wir, wie befohlen, die Zeche und ziehen uns ins Lager zurück. Da nach der Ankunft alles hoppla hopp ging, kam ich gar nicht dazu mir nähere Gedanken über meinen neuen Wanderpartner zu machen. Dafür ist jetzt im Lager genügend Zeit. Ich rechne nicht damit allzu viel Schlaf zu bekommen.

Nach der positiven Erfahrung mit Roland, bin ich nicht mehr über Gebühr besorgt bezüglich unterschiedlicher Leistungsniveaus. Trotzdem geht mir durch den Kopf, dass Toni immer schon Sportler durch und durch war. Lange vor Manuel Neuer hat er bewiesen, dass ein Torwart auch Fußball spielen können sollte. Tatsächlich hielt ich Toni als Torwart immer ein bisschen für verschenkt. Er hätte aufgrund seiner ausgeprägten Athletik einen besseren Feldspieler abgegeben. Diese Athletik hat er nie verloren. Das habe ich ein letztes Mal schmerzhaft erfahren müssen, als wir vor ein paar Jahren ein einziges Mal zusammen Rennrad gefahren sind, was wir uns ebenfalls schon mehrere Jahre vorgenommen hatten. Mit knapper Not konnte ich sein Hinterrad halten, was ich wenige Kilometer nachdem wir uns getrennt hatten, bitter büßen musste. Ich bin, wie die Radfahrer sagen, förmlich explodiert. Es hat eine lange Pause und Verpflegung gebraucht, bis ich wieder einigermaßen bei Kräften war. Und er hat sich den Sport auch nicht nehmen lassen, als er letztes Jahr an der Hüfte operiert wurde. Besorgten Mahnungen seiner Reha-Ärzte zum Trotz hat er das Aufbauprogramm um ein Vielfaches übererfüllt. Was wir zur Stunde aber nicht wissen, ob die Hüfte schon so weit ist, mehrere Tage hintereinander im Gelände herumturnen zu können.

Ausrüstungsmäßig, so scheint es, geben wir uns nicht viel. Toni vertraut wie ich auf herkömmliche Wanderstöcke, schon alleine der Hüfte wegen. Lediglich die neongrüne Überjacke gibt Anlass zur Diskussion. Ich muss ihn morgen fragen, bei welcher Straßenmeisterei er eingebrochen ist. Oder wird das heutzutage im Laden verkauft?

Wie schon erwähnt ist Toni alpinistisch sehr erfahren. Er hat schon mehrere Dolomitenhöhenwege absolviert. Das ist einerseits sehr günstig und kann uns wirklich helfen, weil wir ab morgen in die Dolomiten kommen. Andererseits könnte Toni meine Routenwahl als zu wenig anspruchsvoll empfinden. Das bereitet mir schon ein wenig Kopfzerbrechen.

Eigentlich müssen wir es nur machen wie früher, als wir für ein Stück den gleichen Schulweg hatten. Wir hatten uns damals immer so viel zu erzählen, dass wir vor Tonis Elternhaus noch zu ende quatschen mussten, bevor ich dann weiter nach Hause ging. Ich weiß nicht mehr, wie oft wir so ins Gespräch vertieft auf der Straße standen. Es müssen weit über hundert Mal gewesen sein. Wenn das nicht für ein paar Tage zusammen wandern reicht, dann weiß ich auch nicht. Über diesem Gedanken schlafe ich ein.

Steter Tropfen höhlt den Stein
25.07.2016 Plätzwiese – Cortina d'Ampezzo

Ich stehe in der morgendlichen Kühle vor der Dürrensteinhütte und blicke nach Süden. Gegenüber baut sich der monumentale Bergstock der Cristallo Gruppe auf, die wir heute unten im Tal umrunden werden. Der Bergstock besteht aus aber- und abertausend Kubikmetern schieren Steins. Seit Menschendgedenken wird dort in den oberen Regionen nicht dauerhaft gesiedelt. Wie um alles in der Welt kommt man auf die Idee da oben einen Krieg austragen zu müssen? Aber genau das hat sich vor exakt 100 Jahren während des 1. Weltkriegs hier zugetragen. Die Front lief genau durch das Gelände, durch das wir heute kommen werden.

Vor meinem geistigen Auge versetze ich Toni und mich in diese Zeit. Ich stelle mir vor, wir wären damals als Touristen in dieser Gegend unterwegs. Es hätte nicht lange gedauert, bis wir entweder von österreichischer oder italiensicher Seite über den Haufen geschossen worden wären. Um die Situation noch realistischer zu gestalten, stelle ich mir vor wir wären selbst Soldaten, denn ich glaube nicht, dass wir uns damals dem „Dienst an der Waffe" entziehen hätten können. Wir liefen mit dem Gewehr über der Schulter Patrouille, jederzeit auf der Hut, dass uns die feindlichen Heckenschützen nicht erwischen. Dieses Szenario bleibt uns dank der politischen Veränderungen seit dem 2. Weltkrieg erspart. Man kann von der Europäischen Union halten, was man will. Wer über die Krümmung von Bananen diskutiert, schießt wenigstens nicht aufeinander. Bürokratie ist ein wirksamer Schutz gegen kriegerische Auseinandersetzungen. Aus diesem Grund steht uns ein unbeschwerter Wandertag bevor, an dem wir uns voll und ganz auf die Schönheit der Landschaft konzentrieren können.

Die letzte Nacht war eine dieser Nächte, nach der ich nicht sagen kann, ob ich überhaupt und wenn ja, wie lange ich geschlafen habe. Subjektiv fehlen mir ein paar Stunden Schlaf, wenngleich die Nacht verdächtig schnell vorüber war. Die Geräuschkulisse war erwartungsgemäß urwüchsig, in gewisser Weise aber auch monoton. So richtig wach wurde ich erst, als einer unserer Tischgenossen, eigentlich ein besonnener Zeitgenosse, um die Schnarcher zu disziplinieren, ein dreifach donnerndes „Hej, hej, hej" ausstieß. Als ich mich wieder beruhigt hatte, war die Nacht auch schon vorüber, weil unsere Kraftmeier heute noch reichlich Kilometer fressen wollen.

Infolge dieser nächtlichen Ereignisse stehen wir noch etwas verdöst schon kurz vor 8 Uhr vor der Hütte, darum bemüht in diesem Zustand nichts zu vergessen. Zu bezahlen haben wir nichts, weil gestern schon geschehen, und so können wir aufbrechen, wann immer wir wollen. Man lässt uns aber erst gehen, nachdem wir angegeben haben, wohin wir heute wollen. Falls wir abhandenkommen, ergibt sich so wenigstens ein Anhaltspunkt, wo gesucht werden muss.

Die erste Übung des Tages ist etwas, was ich bei der Tourenplanung tunlichst vermeiden wollte. Wir müssen 1,5 Kilometer schon zurückgelegten Weges noch einmal in umgekehrter Richtung marschieren. Wir betrachten das als leichte Aufwärmübung. Außerdem ist die Plätzwiese auch in dieser Richtung schön, zumal sie in der Frühe noch fast menschenleer ist.

Kurz vor dem Hotel Hohe Gaisl zweigt der Weg links in Richtung Knappenfußtal ab. Er verläuft jetzt mitten durch Almwiesen. Dementsprechend angenehm weich und fluffig ist er zu laufen. Das ist ein wahrer Genuss. Je tiefer und je näher wir dem Eingang des Knappenfußtales kommen, desto mehr drängt sich der Vergleich mit einem Trichter auf. Die weiten Almwiesen sind der ausladende Teil und das Knappenfußtal ist der enge Teil des Trichters. Sobald wir in das Tal einsteigen wird es schlagartig wieder schattig. Der Weg windet sich in engen Kehren steil nach unten. An einigen Stellen ist der Weg sogar abgerutscht, was den Abstieg schwieriger macht, als gedacht. Die Gelegenheit, sich groß zu ängstigen, ergibt sich nicht, denn diese Stellen sind nur kurz und mit erhöhter Konzentration sind sie selbst für mich machbar. *(Tipp für alle, die es vielleicht nachmachen wollen: Für jene, die diese Ausführungen als für zu gefährlich erachten, sei die Route über das Seelandtal empfohlen. Sie führt direkt von der Dürrensteinhütte nach Schluderbach. Laut Landkarte ist das eine Forststraße. Der Nachteil dieser Variante ist, dass sich der ohnehin schon große Anteil der Strecke im Tal noch weiter vergrößert.)*

Toni, der die technische Herausforderung beim Bergsteigen schätzt, ist voll in seinem Element. Er ist juxfidel und springt förmlich von Stein zu Stein. An einem dieser Steine, ein Findling fast so groß wie ein Hinkelstein, beißt er sich aber auch die Zähne aus, weil er mitten auf dem Weg liegt. Es wirkt, als wäre er aus dem Weltall punktgenau auf dieser Stelle gelandet. Wahrscheinlich ist er banalerweise von einem der umliegenden Steilhänge hierhin gekollert. Dieser Gedanke amüsiert mich nur noch halb soviel, denn er heißt nichts anderes, als dass dieses Ereignis sich jederzeit wiederholen könnte. Wir quetschen uns an dem Monstrum vorbei und sehen zu, Land zu gewinnen. Am Talausgang wartet noch eine mittelschwere Bachüberquerung auf uns. Über einen mächtigen Schuttkegel erreichen wir den Passo di Cimabanche, der auf Deutsch Im Gemärk heißt.

Mit dem Überschreiten dieses Passes verlassen wir Südtirol und betreten das „wahre" Italien. Damit wäre ein weiterer Meilenstein der Tour erreicht, was meine Brust immer breiter werden lässt. Das Ziel liegt nicht mehr in unerreichbarer Ferne. Mit einem Schuss Überraschung realisiere ich, dass das Unterfangen tatsächlich glücken könnte. Zusätzlich verleiht die Tatsache, in Italien zu sein, dem weiteren Verlauf einen spannenden Kick, gilt es ab jetzt nicht nur pfadfinderische sondern auch linguistische Hürden zu überwinden.

Der Pass selbst ist ziemlich unspektakulär. Wir überqueren die Staatsstraße (das entspräche bei uns einer Bundesstraße) und fädeln in den Sentiero Ferrovia, den Bahnweg, ein. Straße und Bahnweg verlaufen hier oben sehr nah nebeneinander. Wie der Name schon sagt, nutzt unser Weg eine aufgelassene Bahnstrecke. Als Freund des Eisenbahnverkehrs tut es mir um jede Strecke leid, die nicht mehr genutzt wird. Wenn die Strecke allerdings danach nicht an den Straßenverkehr verloren geht, sondern als Radweg weiter genutzt wird, kann ich damit leben. Die Nutzung als Radweg liegt ja auch irgendwie auf der Hand. Trasse, Brücken und Tunnel sind bereits vorhanden und beide Verkehrsmittel vertragen keine allzu großen Steigungen. Mehr als 2 Prozent Steigung/Gefälle kann eine reguläre Eisenbahn nicht dauerhaft bewältigen. Das führt zu einem bequemen Radfahrerlebnis, das sich hier der Radfernweg München – Venedig zu Nutze macht.

Auch für Fußgänger ist dieses seichte Gefälle nicht verkehrt. Der Weg ist breit, ein wenig staubig vielleicht. Hier kann man getrost wieder von einer Wanderautobahn sprechen. Zum Glück hat die Landschaft hier im Tal trotzdem seinen Reiz. Ein System von kleinen Seen und Verbindungsbächen glitzert links von uns in der Sonne. Das Ganze ist eingebettet in einen lichten Fichtenwald. Auf Landschaftsgemälden stufe ich solche Motive eher als kitschig ein. In Natura ist es einfach nur schön.

Wie schon im Pustertal entwickelt sich auch hier eine angepasste Gastronomie um den Radfernweg. Das Gasthaus Ospitale, das nicht unmittelbar am Radweg liegt, hat auf freier Strecke einen Werbeaufsteller platziert. Nur wenige Minuten vom Weg gäbe es Speisen und Getränke. Das lässt sich Toni nicht zweimal sagen. Er entwickelt schlagartig großen Kaffeedurst. Das Gasthaus sieht von außen nicht besonders beeindruckend aus. Die Tische im Außenbereich werden gerade gedeckt, als wir eintreffen. Weil das Wetter so schön ist, bleiben wir draußen sitzen und hätten so beinahe das Beste verpasst. Das feudale Innere offenbart, dass wir es mit einem Gourmet-Tempel allererster Güte zu tun haben. Man schließe nie vom äußeren Anschein auf die inneren Werte.

Stark beeindruckt und frisch gestärkt ziehen wir weiter. Nach wenigen Minuten erreichen wir den Bahnhof Ospitale, der so bar jedweder Gleise, wie aus der Zeit gefallen wirkt. Weit und breit ist keine Besiedelung zu erkennen. Sollte es jemals einen Grund für den Bahnhof gegeben haben, ist er genauso verschwunden wie die Gleise. Es geht auf Mittag zu als, wie es scheint, Tonis Kollegen noch ein paar Dinge aufarbeiten wollen. Jedenfalls bekommt Toni Anrufe auf das Handy, die er im Gehen führt. Er erinnert mich jetzt sehr stark an die Figur des MacIntyre aus einem meiner Lieblingsfilme Local Hero. Dort läuft am Anfang des Filmes eben dieser MacIntyre in Anzug und Krawatte mit dem Handy am Ohr über einen der bezauberndsten Strände Schottlands. Abgelenkt wie er ist, nimmt er die Schönheit der Landschaft überhaupt nicht wahr. Im Verlauf des Filmes verliebt sich dieser MacIntyre in Land und Leute. Am Ende des Filmes sieht man ihn in aufgekrempelten Hosen auf Muschelsuche. Ich bin echt gespannt, ob eine mehrtägige Wanderung in den Alpen einen ähnlichen Effekt entfalten kann.

Wir kommen jetzt in den attraktivsten Teil des Radweges. Die Straße führt jetzt in einer eigenen Trasse über ein paar Serpentinen zu Tal. Der Radweg kann aufgrund seiner Herkunft als Bahnstrecke weder so enge Kurven noch so starkes Gefälle bewältigen. Deshalb muss er sich mehrerer, sehr schwach beleuchteter Tunnels und einer spektakulären Brücke bedienen. In beachtlicher Höhe spannt sich diese Brücke über eine tiefe Schlucht, die unmittelbar aus einer Hemingway Verfilmung von „Wem die Stunde schlägt" entsprungen sein könnte. Das hätte für meine Brückenphobie kritisch werden können, wären da nicht größere Sanierungsarbeiten im Gange. Aus diesem Grund wurde das Geländer mit übermannshohen undurchsichtigen Folien verstärkt. Alle anwesenden Radtouristen schimpfen wie die Rohrspatzen, weil sie den vom Reiseführer angekündigten Höhepunkt des Tages nur durch mit dem Finger herausgepickten Gucklöchern genießen können. Ich hingegen betrachte diesen Sichtschutz als netten Service, der extra für mich dort eingerichtet wurde. Meine gute Stimmung erhält allerdings einen kleinen Dämpfer, indem ich die Info-Tafel zur Geschichte der Brücke lese. Die Brücke wurde im 1. Weltkrieg von Pionieren erbaut und immer wieder von der Gegenseite zerstört. Wäre es nicht so traurig, könnte man fast an kleine Kinder denken, die immer wieder die Lego-Burg des Anderen kaputt machen.

Nach dieser Schlüsselstelle sind wir eigentlich schon auf der Zielgeraden. Der Weg strebt ab hier schnurgerade auf Cortina d'Ampezzo zu. Die Straße, die wir unten im Tal sehen können, hat schon das richtige Niveau. Der Radweg gibt die Höhe aber nur gaaaaaanz langsam ab. Das ist wie ein Landeanflug im Schneckentempo. Wir müssen einsehen, dass wir vor der Mittagspause nicht am Ziel sein werden. Daher gehen wir auf die Suche nach einem Platz für ein Picknick. Hat es auf dem Pustertal-Radweg richtiggehende Picknick Häuschen mit Radständer und allem Drum und Dran gegeben, fehlen hier sogar ganz einfache Sitzbänke. Als Ein- und Ab- und Bewerter, Liker und Disliker, wie wir mittlerweile geworden sind, können wir dem Radfernweg München – Venedig aus diesem Grund nur 4 von 5 Wanderstöcken geben. Irgendwann ist es uns zu dumm und wir setzen uns einfach an der Wegböschung auf den Hosenboden und machen uns an unsere Vorräte.

Nach einer gefühlten Ewigkeit künden die ersten Häuser den Stadtrand von Cortina d'Ampezzo. Der Bahnweg führt am Ortszentrum und auch am ganzen Ort vorbei und es gilt den Absprung nicht zu verpassen. Noch ein paar hundert Meter zurücklaufen, fehlte gerade noch. Weil eine passende Wegweisung fehlt, springen wir nach Gefühl ab und treffen ziemlich genau die Mitte des Ortes. Nach einer kurzen Rücksprache mit einem „Local" finden wir unser Quartier, das Hotel Olimpia, ohne größere Probleme. Der Empfang an der Rezeption ist überaus freundlich, das Zimmer schon zum Einsatz bereit.

Wieder einmal ist uns das Wetterglück hold. Nur kurze Zeit nach dem Einchecken beginnt es zu regnen. Das monotone Trommeln der Tropfen auf ein gegenüberliegendes Vordach ist so beruhigend, dass sich unsere Körper die fehlenden Stunden Schlaf zurückholen. Nach diesem mehr oder weniger ungewollten Nickerchen schreibe ich folgenden Tagesbericht.

Steter Tropfen höhlt den Stein
25.07.16, 14:56

Das Tolle an einer Langzeitwanderung ist, dass man jeden Tag den Fortschritt sieht und sei er auch nur klein. Auf diese Weise habe ich es bereits auf mehr als 300 Kilometer gebracht. Für Toni, meinen neuen Wanderpartner, war es heute der Härtetest, ob die Hüfte hält und heureka sie tut es. Wenn das mal keine gute Nachricht ist. 25.07.16, 15:07

Die technischen Daten der siebzehnten Etappe: 19,7 km, 50 Höhenmeter, 820 Höhenmeter abwärts, 4:29 Wanderzeit, Wanderpartner Toni (the hip) 25.07.16, 15:12

Nach einer verhältnismäßig guten Nacht im voll besetzten Lager ging es erst mal zurück zum Hotel Hohe Gaisl und von dort über das an ein paar Stellen Trittsicherheit erfordernde Knappenfußtal zum Passo di Cimabanche (hier beginnt der italienische Sprachraum). Von dort immer dem Eisenbahnerweg (heute Radweg) bis Cortina folgen. An einigen Stellen ist dieser Weg durchaus spektakulär. Wetter war gut und ihr ahnt es schon. Jetzt plätschert der Regen vor dem Hotelfenster.
25.07.16, 15:23

Wir müssen das Ende des Regens abwarten, bis wir unsere Provianteinkäufe vornehmen können. Cortina verfügt über eine respektable Fußgängerzone mit einem ziemlich teuren Ladenangebot. Man zielt hier offenbar auf die etwas zahlungskräftigere Klientel. Auf der anderen Seite gibt es hier Bars und Eisdielen wie in den Badeorten an der Adria. Die Geruchskulisse versetzt mich geistig kurzzeitig bereits ans Ziel. Man muss sich halt die Berge ringsherum einfach wegdenken. In einem mehrstöckigen Warenhaus (wann habe ich so etwas das letzte Mal gesehen?) gibt es im Untergeschoss eine Lebensmittelabteilung. Dort decken wir uns für 2 Tage ein, weil morgen eine Hüttenübernachtung ansteht.

Am Abend steuern wir eine Pizzeria an, die möglichst nahe an unserem Quartier liegt. Die Wahl scheint nicht schlecht zu sein, weil sich der Laden sehr schnell füllt. Das Publikum ist unheimlich polyglott. Neben Einheimischen befinden sich erstaunlich viele Japaner, Briten oder englischsprechende Gäste und wir Deutschen im Lokal. Was so eine Olympiade und ein James Bond Film für den Bekanntheitsgrad eines Ortes alles tun kann. Als Verneigung für die britischen Gäste bimmelt die örtliche Kirche sogar die Big Ben Melodie. Jedenfalls ist das Essen formidabel und so kalorienreich, dass wir uns für morgen wieder gerüstet fühlen. Die Nachtruhe ist wieder zeitig. Wer weiß, was uns morgen auf der Città di Fiume Hütte alles erwartet.

Monte Pelmo

26.07.2016 Cortina d'Ampezzo – Rifugio Città di Fiume

Man sollte nie über Menschen herziehen, die in freier Wildbahn mit dem Handy telefonieren. Denn heute bin ich es, der mit dem Handy am Ohr vor dem Hotel Olimpia steht. Die nette, junge Stimme des Rifugio Città di Fiume hatte mich bei unserem Erstkontakt darum gebeten, am Tage unserer Anreise Bescheid zu geben, wann und von wo wir aufbrechen. Vermutlich soll das die Kapazitätsplanung erleichtern, weil es, wie wir ja selbst schon gesehen haben, durchaus vorkommen kann, dass Lagerplätze kurzfristig frei werden. Außerdem spielt hier bestimmt wieder der Sicherheitsaspekt eine Rolle. Ich bürste also mein bestes Schulitalienisch auf und tue wie mir geheißen.

Der aufmerksame Leser wird bemerkt haben, dass diese Hütte in der ursprünglich geplanten Marschtabelle gar nicht vorkommt. So ist das mit den Komponisten. Sie erlauben sich auch einmal ein wenig künstlerische Freiheit. Da ich in den letzten Tagen einige Höhenmeter ausgelassen habe und Toni nicht im Tal herumturnen soll, wechseln wir auf die Höhenvariante. Mit dieser Route hatte ich schon in der Planungsphase geliebäugelt. Die Änderung ist somit keine Kurzschlussreaktion, wie könnte es, das bringt ein Ingenieur nicht über das Herz, sondern das Abrufen eines Plan B, der schon fix fertig in der Schublade lag.

Die neue Streckenführung beschert uns einen kernig schweren Tag. Man könnte sie auch als Kronprinzenetappe bezeichnen, da sie uns bis zum Col Duro, mit knapp 2.300 Metern Höhe dem zweithöchsten Punkt der ganzen Reise, führen wird. Das setzt wieder einmal gute Beine voraus, die ich auch am 18. Wandertag immer noch habe. Mittlerweile ist mein Körper schon so an die tägliche Belastung gewöhnt, dass er die nächste Belastung richtiggehend einfordert.

Der Himmel ist strahlendblau, als wir frühmorgens durch die noch fast menschenleere Fußgängerzone schlendern. Hier in der Ortsmitte ist die Croda da Lago Hütte, der erste Anlaufpunkt unserer heutigen Tour, noch nicht ausgeschildert. Deshalb halten wir uns erst einmal auf der Staatsstraße Richtung Süden, was uns aber nicht zufrieden stellt. Irgendwie müssen wir auf die andere Seite des Tales gelangen. Schließlich fragen wir in einer Bar nach dem Weg. Die Wirtin lässt sofort alles stehen und liegen und tritt mit uns vor das Haus. Mit Händen und Füßen weist sie uns die Richtung. Zuerst einmal sollen wir hier durch die Vorgärten hinunter zur Parallelstraße. Aus dem weiteren Redeschwall destilliere ich noch die Worte Campingplatz und Lago Pianozes heraus. Besonders der Hinweis mit dem Campingplatz ist sehr hilfreich, weil die Wegweisung dorthin lückenlos funktioniert. Wir kommen durch einen Ortsteil von Cortina, wo Reichtum auf kolossale Landschaft trifft. Hier steht ein mondänes Chalet neben dem Anderen. Man könnte fast ein wenig neidisch werden. Es geht hier noch einmal ordentlich bergab, was mir gar nicht gefallen mag, weil ohnehin schon viele Höhenmeter auf unserem Zettel stehen. An den Campingplätzen ist der tiefste Punkt für heute erreicht. Wie erhofft stellen sich auch die Wegweiser Richtung Croda da Lago Hütte ein. Hier sind wir richtig.

Zu unserer großen Überraschung ist die Forststraße zwar verkehrsberuhigt, aber geteert. Das ist nicht Tonis bevorzugtes Geläuf und so büxt er von Zeit zu Zeit in das umliegende Gelände aus. Wenn es im Unterholz raschelt, dann muss das nicht zwangsläufig ein scheues Reh sein. Es kann auch mal der zerzauste Kumpel zum Vorschein kommen.

Schon gleich zu Beginn ist es wuchtig steil. Das bekommt auch eine Gruppe Mountainbiker zu spüren, die sich zeitgleich mit uns in den Berg schlägt. Der Schwächste aus der Gruppe muss schon nach wenigen Metern die Segel streichen und schieben. Uns drängt sich die Frage auf, warum der arme Wicht sein Fahrrad überhaupt dabeihat. Durch dichten Wald schraubt sich das Sträßchen höher. Der Schatten ist sehr willkommen. Doch auch so fließt der Schweiß in Strömen. Spätestens jetzt wird mir klar, dass, wenn jemand mit täglichem, exzessivem Schwitzen nicht klarkommt, sie oder er keine Alpenüberquerung betreiben sollte.

Nach knapp 1,5 schwer erkämpften Stunden geht das Teersträßchen an der Ponte Federa in eine geschotterte Straße über, allerdings zu dem Preis, dass es noch steiler wird. Dabei verteilt sich die Steigung sehr unregelmäßig. Es wechseln sich Passagen, die ich ob der Steigung am Liebsten auf allen Vieren krabbeln möchte, mit kurzen Flachpassagen ab. Hie und da müssen wir beiseitetreten, weil die Park-Ranger in ihren Geländewagen Fahrgäste noch oben kutschieren. Wollen wir hoffen, dass die Ranger bei der Auswahl ihrer Kundschaft das rechte Augenmaß walten lassen. Es würde mich stark pickieren, wenn es nur reiche Pinkel wären, die sich zu schade zum Laufen sind.

Wir erreichen die Malga Federa, eine Alm wie eine Insel in den unendlichen Weiten des Waldes. Von hier hat man schon den ersten grandiosen Blick auf die Gegenseite des Tales, wo die Cristallo Gruppe, dieses Mal von Süden betrachtet, hinter Cortina d'Ampezzo aufragt. Man könnte hier schon einkehren, doch wir haben heute noch Einiges vor.

Der Endanstieg zur Croda da Lago Hütte erinnert mich ein wenig an die Plumsjochhütte, weil man die Hütte schon von Weitem sieht. Natürlich ist der Anblick nicht exakt gleich. Hier ragt neben der Hütte noch ein Felsmassiv von mehreren hundert Metern Höhe auf. Das fehlte damals. Nichtsdestotrotz ist der psychologische Effekt der Gleiche. Das sichtbare Ziel entwickelt wieder diese magische Anziehungskraft, die einem bildlich gesprochen Flügel verleiht (auch ohne diese grauselige Aufputschbrause getrunken zu haben). Egal wie kaputt man schon ist, es trägt einen über dieses Stück Weg. Manchmal habe ich den Eindruck, dass Wandern überhaupt kein physikalischer Vorgang, sondern reine Kopfsache ist.

Nun ist es aber wirklich Zeit für eine Brotzeit. Da unsere Rucksäcke noch schwer von all dem Proviant sind, den wir in Cortina erworben haben, beschließen wir nicht in der Hütte einzukehren. Wir suchen uns ein nettes Plätzchen auf einem Buckel hinter der Hütte, von wo man einen schönen Blick auf den See hat. Obwohl man bei der Bezeichnung See geteilter Meinung sein kann. Toni und ich, als Kinder Oberbayerns, haben gewisse Mindestanforderungen an einen See. Dieser hier ist auf jeden Fall zu klein. Bei uns wäre das allenfalls ein Weiher. Die Lage des Lago ist aber, das muss man zugeben, berauschend. Eingebettet in einen lichten Wald liegt der See zu Füßen einer imposanten Bergkette, die am jenseitigen Ufer fast senkrecht nach oben strebt. Die Brotzeit schmeckt vorzüglich. Man merkt wie sich die Akkus wieder aufladen. Wir beide sind supergut drauf, weil wir den Löwenanteil des Anstieges bereits bewältigt und noch genügend Körner für die weiteren Herausforderungen in petto haben.

Toni verschwindet für ein paar Minuten in der Hütte. Er hat sich offenbar in den letzten Jahren zu einem Kaffeejunkie entwickelt. Das gibt mir die Gelegenheit die Wetterlage eingehender zu überprüfen. Der Himmel ist längst nicht mehr so blau wie am Morgen. Von Westen her schieben sich immer mehr Wolken in das Blickfeld. Beunruhigender weise handelt es sich dabei nicht um weiße Schäfchen. Wenn es sich wirklich um Schäfchen handeln sollte, dann haben sie sich monatelang nicht gewaschen, denn deren Wolle ist an vielen Stellen dunkelgrau. Das könnte in absehbarer Zeit zu Niederschlägen führen. Deshalb bin ich gar nicht böse, dass einen Espresso trinken in Italien ziemlich schnell geht.

Nicht in übergroßer Hektik, aber doch zügig rödeln wir wieder auf. Da Hütte und See fast genau an der Baumgrenze liegen, ist die Navigation ab hier ziemlich leicht. Das nächste Teilziel, die Scharte der Forcella Ambrizzola, kann man von hier schon sehen. So kommen wir, ohne dass wir uns auch nur einen Meter bewegt hätten, schon wieder in das Kraftfeld des nächsten Zieles. Wir halten uns also am See links und wenig später zeigt mir Toni seine Rücklichter. Sagenhaft, was der nach seiner Operation schon wieder drauf hat. In meinem eigenen Komforttempo mache ich mich an die gemäßigte Steigung. Der Ausblick zur Linken wird mit jedem Schritt besser. Weit, weit unten im Tal taucht winzig klein Cortina d'Ampezzo auf, von wo wir heute Morgen aufgebrochen sind. Da haben wir heute schon wieder eine richtige Ecke geschafft.

Als ich an der Forcella Ambrizzola ankomme, hat sich dort schon ein munteres Völkchen versammelt. Unsere Radlertruppe von heute Morgen, die wahrscheinlich immer noch auf den Letzten wartet. Toni natürlich, der schon in netter Konversation verstrickt ist. Und eine Gruppe schnatternder Japanerinnen, die dort wie aus dem Boden gewachsen scheinen. Die müssen von der anderen Seite angereist sein, denn auf unserer Seite haben wir sie nicht bemerkt. Alle wirken sie, als ob sie auf mich warten würden. Der Eindruck ist tatsächlich nicht falsch, weil sie alle ein kleines Orientierungsproblem haben. Die Scharte ist von drei Seiten zu erreichen, was wiederum heißt, dass man, egal woher man kommt, zwei Abstiege zur Auswahl hat. Unsere Mountainbiker verfügen nur über Navis und haben den Überblick über die größeren Zusammenhänge komplett verloren. Unsere Japanerinnen sind für diese Höhen überhaupt nicht ausgerüstet. Daher warten sie alle auf den Mann mit der Landkarte, mit anderen Worten sie warten auf mich. Mit sattsamer Genugtuung notiere ich einen mächtigen Punkt für die Landkarte. Es dauert ein wenig, bis ich alle auf den richtigen Weg gebracht habe. Mit einem seligen Lächeln setze ich die Wanderung fort.

Wie früher schon erwähnt gibt es Wege, die rein optisch ansprechender sind als andere. Die Strecke von der Forcella Ambrizzola zum Col Duro gehört zweifelsohne dazu. Ein schmales braunes Band schlängelt sich an einem Hang entlang, der übersät ist von weißen Steinen verschiedener Größe. Das Ganze wird garniert durch den Monte Pelmo, der über die Kante des Col Duro herüberlugt. Die Tatsache, dass es nur noch minimal ansteigt, macht das Glück perfekt. Den höchsten Punkt des Tages erreicht man so fast spielerisch. Der Blick weitet sich und der Monte Pelmo ist in seiner vollen Pracht zu bestaunen. Mein lieber Freund, was freue ich mich dich zu sehen.

Über sehr übersichtliches Gelände beginnt der Abstieg zur Hütte. Die Mountainbiker holpern über Stock und Stein zu Tal. Mir wäre diese Hoppelei längst zu viel. Die Burschen sind aber offensichtlich in ihrem Element. Jetzt, wo der Blick Richtung Westen ungehindert ist, sieht man wie die Wolkenbatzen immer stärker in unsere Richtung drängen. Instinktiv beginne ich die Gegend nach möglichen Unterständen zu scannen, getreu dem alten Motorradfahrer-Spruch „Man muss immer wissen, wo es (aus der Kurve) hinausgeht". *(Tipp für alle, die es vielleicht nachmachen wollen: Schon während der Planung ist es ratsam für jede Etappe ein Gewitterszenario parat zu haben. In einer guten Landkarte sind nicht nur Ortschaften sondern auch einzelne Gehöfte verzeichnet.).* Hier oben mache ich merkwürdige Gebäude aus, die womöglich als Unterstand für das Vieh gedacht sind. Im Falle eines Falles ist das allemal besser als auf freier Fläche erwischt zu werden.

Wie gewohnt zieht sich die letzte Stunde in die Länge. Das erste Donnergrollen ist in der Ferne zu vernehmen, als wir wieder die Baumgrenze erreichen. Selbst die hartgesottenen Kletterer, die mit Helm und Seil bewaffnet der Hütte zustreben, legen jetzt einen Zahn zu. Das Gelände hat jetzt im Wald wieder eher etwas Mittelgebirgsähnliches. Mich beruhigt das, ist man doch nicht mehr ganz entblößt dem Wetter ausgesetzt. In stetigem Auf und Ab nähern wir uns dem Ziel. Schließlich kommen wir an eine Kante, von der wir die Hütte Città di Fiume unter uns liegen sehen. Wenige Minuten später sind wir am Ort.

Die Hütte liegt ein wenig weit ab vom Schuss. Von daher sind außer den Überachtungsgästen nur wenige Tagestouristen hier. Das Einchecken geht somit in Windeseile. Am Tresen steht wieder eine sehr junge Dame, die mich in die Gepflogenheiten des Hauses einweist. Die scarponi (wörtlich die großen Schuhe, wie wunderbar bildhaft die italienische Sprache doch ist), also die Bergschuhe, gehören in das Regal im Vorraum. Ob ich ein lenzuolo, ein Leintuch oder einen Hüttenschlafsack, bei mir hätte und ob ich socio, Mitglied, im Alpenverein wäre. Habe ich alles. Hier ist die Speisekarte für das Hüttenessen und dort ist die Treppe zum Lager. Ich wünsche viel Vergnügen in unserem Haus. Das Ganze wird charmant und zugleich effizient vorgetragen. Das freut den ermatteten Wanderer.

Unser Lager, ein winzig kleines Zimmer mit drei Stockbetten, gehört noch uns allein. Das verschafft uns freie Auswahl der Plätze. Wir wählen die unteren Betten am Fenster, nicht nur der frischen Luft wegen, sondern auch weil sich dort minimal mehr Platz für die Rucksäcke ergibt. Die Mehrfachsteckdose für das Laden unserer elektronischen Geräte ist auch noch frei. Der Aufenthalt hier lässt sich gut an.

Toni, fit wie er ist, läuft noch einmal runter und besorgt die vergessenen Duschmarken. Ich haue mich auf das Lager und verfasse den Bericht des Tages.

Monte Pelmo — 26.07.16, 14:28

Anfang des Jahres bekam ich ein 1000er Puzzle geschenkt. Das Motiv war eine wunderschöne Ansicht des Monte Pelmo. Es sollte als kleine Motivationshilfe dienen. Für mich wurde es die Visualisierung eines Traumes. Bis hierhin wollte ich es unbedingt schaffen. Und jetzt bin ich da. Eigentlich unfassbar aber ein saumäßig schönes Gefühl   26.07.16, 14:37

Die technischen Daten der achtzehnten Etappe: 16,7 km, 1000 Höhenmeter, 200 Höhenmeter abwärts, 4:59 Wanderzeit, Wanderpartner Toni (er läuft und läuft und läuft)
                                            26.07.16, 14:46

Heute haben wir vom Originalplan abgewichen. Er sah vor im Cadore Tal bis Vodo die Cadore zu laufen. Aber da ich im Pustertal einige Höhenmeter ausgelassen habe, haben wir diese heute wieder drauf gepackt. Ausserdem muß ich Toni ein bißchen auslasten. Sonst quengelt er wieder am Abend. Wir sind also von Cortina zur Croda al Lago Hütte gelaufen und von dort den Dolomitenhöhenweg 1. Von dort über die Forchetta d'Ambrizzola und dem Col Duro zur Hütte Citta di Fiume, wo wir heute übernachten. Und was soll ich sagen. In der Ferne hat's gedonnert und wir sind trocken reingekommen.   26.07.16, 15:01

Nach dem Duschen verbleibt viel Zeit bis zum Abendessen. Das ist gut so, weil das Tourmanagement schon ein bisschen in Rückstand geraten ist. Die Quartiere ab übermorgen müssen gesichert werden. Doch, welch Enttäuschung, auf der Pramperhütte ist nichts mehr frei. Ich hätte es wissen müssen. Weil sich dort meine Route mit der Graßler-Route kreuzt, ist der Zulauf erhöht. Das ist eben das Risiko des nach und nach Buchens. Sollte ich noch einmal hier vorbeikommen, werde ich mir Unterkunft in der Hütte schon früher sichern. Einen Plan B gibt es erst einmal nicht. Deshalb buche ich zur Vorsicht als Ausweichquartier das Hotel Posta in Longarone schon einen Tag früher. Irgendetwas wird uns schon einfallen.

Mittlerweile trudeln auch unsere Mitbewohner im Lager ein. Zu uns stoßen vier Männer aus Schottland. Das kann lustig werden heute Nacht. Schotten gelten als trinkfest, laut und bisweilen auch einem Raufhändel nicht abgeneigt. Schnell zeigt sich, dass es sich hier um atypische Schotten handeln muss. Die Sportskameraden sind noch nicht einmal sehr gesprächig, obwohl wir des Englischen durchaus mächtig wären (vielleicht sind sie es selber nicht). Lediglich einer von ihnen ist für einen Plausch zu haben und verströmt dabei trockenen, schottischen Humor. Auf meine Frage, wann denn das nächste Referendum anstünde, antwortet er, dass es nicht mehr lange dauern könne und wenn wir Bayern es auch satt hätten in der Bundesrepublik zu bleiben, wir doch zusammen eine „Beer-Republic" gründen könnten.

Den Rest des Nachmittags verbringen wir noch vor der Hütte. Die Donner waren blinder Alarm. Bis jetzt hat es nicht richtig geregnet. Hätten wir das gewusst, hätten wir uns nicht so beeilen müssen. Punkt 18:00 Uhr finden wir uns in der Wirtsstube zum Abendessen ein. Wir haben schon Riesenhunger. Es riecht auch schon sehr verlockend. Aus der Küche dringt laute Musik. Pink Floyd wabert durch das Haus und rockige Beats wummern. Von Essen allerdings gibt es noch keine Spur. Es dauert noch ein bisschen bis wir realisieren, dass in Italien die Uhren anders gehen und man später zu Abend isst. Essensausgabe ist erst um 19:00 Uhr. Um den Magen zu beruhigen, nehmen wir das ein oder andere Getränk zu uns. Endlich werden wir hungrige Raubtiere gefüttert. Der Koch, er ist genauso jung wie das Mädchen am Tresen, versteht sein Handwerk ausgezeichnet. Das Essen schmeckt hervorragend, nach einer Stunde Wartens umso mehr.

Nach dem Essen bleibt man in geselliger Runde am Tisch. An unserem Tisch sitzen die italienischen Kletterer, die mit uns an der Hütte ankamen. Ich bin in bombiger Stimmung und bin offenbar ein wenig redseliger als sonst. Ich pariere locker, flockig in drei Sprachen. Es ist unglaublich, zu was ein ausgeruhter Geist alles im Stande ist. Längst verschütteter Wortschatz kommt da zum Vorschein. Natürlich geht die Rede darüber, woher man kommt und wohin man will. Wahrheitsgetreu erzähle ich mehrmals, dass dies mein 18. Wandertag ist, dass ich in Bayern, südlich von München, losgelaufen bin und ich noch bis zum Meer kommen will. Das bringt mir, ebenfalls mehrmals, die höchste Auszeichnung ein, die wir Wanderer untereinander zur Verfügung haben, ein anerkennendes Kopfnicken. Toni, der ansonsten kein Kind von Traurigkeit ist und auch von Bergsteigergroßtaten zu erzählen hätte, hält sich betont im Hintergrund. Er überlässt mir die Bühne ganz allein. Nach bezwungener Königs- und Kronprinzenetappe bin ich am Fuße des Monte Pelmo auf dem Höhepunkt meiner Macht. Ich bin dermaßen hochgestimmt, dass ich das Gefühl habe, es mit allem und jedem aufnehmen zu können. Fürs Erste muss ich es mit vier schnarchenden Schotten aufnehmen. Das mache ich mit links.

Krumme Wege
27.07.2016 Rifugio Città di Fiume – Forno di Zoldo

Was für eine Nacht. Der nette Schotte im Bett über mir schnarcht, dass sich die Balken biegen. Das ist soweit nichts Außergewöhnliches. Damit konnte man rechnen und wenn es einigermaßen regelmäßig ausgeführt wird, kann das auch schon wieder einschläfernd wirken. Doch der Abkomme des Highlanders hat Asthma, was zu längeren Aussetzern in der Schnarchfrequenz führt. Jedes Mal wenn eine solche Atempause einsetzt, befürchte ich das Schlimmste und bin heilfroh, wenn das Sägen wiedereinsetzt. Außerdem regnet es draußen in Strömen. Man könnte glauben die Hütte steht inmitten eines rauschenden Gebirgsbaches.

Was bin ich froh, dass diese Nacht ein Ende hat. Ich verleihe meiner Freude Ausdruck, indem ich ein paar Takte des Liedes „Oh, what a night" von den 4 Seasons anstimme. Das wiederum zaubert meinem schottischen Schlafkiller ein Lächeln ins Gesicht. Er ist also wohlauf. Das freut mich.

An so einem zünftigen Hüttenmorgen entsteht ein Getümmel im Lager, das glaubt man nicht. Jeder versucht auf stark begrenztem Raum seine Habseligkeiten in seinem Rucksack zu verstauen. Kein Wunder, dass es dann dort wie Kraut und Rüben aussieht. Dank meiner vorausschauenden Routenplanung wird sich morgen die Gelegenheit ergeben in einer Pension den Inhalt des Rucksacks wieder zu restrukturieren. Immerhin tritt keine meiner Sachen den Weg ins ferne Glasgow an.

Das Hüttenfrühstück ist auch hier kein Glanzpunkt der Kulinarik. Man kann es getrost vergessen. Nicht vergessen werden wir die Hütte wegen ihres jugendlichen Flairs. Die ganze Zeit war auch eine ältere Erwachsene, wir vermuten die Mutter, zugegen, die aber nie in die Bewirtung der Gäste eingriff. Wir fragen uns bis heute, ob wir Zeuge eines pädagogischen Feldversuchs geworden sind, in dem sich die nächste Generation beweisen sollte.

Nach dem Bezahlen nehmen wir unsere scarponi im Vorraum auf. Über dem Schuhregal prangt eine Tabacco-Wanderkarte dieser Gegend in einem Maßstab, der nicht dem üblichen Maßstab meiner Kompass-Karten entspricht. Ein Flüchtigkeitsfehler bei der Umrechnung suggeriert mir, dass wir es heute mit einer erfreulich kurzen Etappe zu tun haben. In diesem Glauben laufen wir los.

Von der Hütte aus geht es erst einmal ein paar hundert Meter eine Forststraße hinab. Dann schließen wir uns links dem Weg 472 an, der uns heute um das Monte Pelmo Massiv herumführen wird. Er verläuft stabil in einem Korridor zwischen 1.800 und 2.000 Höhenmetern, was hier ziemlich genau der Baumgrenze entspricht. Manchmal läuft man oberhalb des Waldes, manchmal mitten durch und manchmal führt der Weg auch durch Liliput. Ein Hang ist vollständig mit Latschenkiefern bewachsen. Das sieht von weitem wie dichter Wald aus, reicht einem aber maximal bis zur Hüfte. Dadurch überragt Toni den vermeintlichen Wald deutlich, was aussieht als wäre er Gulliver auf Reisen.

Das Wetter hat sich gegen Morgen wieder beruhigt. Es ist leicht bewölkt und die Wege erstaunlicherweise schon fast wieder trocken. Wir kommen gut voran. Der Passo Staulanza, auf 1.773 Metern Höhe, ist nach nur einer Stunde erreicht. Theoretisch könnten wir der Staatsstraße, die hier aus dem Zoldotal heraufführt, bis nach Forno di Zoldo, unserem Tagesziel, folgen. Aber wer will das schon. Daher setzen wir weiter auf den Weg 472, der ab hier Bestandteil des Anello Zoldano, einem Rundweg um das Zoldotal, ist.

Der Weg ist sehr gut ausgebaut und so stört es auch nicht besonders, dass Toni wieder „Sprechstunde" hat. Wenn ein Telefonat hereinkommt, beschleunigt er bewusst oder unbewusst. Jedenfalls läuft er dann ein oder zwei Kurven vor mir her. Das führt dazu, dass ich eine Stimme höre ohne den Sprecher zu sehen. Würde ich die Vorgeschichte nicht kennen, müsste ich mir um meinen Geisteszustand ernsthaft Gedanken machen.

Die Frischlufttherapie gegen akute Telefonitis hat also noch nicht angeschlagen. Mir zeigt das, in welch komfortabler Lage ich mich befinde, weil ich tagsüber überhaupt nicht angerufen werde. Ich habe mein Diensthandy gar nicht dabei. Nur eine Handvoll Kollegen kennen meine private Handynummer, was aber bisher aufgrund vorbildlicher Funkdisziplin noch kein einziges Mal in Anspruch genommen wurde. Ein Gutteil dieser himmlischen Ruhe geht bestimmt auch auf meine offensive Informationspolitik zurück. Sehr viele der mir nahestehenden Personen werden über den Tagesbericht informiert. Auch meine Eltern, die selbst kein Smartphone haben, sind gut informiert, weil ihnen mein Bruder die Tagesberichte immer vorliest. Zu guter Letzt telefoniere ich mit der besten Ehefrau von allen nur abends vom Quartier aus. All das führt dazu, dass ich das Hier und Jetzt voll auskosten kann. Ich darf in meinen Körper, den ich an einem normalen Werktag nur dazu brauche, um meinen Kopf in die Arbeit zu tragen, hineinhorchen. Ich darf spüren, wie das Blut in mir pulsiert, wie groß der Grad der Erschöpfung schon ist oder wie die Luft mit der Höhe immer dünner wird. Ich darf meine Gedanken dem Spiel der freien Kräfte überlassen. Gedacht wird, was mir gerade in den Sinn kommt und nicht wie ich die Termine des nächsten Tages in Einklang bringe. Die Krönung des Ganzen ist erreicht, wenn ich mir den Luxus erlaube, einfach an gar nichts zu denken. Ich darf mich auf den Weg konzentrieren, auf die Schönheiten am Weg, auf das Hässliche und auf die Kuriositäten. So wie jetzt gerade. Stehen dort nicht zwei Pferde völlig unbewacht im Wald mit einem Glöckchen um den Hals? Sieh mal einer an. Das wusste ich bis jetzt auch nicht, dass man hier die Pferde wie Kühe hält.

In stetigem Auf und Ab kreuzen wir die Südseite des Monte Pelmo. Das Wetter trübt sich heute schon relativ früh ein. Nur vereinzelte Wanderer haben sich bei dieser unsicheren Wetterlage auf die Piste begeben. Wir passieren einige Wege, die von hier dem Zoldotal zustreben. Diese lassen wir alle rechts liegen, denn wir haben es auf den Weg 499 abgesehen, der ohne Zuhilfenahme einer Teerstraße mitten in Forno di Zoldo landen soll. Das heißt für uns, dass wir dem Monte Pelmo sehr lange treu bleiben. Zu allem Überfluss müssen wir bis zur Abzweigung an einem Flecken namens i Lac noch einmal deutlich an Höhe gewinnen. Schließlich erreichen wir die funkelnagelneuen, weißen Wegweiser auf einer Höhe von 1.982 Metern. Der Abstieg kann beginnen.

Dass etwas mit dem Weg nicht stimmt, bemerken wir schon nach wenigen Metern. Der Weg ist ein mickriger Trampelpfad, der von beiden Seiten zuzuwachsen droht. Wanderer verirren sich hierher offenbar nur alle heilige Zeiten. Das zweite dicke, oder besser zähe Problem stellt sich in Form von klebrigem Matsch. Im Gegensatz zur Westseite des Berges, wo auf dem Fels nur eine dünne Schicht Erdreich vorhanden war, gibt es hier im Süden davon reichlich. Die in der Nacht gefallenen Niederschläge sind hier nicht abgeflossen, sondern haben sich mit dem Erdreich zu einer klebrig, glitschigen Masse verbunden. Im Nu ist unser Profil der Bergstiefel nur noch eine einzige glatte Fläche. Wie Fugenmasse dichtet der Matsch die Rillen ab. Wir eiern über die sumpfige Hochebene, als hätten wir soeben das Laufen verlernt.

Nach ein paar Minuten wird das Gelände steiler. Das bessert die Lage an der Schlammfront. Das Problem der Orientierung bleibt. Der Weg ist durchaus markiert. Aber von Zeit zu Zeit fällt auch mal eine Markierung aus, sei es weil der Pfosten, auf dem sie aufgemalt war umgekippt oder der Stein überwuchert ist. Da sich der Weg von alleine nicht von anderen Trampelpfaden abhebt, ist die Gefahr sich zu verlaufen ständig gegeben. Meine inneren Alarmsirenen beginnen in den höchsten Tönen aufzuheulen. Immer wenn längere Zeit keine Markierung auftaucht, rutscht mein Herz weiter in die Hose.

Nun beginnt das Gelände auch noch felsig zu werden. Mangels Alternativen wird die Orientierung wieder leichter, aber es geht wirklich mächtig steil nach unten. Der Weg ist so verwinkelt, dass man nie weit nach unten sieht. Das allein bewahrt mich vor der schieren Verzweiflung. Plötzlich treffen wir auf einen Picknickplatz mit allen Schikanen, mit Bänken, Tischen und einer sagenhaften Aussicht. Wer hätte das gedacht, dass auf einem fast verwilderten Weg so ein Kleinod der Gemütlichkeit auftaucht. Doch weil heute nicht mein Tag zu sein scheint, hat die Geschichte einen Haken. Der Picknickplatz thront auf einer

Felskanzel, dem Sasso di Formedal, deren Stirnseite hundert oder noch mehr Meter senkrecht abfällt.

Mir vergeht schlagartig der Appetit. Toni, der sich aus Höhe rein gar nichts macht, genießt seine Brotzeit, als wäre alles in bester Ordnung. Mit größter Mühe würge ich ein paar Bissen hinunter und halte mich so weit von der Kante entfernt, wie es nur geht. Toni springt nur so hin und her und macht ein Foto nach dem anderen. Zur Feier des Tages reicht auch kein Selfie, nein ein Foto mit Selbstauslöser muss es sein. Um seine Kamera auszurichten, muss er sehr nahe an die Felskante treten, natürlich mit dem Blick zu mir. Das ist die klassische Szene, in der der Bergkamerad einen Schritt zu weit zurücktritt und mit einem Schrei in der Tiefe verschwindet. Ich könnte schreien vor Angst. Doch ich beiße mir auf die Lippen, damit ich Toni nicht erschrecke. Das Foto, das jetzt entsteht, dokumentiert meine Angst und die daraus entstehende Verzweiflung. Für angstfreie Menschen mag das nicht begreiflich sein, aber ich bin in solchen Augenblicken absolut machtlos dagegen. Das ist ein Zustand, den ich keinem anderen wünsche. Umso unbegreiflicher ist es mir, dass mit Ängsten so leichtfertig hantiert wird. Ich habe nie verstanden, dass man auf diversen Zeltlagern von den Gruppenleitern am Lagerfeuer Gruselgeschichten erzählt bekommt. Noch weniger kann ich Politiker verstehen, die auf Stimmenfang Leuten, die ohnehin schon verunsichert sind, noch weitere Ängste einreden. Angst ist wie der Matsch an unseren Schuhen. Man fängt sie sich furchtbar leicht ein und bekommt sie nur ganz schwer wieder ab. Manche müssen ein Leben lang hart daran arbeiten.

In Situationen wie diesen bin ich wohl der größte Befürchter auf Erden. Mir graut vor dem weiteren Abstieg, weil sicher alles noch viel schlimmer kommen wird. Auf die Idee, dass der Picknickplatz bewusst am spektakulärsten Punkt des Weges installiert wurde, komme ich natürlich nicht. Schwer angezählt trotte ich wieder los, hinter einem total gelösten Toni her. Die folgenden Meter sind etwa so, wie kurz vor dem Picknickplatz, steil aber fair. Danach läuft das Gelände ein klein wenig flacher aus. Zu unserer Rechten, wo sich nach wie vor die Felswand entlangzieht, befindet sich sogar eine Art Natursteinmauer, so dass ein Komplettabsturz unmöglich erscheint. Jetzt da es wieder flacher ist, tauchen auch wieder matschigere Passagen auf. Trotzdem steigt in mir die Zuversicht, das Schlimmste überstanden zu haben. Just in diesem Augenblick setzt es mich auf den Hosenboden. Für Sekunden habe ich die Aufmerksamkeit sinken lassen und schon zieht es mir auf dem glitschigen Matsch die Beine weg. Ich analysiere mich kurz. Das hätte gerade noch gefehlt sich in dieser unwegsamen Gegend den Steiß zu prellen oder zu brechen. Doch außer einer verdreckten Hose scheint äußerlich nichts passiert zu sein. Ganz anders sieht es auf der mentalen Seite aus. Hier hat es einen Knacks gegeben. Selbst Toni sieht jetzt ein wenig besorgt aus.

Im Folgenden verkrampfe ich beim Gehen dermaßen, dass sich meine Oberschenkel sehr bald wie Steine anfühlen. Hätte es noch eines Beweises bedurft, dass nicht nur der Körper das mentale Wohlbefinden beeinflusst, sondern auch der Geist, hier ist er. 18 Tage lang hat mein Körper jeden Tag große Belastungen, die in Teilen größer waren, als die heutige, toleriert, weil mein Geist positiv eingestellt war. Vor ein paar Minuten ist diese positive Einstellung weggebrochen und schon treten größere körperliche Beschwerden ein.

Den weiteren Weg bestreiten wir beide im Krisenmodus. Toni bedient sich aus seinem reichen Fundus alpiner Erfahrung und erklärt mir, wie man die felsigen Querriegel, die jetzt den Weg behindern, richtig angeht, nämlich rückwärts. Wie ein ungelenker Maikäfer juckele ich über die Hindernisse. Einem zweiten Absitzer entgehe ich nur knapp wegen meiner schon fast legendären Körperbeherrschung. Nach einer gefühlten Ewigkeit erreichen wir wieder eine Forststraße. Eigentlich ein gutes Zeichen, doch leider ist sie so steil, dass ich richtig leiden muss. Bleibe ich auch nur wenige Augenblicke in dem steilen Gelände stehen, fangen meine Knie zu zittern an.

Auf einem Joch treffen wir auf einen Wegweiser, offenbar ein Vorkriegsmodell, gelb und an allen Enden verrostet. Dummerweise steht auf dem Wegweiser kein einziger Ort, der sich mit unserer Landkarte in Einklang bringen lässt. Daher beschließen wir geradeaus weiterzuziehen. Nur wenige Minuten später wiederholt sich die Szenerie. Auf dem nächsten Joch treffen wir auf einen Wegweiser derselben Baureihe. Auf ein und denselben Wegweiser sind Wege in alle vier Himmelsrichtungen dargestellt (ein echtes Kuriosum). Geradeaus könnten wir über den Monte Punta den geplanten Weg nehmen. Das hieße noch einmal mindestens 200 Höhenmeter aufsteigen und dann laut Landkarte einen rasanten Abstieg von unklarer Qualität nach Forno di Zoldo. Rechts ginge es nach Brusadaz, an der Staatsstraße gelegen. Längere Zeit auf einer Staatsstraße zu laufen, ist kein Vergnügen. Das fällt also aus. Bleibt also nur noch links nach Zoppé di Cadore und von dort relativ weit über eine höchstwahrscheinlich sehr einsame Fahrstraße zum Ziel zu laufen. Es braucht nicht viel Toni davon zu überzeugen, dass ich diese Variante als alternativlos betrachte.

Was noch für diese Variante spricht ist, dass es sich zunächst um eine Forststraße handelt. Wir laufen und laufen ohne auch nur eine einzige weitere Markierung oder Wegweisung zu Gesicht zu bekommen. Das nagt schon wieder an meinem Nervenkostüm, aber es mangelt auch deutlich an Alternativen. Nach einer guten halben Stunde hören wir Baulärm. Selten war ich so froh Baulärm zu hören. Doch hier heißt es nichts anderes, als dass uns die Zivilisation wiederhat. Der Lärm rührt von Brückenarbeiten her, die unsere Forststraße betreffen. Somit ist die Überquerung, des letzten Tales, das uns von der Fahrstraße trennt gesichert. Und es gibt noch eine zweite gute Nachricht. Unser Weg trifft mindestens 3 bis 4 Kehren unterhalb des Ortes Zoppé auf die Straße, was uns bestimmt 2 Kilometer erspart.

An der Straße angekommen brauche ich erst einmal eine Banane auf den Schreck der letzten Stunden.

Wandern ist nicht immer die reine Freude. Es kann einen auch mal richtig anstinken. Wer das in Zweifel zieht, hatte bisher entweder unverschämtes Glück oder es noch nicht ausreichend intensiv betrieben. Auf der Streckentafel der Straßenmeisterei steht eine dicke, schwarze Sieben. Sieben Kilometer Teerstraße nach all dem Stress des bisherigen Tages machen uns nicht gerade glücklich. Da können nur noch Kunstgriffe in die Trickkiste der Wanderpsychologie helfen. Als da wäre, passiert man die Streckentafel mit der Sieben, sind es ja nur noch 6,99 Kilometer, was doch gleich viel ansprechender klingt. Das Beste daran ist, dass es mit jeder folgenden Tafel wieder funktioniert. Oder man hofft immer wieder, dass die Straßenmeisterei geschludert hat und eine dieser Tafeln vergessen hat, dass auf die 7 die 5 folgt oder auf die 6 die 4. Leider war das an dieser Straße nicht der Fall. Wenn gar nichts anderes hilft, visualisiere ich mir bekannte Strecken aus der Heimat auf die aktuelle Reststrecke. So zum Beispiel entsprechen 5 Kilometer der Umrundung des Dietlhofer Sees, was ja nur ein etwas längerer Spaziergang ist. 1,4 Kilometer sind die Strecke vom Bahnhof nach Hause, die ich fast täglich zurücklege. Mit derlei Zahlenspielen vertreiben wir uns die Zeit und erreichen nach einem Stündchen, die letzte halbe Stunde im Regen, die Vororte von Forno di Zoldo.

Um auf der Suche nach der Pension nicht unnötig im Ort herumzuirren, beschließen wir nach dem Weg zu fragen. Wer könnte besser geeignet sein als der Postbote, der uns gerade entgegenkommt. Der Gesichtsausdruck des Postboten, den wir nach der Pension Ai Lali fragen, ist unbezahlbar. Gut, wir sind äußerlich nicht in allerbester Verfassung, verdreckt und eingehüllt in unseren Regenschutz wie wir sind. Aber dass er uns ansieht, als wären wir Scott's Antarktis Expedition entsprungen, wäre nicht nötig gewesen. Er erklärt uns sehr detailverliebt den Weg. Das klingt alles sehr weit. Deshalb fragen wir noch mal nach, wie weit genau. In einer Trauermiene, als müsse er uns eine besonders schlechte Nachricht übermitteln, sagt er 800 Meter. Wir beide müssen uns schon stark beherrschen, um nicht lauthals loszulachen. 800 Meter, das sind zwei Stadionrunden, das bringt uns sicher nicht um. Wir ziehen weiter und treffen am Ortschild von Forno di Zoldo auf die Staatsstraße. Dort steht ortsauswärts, Longarone 17 Kilometer, auf dem Schild. Das sind keine schlechten Aussichten für morgen.

Die Pension liegt direkt an der Staatsstraße und ist dann nicht mehr zu verfehlen. Wenn ich sage direkt, dann ist das wörtlich zu nehmen, der Bürgersteig ist keine 3 Meter breit. Das Erdgeschoss, ein Teil davon ist ein Skistall, wirkt nicht sehr vertrauenserweckend. Das Zimmer allerdings, das uns die etwas schrullig wirkende Hausherrin zuweist, ist sehr gepflegt.

Die Tour hat heute ziemlich lange gedauert. Deshalb schreibe ich unmittelbar nach der Ankunft den Tagesbericht, der unseren Plan B für morgen, den wir mittlerweile ausgeklügelt haben, enthält.

Krumme Wege   27.07.16, 15:10

Heute war uns das Wanderglück nur die ersten 2 Stunden hold, bis wir auf krumme Wege gerieten. Wir umrundeten auf herrlichem Weg den Monte Pelmo (auf dem Anello Zoldano) und zweigten dann auf den Weg 499 ab. Der Weg ist zwar markiert ist aber extrem selten begangen. In der Nacht hatte es stark geregnet, was den Weg ungemein seifig gemacht hat. Nach zwei Absitzern meinerseits entschlossen wir uns die Route zu entschärfen auf Kosten von 7 Kilometern Teerstrasse, was wiederum die Etappe stark in die Länge zog. Krumme Wege eben.   27.07.16, 15:21

Die technischen Daten der neunzehnten Etappe: 22 km, 200 Höhenmeter, 1400 Höhenmeter abwärts, 6:00 Wanderzeit, Wanderpartner Toni (der Standfeste)   27.07.16, 15:26

Die Pechsträhne setzt sich fort. Das Tourmanagement, also ich, musste erfahren, daß die Pramperhütte für morgen keine Plätze mehr hat. Wir versuchen das so zu kaschieren, dass wir den morgigen Tag (er war ohnehin nur als kurzer Entlastungstag gedacht) und den von Übermorgen zusammenlegen, mit der Option ein Stück mit dem Bus zu fahren. Das ergäbe dann einen vollen Ruhetag in Longarone (und Toni könnte ganz gelassen die Rückreise antreten). Ruhetag hört sich in meinen Ohren super an.
                27.07.16. 15:37

Danach ziehen wir gleich los, um Proviant zu kaufen. Dabei übersehen wir, dass in Italien die Geschäfte erst wieder um 16:00 öffnen. Bis es soweit ist, beziehen wir Posten in einer dem Supermarkt gegenüberliegenden Bar. Dort beginnen unsere „Deutschlandfestspiele". Die Besitzer der Bar lebten lange Zeit im Ruhrgebiet und bedienen uns in bestem Deutsch. Wenig später an der Wursttheke des Supermarkts das gleiche Bild. Die Dame an der Theke hat sogar noch den Dialekt des Ruhrgebiets drauf. Und schließlich am Abend die Bedienung im Restaurant kann ebenfalls auf eine deutsche Vergangenheit verweisen. Das ist schon fast unheimlich. Wir sind doch gar nicht am Gardasee. Das Abendessen an sich macht uns in wahrsten Sinne des Wortes nicht satt. Wir sind offenbar im ersten Haus am Platze gelandet, das sich mit einer recht gezierten Speisekarte schmückt. Es gibt Carpaccio von der Forelle und weitere kalorienarme Gaumenfreuden. Trotz größeren finanziellen Aufwands verlassen wir das Lokal nicht wirklich gesättigt. Irgendwie passt das zum Rest des Tages. Vielleicht wird der morgige Tag wieder besser.

Wenigstens funktioniert der Bus
28.07.2016 Forno di Zoldo - Longarone

Gestern war Bienenstich-Tag. Wer schon mal, wie ich als Kind, zu viel von diesem köstlichen Gebäck genascht hat, weiß, dass einem ziemlich übel davon werden kann. Ich liebe das Wandern. Aber gestern und die ganzen Tage zuvor habe ich wohl zu viel davon abbekommen. Bildlich gesprochen ist mir heute immer noch schlecht davon. Meine Oberschenkel sind hart wie Krupp-Stahl, die Psyche liegt am Boden. Kurzum an eine Etappe, wie wir sie gestern entworfen haben, ist nicht zu denken. Auf die Pramperhütte, wie es im ursächlichen Plan vorgesehen war, hätte ich mich vielleicht noch gerettet. Aber auf den Aufstieg und den Abstieg nach Longarone kann ich mich heute nicht einlassen. Jetzt muss ich es Toni nur noch in einem Säftchen beibringen.

Das Frühstück nimmt man im Ai Lali im Wohnzimmer der Wirtin im Obergeschoss des Hauses ein. Sie bietet uns in ihrem verworrenen Englisch alles an, was ihre Speisekammer hergibt. Ich habe ein mächtig schlechtes Gewissen, weil ich Toni mit vollmundigen Versprechungen auf 5 gemeinsame Wandertage in diesen Winkel der Alpen gelockt habe. Jetzt werden es gerade mal 3. Zwischen Frühstücksei und Honigbrötchen schenke ich ihm reinen Wein ein. Toni bricht nicht direkt in Jubel aus, hat aber für meine Entscheidung Verständnis. Wir peilen auf der von mir mitgebrachten Landkarte noch einmal die Lage. Eine Talvariante scheidet in diesem Gelände leider ebenfalls aus. Man müsste größere Stücke auf der Staatsstraße 251 zurücklegen. Alle Quellen, die ich gelesen habe, raten davon dringend ab, nicht zuletzt deshalb, weil man mehrere Tunnels nutzen müsste. Der Längste davon ist laut Karte etwa 800 Meter lang. Das ginge höchstens, wenn man eine adäquate Beleuchtung dabeihätte. Das ist nicht der Fall und außerdem habe ich schon einmal eine unliebsame Erinnerung in einem Tunnel machen müssen. Auf einer meiner Radtouren kam ich unvorbereiteter weise in einen langen Tunnel. Als ich mitten im Tunnel war, brach ein lautes Getöse hinter mir aus. Es dröhnt mörderisch und ich befürchte, dass ein Lastwagen herannaht. Als der Tunnel aus ist, stellt sich heraus, dass es sich lediglich um 3 Motorräder handelte. Einem solchen akustischen Zerrspiegel, will ich mich nicht noch einmal aussetzen.

Daher bleibt für mich nur eine Busfahrt nach Longarone. Toni, der noch reichlich Bienenstich vertragen kann, möchte aber trotzdem in die Berge gehen. Er traut sich unseren Plan B auch alleine zu. Deshalb erhält er Freigang mit Auflagen. Aus Sicherheitsgründen verpflichte ich ihn alle Stunde eine SMS zu schicken mit genauer Ortsangabe. Ich erteile eine Einweisung, wie die Route gemeint ist und gebe ihm die Landkarte mit. Wenig später ist er auf Achse.

In einem meiner Lieblingsbücher, dem Irischen Tagebuch, zitiert Heinrich Böll den irischen Spruch „Als Gott die Zeit schuf, schuf er genug davon." und entwickelt daraus herrliche Gedanken über die Zeit an sich. Für mich hat Gott heute Zeit im Übermaß geschaffen. Der Busfahrplan nach Longarone ist nicht gerade üppig. Die ersten Busse gehen frühmorgens und sind schon weg. Der nächste fährt um 13:10 Uhr. Das ist eine Menge Zeit zum Totschlagen, wenn man um 10:00 Uhr schon aus dem Zimmer muss. Ich trödele so lange es geht im Zimmer herum und ziehe dann in den Skistall um. Die ersten SMS treffen wie an der Schnur gezogen pünktlich ein. Ich vervollständige mein Reisetagebuch. Um 11 Uhr meldet Toni Vollzug. Er ist auf der Pramperhütte angekommen. Ich kaufe mein Busticket. Die 12:00 Uhr SMS bleibt aus. Ich mache Mittagessen aus Beständen, weil der Proviant ja nur alt werden würde. Um 12:41 trifft die nächste SMS ein. Toni erwähnt einen Weg 573, der schwer zu finden wäre. Das ist insofern leicht beunruhigend, als dass dieser Weg in der Einweisung gar nicht vorkam. Es war vielmehr der Weg 513.

Der Bus ist pünktlich. Wir schaukeln durch eine Landschaft von rauer Wildheit. So stelle ich mir das wild zerklüftete Land der Skipetaren des Karl May vor. Es herrscht ordentlich Verkehr, was den Busfahrer total kalt lässt. Er heizt durch die Kurven, als gelte es ein Rennen zu gewinnen. Wir passieren einen Stausee mit dem drolligen Namen Pontesei (Brücke 6). Er ist fast leer, so dass der Überlaufstutzen aus Beton viele Meter hoch aus dem Wasser ragt. Das ist ein seltsamer Anblick. Weiter geht die wilde Fahrt. 17 Kilometer können selbst im Bus lang werden. Endlich erreichen wir die Endstation am Bahnhof von Longarone. Der Bahnhof liegt am Fuße eines kolossalen Gebäudekomplexes aus Beton, an dessen Außenfassade die Leuchtreklame des Hotel Posta heruntergrüßt. Das macht die Navigation im Ort ausnehmend leicht.

Gegen 13:45 Uhr stehe ich vor dem Hotel, vor verschlossenen Türen. Jetzt ist das eingetroffen, was ich bei jedem Check-In immer irgendwie kitzelig finde. Hat die Buchung geklappt oder nicht? So wie die Dinge liegen, hat sie nicht geklappt. Kann es sein, dass sich die Pechsträhne fortsetzt? Tonis SMS werden auch immer nichtssagender. Immerhin ist er noch in der Lage, welche zu schicken. Ziemlich ratlos stromere ich über einen potthässlichen Stadtplatz aus schierem Beton. Ein Lichtstreifen am Horizont tut sich auf, als ich durch Zufall auf das hiesige Fremdenverkehrsbüro treffe. Da kann ich ja gleich etwas Neues buchen. Man sagt mir aber, das sei nicht nötig, weil das Hotel ab 16:00 Uhr wieder besetzt ist. Öfter einmal etwas Neues. Ein Hotel mit den Öffnungszeiten eines Supermarktes habe ich vorher noch nie erlebt.

Ich lasse mich auf den Lounge-Stühlen vor dem Hotel nieder, wo nach und nach weitere Gäste eintreffen. Fast alle von ihnen kommen mit dem Fahrrad an, vom Fernradweg München Venedig herauf. Das Hotel ist ein reines Etappenhotel. Gäste, die länger bleiben, scheint es nicht zu geben. Toni schreibt eine SMS, er sei jetzt an der Staatsstraße, allerdings ganz woanders als geplant. So langsam kommt alles wieder ins Gleis. Ich schreibe noch zurück, dass es nicht eilt, weil das Hotel sowieso erst um 16:00 Uhr öffnet. Er soll die nächste Bushaltestelle suchen, es gäbe noch Busse nach Longarone. Kaum sende ich die SMS ab, sitzt Toni auch schon neben mir. Das erste Auto, das vorbeikam, hat ihn, mit seinem vertrauenserweckenden Lächeln, mitgenommen.

Auf breiter Front beruhigt kann ich meinen Tagesbericht verfassen, bevor das Hotel aufmacht.

Wenigstens funktioniert der Bus
28.07.16, 15:22

Heute war der Tag einer unpopulären Entscheidung. Nach 19 Wandertagen sah ich mich nicht im Stande die Etappe, so wie sie gestern geplant war, zu absolvieren. Da es auch keine Talvariante an dieser Stelle gibt, habe ich den Bus genommen. Toni, der noch frischer war als ich, hat sich in die Berge geschlagen und sitzt jetzt ziemlich abgekämpft neben mir. Das wäre definitiv nichts für mich gewesen. 28.07.16, 15:32

Die technischen Daten der vereinigten zwanzigsten und einundzwanzigsten Etappe: 17 km, Fahrzeit mit dem Bus etwa eine halbe Stunde, Wanderpartner der Dolomitibus
28.07.16, 15:36

Nun war es also soweit. Ich musste den puristischen Ansatz mit dem pragmatischen Ansatz tauschen. Irgendwie schade aber auch kein Drama. Das Gelände und meine Fitness haben nicht mehr zugelassen. Morgen ist ja Ruhetag hier in Longarone. Dann geht es mit neuen Kräften weiter. 28.07.16, 15:41

(Tipp für alle, die es vielleicht nachmachen wollen: Jene, die nicht so viel Zeit aufwenden wollen, könnten den pragmatischen Ansatz von vorneherein in Erwägung ziehen. Dieser funktioniert besonders elegant, wenn man am Tage der Ankunft in Forno di Zoldo, also gestern, sofort den Bus besteigt. Nachmittags verkehren mehr Busse und man trifft auf ein Hotel Posta, das bereits besetzt ist. Das spart am langen Ende 2 Wandertage.). Das Hotelpersonal, in Person einer einzigen Angestellten, erscheint um punkt 4 Uhr. Sofort kommt Leben in die Bude. Zimmer werden zugeteilt und in der Lounge vor der Türe werden Getränke serviert. Die jüngeren männlichen Gäste sind begeistert und nehmen gerne einen Drink, weil die Dame ein blonder Hingucker ist.

Wir älteren Semester hingegen gehen ganz gesittet sofort auf das Zimmer. Sobald die Pizzeria gegenüber öffnet, eilen wir an die Kochtöpfe. Das gestrige Defizit muss aufgearbeitet werden. Wir schlemmen bei guter Hausmannskost bis das „Ränzle spannt". Der Kellner spricht, wie schon fast zu erwarten war, Deutsch. Er hat viele Jahre in Niederbayern in einem Restaurant Dienst getan.

Hier erfahre ich noch mal en Detail die Geschichte von Tonis abenteuerlichem Abstieg von der Pramperhütte. Er hatte, wie wir schon wissen, den Weg 513 übersehen, oder er war, wie Toni steif und fest behauptet, gar nicht da. Der Weg 573 ließ sich, wie Toni sich ausdrückte, ebenfalls nicht finden, was ihm einen Abstieg der rustikalen Art auf dem Weg 521 verschaffte. Dort traf er zuerst auf eine Alm mit einer Herde zutraulicher Esel. Obwohl die Steilvorlage optimal ist, verkneife ich mir darüber billige Witze zu reißen. Danach folgte eine selbst für Tonis Verhältnisse anspruchsvolle, drahtseilversicherte Passage. Spätestens hier wäre für mich der Ofen aus gewesen. Da hat mich mein Näschen oder meine Kerze, die ich in Mariae Himmelfahrt in Weilheim anzündete, vor größerem Schaden bewahrt. Mit reichlich Adrenalin im Blut erreicht Toni die Staatsstraße. Der Rest ist bekannt.

(Tipp für alle, die es vielleicht nachmachen wollen: Diese Route ist für nicht Schwindelfreie nicht zu empfehlen. Die eigentliche Route konnte leider nicht ausgekundschaftet werden. Das muss ich ein andermal nachholen.).

Nach dem Essen vertreten wir uns noch ein wenig die Beine. Ich hatte heute so gut wie gar keinen Auslauf. Wir besichtigen die Kirche Santa Maria Immacolata, die im Jahre 1966 nach dem verheerenden Unglück des Vajont-Stausees, bei dem 3 Jahre zuvor der gesamte Ort Longarone zerstört wurde, als erste Kirche wiederaufgebaut wurde. Im Eingangsbereich befindet sich eine Tafel mit den Namen aller knapp 2.000 Todesopfer der Katastrophe. Die Namen sind nach Familien sortiert und mit Kürzeln versehen, welche Rolle sie in der Familie spielten (zum Beispiel cf für capofamiglia, das Familienoberhaupt). Es bricht einem das Herz, wenn man sieht, wie ganze Familien ausgelöscht wurden. Das wirkt wie eine kalte Dusche. Ziemlich bedröppelt ziehen wir uns auf unser Zimmer zurück.

Der zweite Abschied
29.07.2016 Longarone - Longarone

Als unverbesserlicher Optimist erkläre ich die Krise hiermit für beendet. Wir Weitwanderer wissen, dass nicht immer alles glattgehen kann. Wir führen die Krisen nicht bewusst herbei (wir sind ja nicht die „Gefahrensucher" aus Kentucky Fried Movie), aber wir kalkulieren sie unterbewusst mit ein. Krisen sind irgendwie das Salz in der Suppe. Sie sind eigenwilliger weise das, was nach einer Tour am Deutlichsten in Erinnerung bleibt. So kann ich mich an meine Lieblingskrise noch erinnern, als wäre es gestern geschehen. Vor vielen Jahren war ich mit meinen Kindern im Bayerischen Wald wandern. Ich war noch neu im Wanderbusiness und hatte das Quartier auf der Kötztinger Hütte nicht vorgebucht. Der Anstieg für meine Kinder war schon hart, besonders weil mein älterer Sohn damals an Kinderasthma litt. Wir pfeifen also schon auf dem letzten Loch, als uns mitgeteilt wird, es wäre kein Lagerplatz mehr frei. Das nächste Quartier liegt circa zwei Stunden entfernt. Ich bin außer mir und mache mir große Vorwürfe. Da klopft mir mein Sohn auf die Schulter und sagt: „Das kriegen wir schon hin!". Gesagt, getan. Die Kinder laufen wie die Wiesel und wir kommen müde aber superstolz im Ausweichquartier an. Das ist das Wesen einer Krise. Man geht gestärkt daraus hervor.

Meine Beine fühlen sich schon wieder gut an. Sie wären schon wieder einsatzbereit. Aber die weitere Tourenplanung stellt alles auf einen Tag später ab. Und zweitens muss ich Toni heute ehrenvoll verabschieden. Ich müsste ja eigentlich böse mit ihm sein, weil der Grund, warum er mich verlässt, ein äußerst fadenscheiniger ist. Der Toni, mit dem ich zusammen mit offenen Mund die erste Iron Maiden Platte auf dem high-tech Dual-Plattenspieler seiner Eltern abgespielt habe, geht stiften wegen eines Andreas Gabalier Konzertes. Man kann nicht ewig Rocker bleiben. Das wirkt ab einem gewissen Alter ein bisschen aufgesetzt. Aber der Schluchten-Elvis hätte es nun wirklich nicht sein müssen. Schließlich tröste ich mich mit dem Gedanken, dass es ihm eigentlich mehr um seine Begleitung zum Konzert geht, als um den Künstler selbst.

Toni ist supergut vorbereitet und kennt die Busfahrpläne schon fast auswendig. Er hat es auf einen Schnellbus abgesehen, der um 09:35 Uhr aus Venedig kommend nach Cortina d'Ampezzo fährt, wo er in einen weiteren Bus nach Toblach umsteigt, um dort das geparkte Auto wiederaufzunehmen. Wir wollen die Verbindung noch einmal kurz im Fremdenverkehrsbüro gegenprüfen. Dort kennt man den Bus aber nicht. Man schlägt uns eine weit kompliziertere Verbindung mit dem Dolomitibus vor. Mir kommt der alte, bayerische Spruch in den Sinn, „wer lang fragt, der geht lang irr!". Es bleibt uns nur der empirische Ansatz an der Bushaltestelle zu warten, ob der Bus aus Venedig nicht doch eintrudelt. So unangenehm ist das aber gar nicht, weil die Bushaltestelle am Bahnhof liegt, wo sich auch eine Bar befindet. Die letzte gemeinsame Zeit verbringen wir vor der Bar in der Sonne sitzend und quatschend wie damals auf dem Weg von der Schule nach Hause. Mit standesgemäßer Verspätung fährt der Schnellbus vor. Es gibt ihn also doch. Jetzt kommt es zu Szenen, die es so wohl nur in Italien gibt. Der Fahrer, obwohl schon stark in Verzug, gewährt den Fahrgästen eine Pinkelpause. In aller Seelenruhe verkauft er Toni sein Ticket. Fahrpläne sind hier keine Dogmen. Sie sind in Italien mehr so unverbindliche Empfehlungen. Schließlich schickt sich der Bus an loszufahren. Mach es gut Alter. Komm gut heim.

Im weiteren Verlauf des Tages bekomme ich immer wieder Nachricht von Toni. Der Anschlussbus in Cortina hatte ebenfalls Verspätung. Gut, dass Fahrpläne keine Dogmen sind. Somit hat Toni ihn noch erreicht. Beflügelt von seinem Glück und weil er nach unseren gemeinsamen Tagen mächtig auf das Wandern angefixt ist, steigt er am Passo di Cimabanche aus und läuft unsere Tour des ersten Tages in Teilen rückwärts bis zum Brückele. Von dort nimmt er wieder diverse Busse nach Toblach. Abends um halb neun bekomme ich eine SMS, dass er wohlbehalten zu Hause angekommen ist. Da hat er wieder mal alles richtiggemacht.

Für mich steht ab jetzt ein reiner Ruhetag an. Auf dem Rückweg erstehe ich im Supermarkt, der sich ebenfalls am Stadtplatz befindet, den Proviant für morgen. Ich verschaffe mir über einen Zahlencode Zugang zum Hotel, denn ab 10 Uhr ist das Hotel wieder unbemannt. Es ist das einzige Hotel auf der Tour, in dem ich 2 Nächte am Stück verbringe. Das ist auch für das Hotel selbst die absolute Ausnahme und führt heute fast zu einem Notarzteinsatz. Das Zimmermädchen war wohl nicht von meinem Bleiben unterrichtet worden. Es tritt ein, als ich gerade meine Klamotten sortiere. Sie ist von meiner Person so überrascht, dass sie vor Schreck in die Knie sinkt. Dass ich ihr in meinem Aufzug, ich war gerade im Klamottensparmodus, zu Hilfe eilen will, macht die Situation auch nicht gerade besser. Ich mache alle beschwichtigenden Gesten, die mir unter diesen Umständen einfallen. Das hilft zumindest insoweit, dass es Hals über Kopf die Flucht antreten kann.

Der Rest des Tages vergeht dann erfreulich unspektakulär. Es ist genügend Zeit für Tourmanagement. Ich schließe quartiermäßig die letzten Lücken bis Caorle. Auch die letzte Engstelle, das Altipiano del Cansiglio, wo nur sehr wenige Unterkünfte zur Verfügung stehen, kann in Form des Rifugio Albergo Sant'Osvaldo entschärft werden. Ich zähle nur noch 6 Tagesetappen, davon nur noch eine echte und eine halbe Bergetappe. Das Ende ist fürwahr in Sicht.

Auch an einem Ruhetag darf der Tagesbericht nicht fehlen.

Der zweite Abschied!   29.07.16, 15:10

Wie schon beim letzten Mal ein trauriger Augenblick. Der zweite Bergkamerad, der Trapper-Toni, verabschiedet sich. Es hätten sich nicht viele in diverse italienische Linienbusse gesetzt, um mit mir durch die Berge zu latschen. Auch hier wurden Maßstäbe gesetzt. Aber eins können wir nun sicher sagen: "Die Hüfte hält!"   29.07.16, 15:18

Die technischen Daten des heutigen Tages: Es wurde kein Raumgewinn erzielt, dafür wurde ein Kleiderappell durchgeführt (der Posten brauchbare Kleidung nimmt stark ab); und es wurde etwas Tourmanagement betrieben (alle Quartiere bis Caorle sind gebucht)
    29.07.16, 15:24

Noch ein nachdenklicher Gedanke zum Ort Longarone, wo ich heute den ganzen Tag war. Vom Hotelzimmer aus sieht man die Staumauer des Vajont Stausee (wird in wenigen Minuten Profilbild dieser Gruppe). Die Mauer blieb mehr oder weniger unversehrt stehen, als im Oktober 1963 ein ganzer Berg in den gefüllten Stausee rutschte. Ein großer Teil des Wassers und eine gewaltige Druckwelle schwappte über die Staumauer und zerstörte den Ort Longarone komplett (mit fast 2000 Todesopfern). Das Mahnmal und die überall im Ort angebrachten alten Stadtansichten lassen einen sprachlos zurück.   29.07.16, 15:36

Am Nachmittag bleibt noch genügend Zeit für eine Internet-Recherche über das Unglück des Vajont Stausees. Es gibt viele Artikel darüber, dass sich die Tragödie mehrmals schon vorher angekündigt hatte. Der Stausee mit dem drolligen Namen Pontesei war zum Beispiel Schauplatz eines Erdrutsches, der zwar viel kleiner war und nur ein Todesopfer forderte, aber das Vajont Szenario in klein exakt vorwegnahm. Dieser Stausee wird aus Sicherheitsgründen seither nicht mehr gefüllt und nicht aus Wassermangel, wie ich gestern vermutet hatte. Wenn ich daran denke, dass hier und am Vajont Stausee meine Brüder im Geiste, die Ingenieure, am Werke waren, wird mir flau im Magen.

Trotz alledem nehme ich ein Abendessen in meiner Stammkneipe ein. Morgen stehen wieder mehr als 20 Kilometer auf dem Zettel. Da muss die Grundlage stimmen. Nach dem Essen mache ich wieder den obligatorischen Spaziergang und stoße auf ein Denkmal, das den Handwerkern gewidmet ist, die ausgewandert sind. Besonders das Zoldo-Tal gilt als die Hochburg der gelatieri, der Speiseeismacher. Dieses Handwerk nimmt einen großen Anteil auf dem reliefartigen Bild ein. Das Denkmal gewährt einen tiefen Blick in die italienische Seele, wo eine große Portion Sendungsbewusstsein schlummert. Wenn man sich mit Italienern unterhält, tritt sehr oft der Stolz über die dortigen Errungenschaften zu Tage. Man ist darüber so stolz, dass es nur natürlich ist, diese in die ganze Welt zu tragen. Der Erfolg gibt ihnen Recht. Pasta und Speiseeis haben so einen Siegeszug über fast die gesamte Welt angetreten.

Ein Telefonat mit der besten Ehefrau von allen rundet den Ruhetag ab. Über Probleme des Alltags, wie eine saftige Rechnung der Autowerkstatt und der bevorstehenden Anreise, alleine ohne den großen Navigator an der Seite, zum Treffpunkt in 5 Tagen dringen wir zum Pudels Kern vor. Es wird Zeit, dass wir uns wiedersehen. Wir sind schon zu lange voneinander getrennt. Am liebsten würde ich mir die Stiefel noch heute Abend schnüren.

Southbound again
30.07.2016 Longarone – Farra d'Alpago

Man darf nicht immer alles glauben, was im Internet steht. Dieses Gebot gilt unterschwellig immer. Die Stelle, wo es heißt, Ruhetage würden einen aus dem Tritt bringen, möchte ich aber im Besonderen in Zweifel ziehen. Ich fühle mich heute jedenfalls putzmunter und fit für neue Aufgaben. Um der Wahrheit Ehre zu geben, waren es ja genau genommen zwei Ruhetage. Die Etappe, die vor mir liegt, ist ein Vorgeschmack auf das, was mich hinter den Bergen erwartet. Sie ist weitestgehend flach und wird voraussichtlich des Öfteren auf normalen Fahrstraßen verlaufen. Der einzige Unterschied ist, dass links und rechts noch Berge stehen. Sie bilden heute aber lediglich die Kulisse, nicht die Herausforderung.

Nach einem ausgiebigen Hotelfrühstück begebe ich mich an die Rezeption, um die Formalitäten zu erledigen. Dort werde ich noch einmal Zeuge einer zutiefst italienischen Lösung eines Problems. In Ermangelung gesicherter Abstellplätze für die Fahrräder der München-Venedig Pedalritter werden die Drahtesel des Abends in das Foyer gestellt. Die Lösung ist einleuchtend, praktisch und billig. Aber sie ist eben auch ungemein provisorisch. In Deutschland ginge so etwas sowieso nie durch, weil bestimmt 27 Bestimmungen verletzt würden, mindestens der Brandschutz, weil Brandschutz geht immer.

Ich mache mich relativ zeitig vom Acker, weil es ziemlich warm werden soll. Der Weg führt mich zuerst zur Brücke über den Piave, die man vom Hotelzimmer gut sehen konnte und die genau in der Verlängerung der Vajont-Schlucht liegt. Es ist gruselig auf die Schlucht zuzulaufen, aus der vor knapp 50 Jahren die mörderische Druckwelle schoss, die fast den ganzen Ort niederwalzte. Man kann auch heute noch die fast unversehrte Staumauer sehen.

Hinter der Brücke biege ich rechts ab, nach Süden. Diese Himmelsrichtung scheint uns Mitteleuropäer magisch anzuziehen. Dürer, Goethe bis hin zu Herrn Struutz aus dem Film „Go Trabi go", alle absolvierten ihre Italienreise. Auch für mich ist es endlich wieder die richtige Richtung. Es geht voran. Mich erwartet das erste längere Stück Fahrstraße. Doch es ist Samstagmorgen, so dass sich der Verkehr auf dieser Nebenstraße auf ein Minimum beschränkt. Es wäre daher nicht nötig die kleinen Orte mitzunehmen, die links der Straße liegen und als Ausflucht vor den Automassen gedacht waren. Trotzdem mache ich den kleinen Schlenker durch das Dorf Dogna, das sich durch eine natürliche Verkehrsberuhigung auszeichnet. Die Häuser stehen so dicht beieinander, laut Straßenschild nur 1,70 Meter, dass nur Kleinwagen durchpassen. Ein Fiat 500 kommt gerade mal so durch, wenn der Fahrer den Bauch einzieht. Ein Ford Focus würde schon stecken bleiben.

Der nächste Ort Provagna ist von selber Bauart. Hier muss ich ein wenig navigieren und auf eine noch kleinere Straße wechseln, die unter der Piave-Brücke hindurch weiterhin auf der Ostseite am Piave entlangführt. Auf diesem Teilstück versteckt sich nun doch der ein oder andere Höhenmeter, denn es gilt mehrere Schuttkegel zu überwinden, die die Bäche aus den Seitentälern aufgeschüttet haben. Auf der größten Erhebung dieser Art befindet sich der Ort Soverzene. Der gesamte Ort liegt an einem sanften Abhang mit einer schönen Aussicht auf das Belluneser Becken. Hier scheint sich ein gewisser Wohlstand angesammelt zu habe. Die Häuser und der ganze Ort machen einen sehr wohlhabenden Eindruck.

Am Ortseingang befindet sich ein Brunnen, der mich daran erinnert, dass die erste Trinkpause schon längst überfällig ist. Als ich einen tiefen Schluck aus der Pulle nehme, gesellt sich ein älterer Einheimischer zu mir. Wie schon mehrmals beobachtet liefert der Rucksack den perfekten Einstieg in einen Plausch. Fast jeder will von mir wissen, wo ich mit so viel Gepäck auf dem Rücken hinwill. Wenn ich dann erwidere, ich will zu Fuß ans Meer, entwickeln sich die Gespräche wie von selbst. Der nette Herr schlüpft sofort in die Rolle des Fremdenführers und erklärt mir unaufgefordert den Weg nach Farra d'Alpago, meinem Tagesziel. Es gibt einen beschilderten Radweg Richtung Lago di Santa Croce. Die Abzweigung im Unterdorf ist nicht ganz leicht zu finden, aber der Weg soll unterhalb eines markanten Felsens am östlichen Ufer des Piave entlanggehen. Das ist gute Kunde für mich, weil ich aufgrund veralteten Kartenmaterials die Befürchtung hatte, ich müsste die Flussseite wechseln und mich auf der anderen Seite mit der Staatstraße auseinandersetzen. Ein Rennradfahrer stößt vom Tal heraufkommend zu uns und füllt seine Wasserflasche am Brunnen. Wir Rennradfahrer mustern einander immer von unten nach oben. Das Material, das er fährt, ist exquisit. Die rasierten Beine weisen ihn als ambitionierten Radfahrer aus. Die federleichte Figur entlarvt ihn als Bergspezialisten. Er steigt sofort in den Plausch ein und offenbart uns seine Ziele für den Tag. Mehrere Pässe stehen auf dem Programm. Mir läuft das Wasser im Munde zusammen. Wenige Minuten stehen wir drei, der nette Herr, der Mann mit dem Rennrad und der Mann mit dem Rucksack in schon fast freundschaftlicher Atmosphäre beisammen. Bis ein unsichtbares Kommando unsere Zufallsbekanntschaft aufkündigt und wir wieder in alle Himmelsrichtungen auseinanderstreben.

Das besagte Unterdorf erreicht man über zwei Serpentinen abwärts. Es besteht fast ausschließlich aus einem stattlichen Elektrizitätswerk. Der Strom, der aus Wasserkraft produziert wird, brummt in den mächtigen Leitungen (wie gesagt, so nutzt man Drahtseile und nicht als Absicherung von Wegen). Das Wasser, das aus einem Seitental kommt, wird nicht in den gleich nebenan fließenden Piave entlassen, sondern wird in einem Kanal durch eine imposante Felswand abgeleitet. Die Wegführung ist hier ein klein wenig verwirrend, denn sie hält auf eine Ecke zwischen Kanal und Felswand zu. Die Sackgasse wird durch eine

Brücke hinter einem Wasserwerk und mehreren Tunnels durch den Felsen aufgelöst. Wenn ich das nicht vorher beschrieben bekommen hätte, hätte ich das nie gefunden.

Der Weg führt ab hier geschottert am Fuße der Felswand in den Piave-Auen entlang. Das durch den Felsen geleitete Wasser wird in einem massigen Aquädukt aus Beton Richtung Lago di Santa Croce geführt. Im Grunde folgt meine restliche Strecke mal näher mal weiter entfernt dieser gigantischen Wasserleitung. Beim Örtchen Soccher zieht sich die Felswand zurück. Der Talschatten ist somit leider auch zu Ende. Sofort setzt eine gnadenlose Hitze ein. Führt der Weg über asphaltierte Straßen, heizt das noch zusätzlich von unten ein. Bei Paiane findet sich ein Bänkchen im Schatten für eine Banane und ein paar Minuten Abkühlung.

Das Gelände wird ab hier ziemlich übersichtlich. Links am Hang entlang führt das Aquädukt (so viel kühles Wasser, aber leider absolut unerreichbar). In der Mitte ein Streifen von einem Kilometer Breite flaches Land, meist Felder. Rechts ein weiterer Fluss, dahinter die Staatsstraße und die Autobahn. Seit Paiane heißt der Weg Sentiero Alpago Natura, was ihn aber vorerst auch nicht abwechslungsreicher macht. Hier ist ein wenig Geduld angesagt. Am Ende der langen Geraden steht ja der Lago di Santa Croce, der am Ort Bastia erreicht wird. Das klingt allemal nach Abkühlung.

Von Bastia aus ist der See nicht zu sehen. Vielmehr versperrt ein Deich den Blick. Macht nichts, denke ich mir. Von da oben hat man bestimmt einen noch besseren Blick. Vielleicht gibt es dort ein nettes Bänkchen für die Mittagspause. Doch meine Hoffnung zerschlägt sich abrupt, als sich hinter dem Deich eine Art Sumpf und Mangrovenlandschaft auftut. So mag es dem Durstigen ergehen, wenn sich eine Fata Morgana nicht als Oase entpuppt. Obwohl es nicht mehr weit nach Farra ist, lege ich doch noch ein improvisiertes Picknick auf einem Stein ein. Die Suche nach dem Quartier in Unterzucker ist auch nicht lustig.

Frisch gestärkt lege ich die letzten drei Kilometer auf einem Weg durch eine Art Dschungel zurück. Der Blick weitet sich erst wieder als eine formschöne Hängebrücke für Fußgänger über den Fluss Tesa erreicht ist. Eine Plakette besagt, dass die Brücke von der EU finanziert ist, zur Belebung des Fahrradtourismus. Von hier sieht man endlich den See, wie er in der Mittagssonne glitzert, eine türkisblaue Fläche umgeben von dunklen, bewaldeten Bergen. Unweit der Brücke beginnt das Badegelände von Farra. Unzählige Sonnenhungrige lagern links und rechts des Weges. Die Verwegenen wagen sich auf den See zum Kite-Surfen. Aus den Lautsprechern dröhnt blechern Beach-Wohlfühl-Laune Musik. Wenn die Musik schweigt, wird zum Beachvolleyballturnier geladen. Es wäre ein Leichtes jetzt ebenfalls in das Wasser zu springen. Wahrscheinlich stiege eine kleine Dampfwolke auf, weil das erste Wasser unmittelbar auf meiner Haut verdampfen würde. Doch ist mir dieser Kontrast zur Stille in den Bergen zu drastisch. Mir steht mehr der Sinn nach einer einsamen, eiskalten Dusche in meinem Quartier.

Das Quartier „da Guerrino" liegt in der Ortsmitte, die jetzt in der Siestazeit sehr ruhig daherkommt. Es ist nicht so einfach zu finden, selbst wenn man schon davorsteht, weil nichts darauf schließen lässt, dass hier Fremdenzimmer vergeben werden. Stattdessen drängt sich eine Sportsbar namens Guerrin's vor. Es dauert ein paar Augenblicke bis ich das Wortspiel durchschaue. Dummerweise hat die Bar auch noch geschlossen. Daher versuche ich mein Glück im Hinterhof, wo ich sogleich Stimmen vernehme. Ich muss die Wirtin leider aus einer geselligen Runde reißen. Sehr freundlich überreicht sie mir den Zimmerschlüssel und fragt mich auf dem Weg zum Zimmer, ob ich heute Abend beim Open-Air Hausfest teilnehmen möchte. Nichts, aber auch gar nichts, deutet darauf hin, dass hier heute Abend eine Party steigt. Es gibt keine Tische, keine Stühle, keinen Tresen und es fehlt an entsprechender, hektischer Betriebsamkeit, um all das herbeizuschaffen. Deshalb sage ich vorsichtshalber ab.

Das Zimmer erinnert an das im Haus Oberporte in Welsberg. Es ist etwas antiquiert, aber sauber und nicht so eng wie in vielen Hotels. Der Preis ist ausnehmend günstig. Solche Quartiere sollte es auf dem Weg mehr davon geben. Die Dusche liefert wie gewünscht eiskaltes Wasser. Das hilft fürs Erste, die in meinem Körper gespeicherte Hitze zurückzudrängen, so dass ich in der Lage bin folgenden Tagesbericht zu verfassen.

Southbound again 30.07.16, 15:19

In dem Lied von den Dire Straits geht es zwar um den Fluß Tyne in Newcastle, ich aber habe heute den Piave überschritten. Viele Wanderberichte warnen vor einem Ruhetag, weil man aus dem Tritt käme. Ich kann das so nicht nachvollziehen. Bei mir war der Ruhetag absolut notwendig, weil meine Oberschenkel nach dem 19. Wandertag hart wie Steine waren (was die 18 Tage davor nie der Fall war, seltsam, seltsam). Heute ging es wieder ganz locker. 30.07.16, 15:27

Die technischen Daten der zweiundzwanzigsten Etappe: 22,9 km, 410 Höhenmeter, 500 Höhenmeter abwärts, 5:00 Wanderzeit, Wanderpartner keiner 30.07.16, 15:32

Die Etappe heute war weit schöner als von mir eingeschätzt. Die Orte abseits der Staatsstrasse sind so wie man sich Italien wünscht, pittoresk und die Leute unheimlich freundlich. Ausserdem hat sich in Sachen Radwegenetz sehr viel getan. Hier verläuft der Radweg München Venedig, den ich heute weitflächig mitbenutzt habe. Am Schluss der Etappe kam ich an den Lago di Santa Croce. Dort prallte ich, der Mann aus den Bergen, auf den stationären Tourismus mit riesigen Campingplätzen und Strand mit Dauerbespassung. Daran muss ich mich erst wieder ganz langsam gewöhnen.
30.07.16, 15:44

Als ich nach 16:00 Uhr das Haus verlasse, um Proviant für die nächsten beiden Tage zu bunkern, beginnen zögerlich die Vorbereitungen zum Hausfest. Ich muss den Kopf schütteln. Das wird bestimmt der Flop des Jahres. Auf dem Weg zum Supermarkt fallen mir verschiedenste Gegenstände in rosa auf. Zuerst glaube ich an ein fruchtbares Jahr mit unglaublich vielen Geburten von Mädchen. Doch als ich auf ein rosa Fahrrad, das halbhoch im Raum hängt, stoße, dämmert mir, dass das mit dem Giro d'Italia zusammenhängen muss. Richtig, jetzt fällt es mir wieder ein, der Giro machte vor zwei Monaten im Alpago Station. Es ist rührend, mit welcher Hingabe die Italiener an ihrem Radrennen hängen, allen Diskussionen um Doping zum Trotz.

Der Supermarkt ist ein typischer, kleiner Lebensmittelladen, wie ich ihn an Italien so liebe. Hier gibt es gefühlt mehrere hundert Artikel auf dem Raum eines Wohnzimmers. Natürlich darf dabei die Wurst- und Käsetheke nicht fehlen, die mehr als die Hälfte des Raumes in Anspruch nimmt und wie die Kommandozentrale des Ladens wirkt. Es gibt alles, was ich brauche, bis hin zur taufrischen Banane. Der Ladeninhaber ist sehr geschäftstüchtig und preist mir, als er bemerkt, dass ich aus Deutschland komme, Bier aus Thüringen an, als wäre es das achte Weltwunder. Da kann ich nicht nein sagen und kaufe ihm einen beträchtlichen Posten davon ab.

Die Vorbereitungen zum Fest nehmen gewisse Konturen an, als ich meine Einkäufe auf dem Zimmer abliefere. Auch gegen 18:00 Uhr, ich bin gerade auf der Suche nach einem Restaurant, sieht man schon wieder ein bisschen mehr. So werden zum Beispiel Strohballen als Sitzgelegenheiten angeliefert. Heute ist anscheinend mein Glückstag. Ich treffe auf ein Ristorante, das offenbar schon jetzt Essen serviert. Das Ristorante würde ich eher als gemütlichen Landgasthof einstufen. So macht es mir auch nicht viel aus, dass die Bedienung die Speisekarte aus dem Kopf rezitiert. In den Touristenhotspots wie Rom oder Venedig wittere ich an dieser Stelle, dass ich mächtig über das Ohr gehauen werde. Hier ist das anders. Der Vorgang an sich ist schon bewundernswert, weil es eine stattliche Anzahl an Gerichten gibt. Da ich sowieso nie alle Gerichte spontan behalten kann, konzentriere ich mich auf die, die ich ansatzweise einordnen kann. Ich wähle zwei Klassiker, Bresaola mit Rucola und Spaghetti Amatriciana. Dazu genieße ich in aller Ruhe den Roten des Hauses. Das ist sehr lecker und ich bezweifele, dass es mir auf dem Hausfest besser ergangen wäre.

Ich mache noch einen kleinen Spaziergang durch die Gemeinde. Es dunkelt schon leicht, als ich zu Guerrino zurückkehre. Die Überraschung, die mich dort erwartet, könnte größer nicht sein. Der Hinterhof ist komplett ausstaffiert. Es stehen Tische mit den Strohballen als Sitzgelegenheiten. Auf den Tischen flackern echte Kerzen (der deutsche Brandschutz lässt herzlich grüßen). An einem Tresen werden Speisen und Getränke ausgereicht. Es spielt allen Ernstes Live Musik, von der Art wie man sie von den Seebädern der Adria kennt. Und, was mich am allermeisten freut, es sind reichlich Gäste da, die sich köstlich amüsieren. Das war italienische Projektarbeit vom Feinsten. Am Anfang geht es unheimlich zäh los, was den deutschen Ingenieur in den Wahnsinn treibt. Und am Ende, nach einem phänomenalen Endspurt, bekommen sie es dann doch immer wieder hin.

Trotz der gemütlichen Atmosphäre ziehe ich mich auf mein Zimmer zurück. Es wäre auch zu dumm, wenn ich morgen mein thüringisches Bier mitschleppen müsste. So klingt der Tag auf einer Andeutung eines Balkons mit Musik-Beschallung von hinter dem Haus aus. Am Horizont sieht man noch die letzten Farbspiele des Sonnenuntergangs. Im Haus gegenüber beendet ein betagter Mann sein Tagwerk, indem er das Gartentor absperrt. Welch ein Stillleben eines italienischen Abends.

Ein Ausflug nach Schottland
31.07.2016 Farra d'Alpago – Pian del Cansiglio

Wenn mir einer vor der Tour gesagt hätte, mir würde der Schlaf durch eine Tanzveranstaltung geraubt, hätte ich ihn ausgelacht. Bis tief in die Nacht wurde ausgelassen gefeiert. Dementsprechend sparsam ist meine gute Grille heute Morgen. Ausgerechnet in dieser Verfassung muss ich eine Entscheidung treffen, welchen Weg ich heute einschlage. Für die anstehende Etappe auf die Hochebene des Cansiglio stehen 3 Varianten zur Verfügung: die Hasenfuß-Variante, alles auf einer Fahrstraße über den Ort Spert, die Direttissima über das Santuario del Runal und die Ambitionierte über den Monte Costa. Ambitioniert, das hieße fast 1.000 Höhenmeter Aufstieg, bin ich im Augenblick gerade gar nicht. Außerdem soll es heute ziemlich früh zu regnen beginnen. Fahrstraße werde ich in den nächsten Tagen bis zum Abwinken haben. Deshalb fällt die Wahl auf den Mittelweg. Ob er golden werden wird, wird der Tag zeigen. Tatsache ist, dass er mit circa 700 Höhenmeter der letzte schwerere Aufstieg der Tour ist.

Das Frühstück und der nette Abschied versöhnen mich wieder mit der Welt. Vor das Haus tretend stelle ich erleichtert fest, dass es bei Weitem nicht mehr so heiß ist wie gestern. Es ist leicht bewölkt, bestes Wanderwetter. Von der Wegweisung her muss ich mich zu gestern gar nicht umstellen. Ich folge nach wie vor dem Sentiero Alpago Natura. Dieser führt mich über die Straße nach Spert hinweg in den Ortsteil Secchera. Hier geht es innerorts gleich stramm bergauf. Über einige Serpentinen gewinne ich schnell an Höhe. So ergeben sich schon sehr früh schöne Ausblicke auf den Lago di Santa Croce und, wenn man sich umdreht, auf das Becken des Alpago.

Weiter geht es im Zick-Zack bis zum Flecken Pianture, wo ich auf ein interessantes Beispiel italienischer Dialektik treffe. Auf den Stufen der örtlichen Kapelle hat ein freundlicher Zeitgenosse Blumen hinterlassen. Was ihn dazu bewegt hat, diese in einem leeren Mayonnaise-Eimer zu präsentieren, wird wohl auf ewig das Geheimnis des Künstlers bleiben. Gewisse Anleihen bei Beuys sind aber unverkennbar. Kunst hin oder her, für mich zählt vielmehr, dass ich schon gute 200 Höhenmeter in den Beinen habe. Es geht noch ein paar hundert Meter geradeaus auf der Straße. Dann zweigt links die Forststraße Richtung Madonna del Runal ab. Zuerst geht es flach durch dichten Laubwald, später ziemlich steil bergauf. Der dichte Wald und der sich verdunkelnde Himmel ergeben eine düstere, fast bedrohliche Stimmung. Hinzu kommt, dass ich wieder einmal mutterseelenallein bin. Ein Lichtblick, im wahrsten Sinne des Wortes, taucht in Form des Wallfahrtskirchleins auf, weil es auf einer baumfreien Kuppe steht.

Es ist Zeit für die erste Getränkepause und so werfe ich mein Bündel ab, um die Gegend besser erkunden zu können. Das Kirchlein ist jedenfalls schon mal abgesperrt, welch ein Ärger. Jedoch gibt es für die Gläubigen, die wie ich gerne eine Kerze entzünden wollen, außerhalb der Kirche die Möglichkeit dies zu tun. Ungeachtet jeder Waldbrandgefahr stehen in einem Metallgestell Kerzen in einer sehr dekorativen Plastikhülle zur Verfügung, die im Fach darüber entzündet aufgestellt werden können. Da mich meine erste Kerze unbeschadet bis hierhergeführt hat, erneuere ich meinen Bund und vertraue auf eine weitere sichere Passage. Ich schließe alle meine Lieben zu Hause in meine Gedanken mit ein und auch den kleinen Emilio Zoppè, der hier achtjährig im Herbst 1917, während der sogenannten Piave-Offensive, von einer feindlichen Bombe getötet wurde, wie es auf einer Gedenktafel an der Außenwand der Kirche heißt.

Bevor ich hier weiter Trübsal blase, ziehe ich lieber weiter. Die Forststraße endet hier. Nun bin ich gespannt, wie man es im Cansiglio mit der Wegmarkierung hält. Erfreulicherweise stellt sich heraus, dass hier sehr fleißig markiert wird. Nahezu an jedem zweiten Baum prangt ein orangefarbiger Punkt mit der schwarzen Buchstaben-Ziffern Bezeichnung des Weges. Bis zum Forsthaus Palughetto folge ich der Wegweisung E1. Für ein mittelgebirgsähnliches Gelände sind die Rampen mächtig steil. Hier kommen noch ein letztes Mal meine treuen Gefährten, die Wanderstöcke, zum Einsatz. Über die vielen Tage im Hochgebirge habe ich sie wirklich schätzen gelernt. Es beginnt zu regnen. Doch die mächtigen Kronen der Laubbäume halten das Gröbste erst einmal ab. Aber die Erfahrung lehrt, dass, wenn sich genügend Wasser auf den Blättern angesammelt hat, dicke Tropfen auf den Wandersmann einprasseln. Deshalb halte ich mich noch einmal richtig ran und bezwinge die restlichen 300 Höhenmeter relativ schnell.

In der Nähe des Forsthaus Palughetto genehmige ich mir ein Banane to go. Mehr ist im Moment nicht möglich. Die Schauer werden stärker. Sie treiben die Mountainbiker, die an mir auf dem Teersträßchen gen Tal rauschen, von den Höhen. Das Sträßchen endet im Weiler Campon und trifft dort auf die Provinzstraße, die ich auf der Hasenfuß-Variante genommen hätte. Die Zielhöhe, knapp 1.100 Meter über dem Meer, ist damit bereits erreicht. Jetzt muss ich nur noch den Anschlussweg E2 finden. Das gelingt nicht sofort, weil die Markierung erst wieder im Wald einsetzt. Von da an ergibt sich aber das gewohnte Bild. Markierungen soweit das Auge reicht. Waren in den höheren Lagen der Alpen die Nadelgehölze dominant, so ist hier durchweg Laubwald zu bestaunen. Es liegen so viele Blätter auf dem Boden, dass man sich schon im Herbst wähnt. Ohne größere Steigungen geht es noch eine dreiviertel Stunde so weiter, bis völlig unvermittelt der Wald zu Ende ist und der Blick über eine sattgrüne, freie Fläche streift. Ein fast kreisrunder Kessel von etwa 2 Kilometer Durchmesser ist umgeben von bewaldeten Bergrücken, die eine Meereshöhe von bis zu 1.500 Meter erreichen. Auf der Hochebene sind ganz vereinzelt Gehöfte verteilt.

Wenn ich nicht genau wüsste, dass ich mich in Italien befinde, würde ich diese Gegend nach Schottland verorten. Auch das Wetter ist irgendwie schottisch unentschlossen. Jetzt kommt wieder die Sonne heraus, was aber für den Rest des Tages nichts heißen mag. Der Einfachheit halber lege ich den Rest des Weges auf der Provinzstraße zurück. Noch vor dem Mittag treffe ich am Rifugio Albergo San Osvaldo ein.

In der Erwartung von himmlischer Ruhe, die in dieser Abgelegenheit garantiert sein müsste, platze ich in ein Durcheinander von schon fast biblischem Ausmaß. Die Freiflächen vor der Hütte quellen über mit Menschen. Im Inneren der Bar kann ich gar nicht zum Tresen vordringen, um einzuchecken. Links und rechts der Straße parken unzählige Autos. Hinter der Hütte steht auf einem großen Parkplatz eine Art Bierzelt. Gegenüber, auf der anderen Seite der Straße, wird auf einer Wiese, die mit Fähnchen dekoriert ist, eine stark besuchte Feldmesse abgehalten. Es sind so viele Menschen da, dass das dahinterliegende Kirchlein fast verschwindet. Die Messe ist leider schon fast zu Ende. Ich bekomme nur noch den Schlussgesang zu hören. Vor einigen Jahren besuchte ich einmal die Aufführung der Oper Nabucco in der Freilichtbühne von Oberammergau. Der Gefangenenchor erschien mir damals schon als sehr beeindruckend. Aber im Vergleich zu diesem mit Intensität vorgetragenen Schlussgesang war das seinerzeit nur ein Kindergeburtstag. Was mag das für eine Veranstaltung sein? Das Rätsel löst sich von selbst, weil überall Plakate hängen, die den 24. Cansiglio day der Trevisani nel Mondo ankündigen. Hier treffen sich also Menschen aus der Provinz Treviso, die in alle Welt ausgewandert sind. Sie reisen von überall her an, um sich in der alten Heimat mit alten Freunden zu treffen. Mangels Internet, das hier oben nicht erreichbar ist, kann ich nicht herausfinden, ob die Zusammenkunft weltlichen oder christlichen Ursprungs ist. Über die Motivation des Auswanderns kann ich nur spekulieren. Doch ein gewisser Anteil wird wohl aus finanziellen Gründen ausgewandert sein. Wo jetzt der grundlegende Unterschied zu den sogenannten Wirtschaftsflüchtlingen dieser Tage sein soll, erschließt sich mir nicht.

Ich beschließe das Tohuwabohu abklingen zu lassen und ziehe mich in eine etwas entfernt liegende Picknick-Zone zurück. Schließlich hatte ich mit einer Brotzeit im Grünen gerechnet und man hat ja auch keinen Kühlschrank auf dem Buckel. Obwohl man sagen muss, auch das geht. Ich habe einmal ein Buch von einem irischen Radiomoderator gelesen, der aufgrund einer verlorenen Wette, die wahrscheinlich in Guinness-Laune entstanden ist, mit einem Kühlschrank im Gepäck ohne eigenes Auto die Insel umrunden musste. Während im Bierzelt jetzt das gemeinsame Mittagessen serviert wird, vertilge ich meinen eingeplanten Proviant.

Gegen 3 Uhr zerstreut sich das Volk, nachdem das komplette Festprogramm abgearbeitet ist. Es ist Zeit einzuchecken. Das Rifugio Albergo kann sich nicht so richtig entscheiden, ob es eine Hütte oder ein Hotel sein soll. Für eine Hütte spricht, dass ich angehalten werde die Scarponi auszuziehen, bevor ich in das Obergeschoss aufsteige. Für ein Hotel spricht, dass ich eine eigene Dusche auf dem Zimmer habe. Für eine Hütte spricht, dass ich keinen Fernseher auf dem Zimmer habe. Allerdings gibt es einen Fernsehraum, der so winzig ist, dass außer dem Fernseher und ein paar Sofas kaum 2 Quadratmeter freier Boden zu sehen sind. Am langen Ende kommt es nicht darauf an, wie die Unterkunft klassifiziert ist. Das Zimmer ist sehr gemütlich. Mehr ist gar nicht von Nöten.

Ich verfasse meinen Tagesbericht wie immer, auch wenn ich kaum Hoffnung habe, dass er heute noch meine Follower erreicht. Bis dato konnte ich hier oben noch keinen Flecken mit Netz auftreiben.

Ein Ausflug nach Schottland 31.07.16, 15:30

Heute war schottischer Tag mit Regen schon am Vormittag (eigentlich immer wieder mal gemischt mit sonnigen Abschnitten). Ausserdem, man startet auf etwa 400 Metern im tiefsten Italien, kommt man nach 700 Höhenmeter, ehe man sich versieht, im tiefsten Schottland raus. Der Altipiano di Cansiglio könnte auch in der Gegend vom Loch Ness liegen (wie man am Bild des Tages sieht).
31.07.16, 15:49

Die technischen Daten der dreiundzwanzigsten Etappe: 11,5 km, 750 Höhenmeter, 100 Höhenmeter abwärts, 3:12 Wanderzeit, Wanderpartner keiner   31.07.16, 15:52

Dass man in Italien ist, hat man aber vor Ort sehr schnell mitbekommen, denn heute ist der 24. Cansiglio Day der Trevisani nel Mondo. Ich kann mangels Netz nicht nachsehen, was das für eine Organisation ist. Aber es muss etwas Christliches sein, denn die Tagesordnung war, Versammeln am Festzelt, Feiern einer Messe am Kirchlein gegenüber und Mittagessen im Festzelt. Ich konnte nur die letzten beiden Punkte beobachten. Beide wurden mit Hingabe zelebriert. Italien eben.
31.07.16, 16:03

Auf einem weiteren Exkursionsgang gelingt es mir, eine SMS an meinen Sohn durch das Telefonnetz zu quetschen, mit der Botschaft, dass der Tagesbericht erst morgen eintrudeln wird. Mittlerweile ist es so ruhig, wie ich es erwartet hatte. Nur wenige Unentwegte kommen am späten Nachmittag noch mit dem Auto hier herauf. Das ist schade, weil sich gerade ein Sonnenuntergang mit sehr hübschen Lichtspielen abspielt.

Nun ist es Zeit mein Halbpensionsabendessen einzunehmen. Im Erdgeschoss gegenüber der Bar liegt der erstaunlich groß dimensionierte Speisesaal, ein weiteres Indiz dafür, dass es sich hier um ein Hotel handelt. Von den geschätzt 40 Tischen sind nur 3 besetzt. Eine Familie sitzt in der anderen Ecke des Raums. Sie ist obendrein durch eine Säule versteckt. Am Tisch mir direkt gegenüber kommt ein älterer Mann zu sitzen, der wie ich Alleinreisender ist. Das Personal behandelt ihn wie einen Stammgast. Jedes winzige Detail der Speisenfolge wird, wie es in Italien sehr gern gemacht wird, einzeln ausverhandelt. Darf es statt der Kartoffeln vielleicht ein paar Bohnen sein, anstelle des Desserts vielleicht ein kleiner Grappa? Ich hingegen nehme alles von der Stange. Die drei Gänge munden köstlich. Irgendwie komme ich von meinem Gegenüber nicht los. Warum ist er allein? Warum ist er hier oben und nicht in einem angenehmen Seebad und lässt sich die Meeresbrise um die Nase wehen? War er früher mit seiner längst verstorbenen Gattin öfter hier? Wo ist der Rest der Verwandtschaft? Eine Frage gibt die Andere. Irgendwie habe ich das Gefühl, dass sich der ältere Herr in gleicher Weise mit mir beschäftigt. Zu einem Gespräch kommt es nicht. Stumm nehmen wir für eine knappe Stunde Anteil am Leben des jeweils Anderen.

Nach dem Essen vertrete ich mir noch einmal die Beine. Diese Hochebene ist wettertechnisch in der Tat ein Wunderkästchen. Anstelle des sonnigen Abends ist eine mystische Nebelstimmung getreten. Der Nebel ist so leicht und transparent, dass man den Himmel darüber noch erkennen kann. Am Boden aber umhüllt er jeden Gegenstand und macht dessen Konturen weich. Nun bin ich vollends überzeugt, dass ich tatsächlich in Schottland gelandet bin.

Es wird schon leicht duster, als ich mein Zimmer aufsuche. Nachdem sich im Zimmer kein Fernseher befindet, ich kein Netz habe und auch keine dicken Wälzer im Gepäck mitführe, kommt mir der Gedanke, ich könnte Musik hören. Ich habe meine Kopfhörer schon seit Anbeginn der Reise in meiner Tupper-Box, die die Ladegeräte trocken halten soll. Benutzt habe ich sie noch kein einziges Mal. So habe ich unbewusst ein akustisches Fasten betrieben, mit 23 Tagen Musikabstinenz, denn ich halte nichts davon auf dem Weg mit Ohrenstöpseln herumzurennen. Ich halte das für eine Missachtung des Gesamtkunstwerkes der Natur, zu dem nun einmal auch akustische Reize gehören. Außerdem wüsste ich gerne vorher, ob Habichte in der Luft sind oder ob sich ein übellauniger Bär seinen Rücken an einem Baum schubbert oder ob mich ein rabiater Radler Rambo von der Straße kegeln will.

Inspiriert vom Titel meines gestrigen Tagesberichtes starte ich mit Southbound Again von den Dire Straits und ich werde in eine andere Welt katapultiert. Egal welches Lied folgt, eine Gänsehaut jagt die nächste. Das Tageslicht, das immer schwächer zum Fenster hereinschimmert, tut sein Übriges. Die Erkenntnis ist zwar nicht gerade neu, dass man nach längerem Verzicht, Dinge viel intensiver genießen kann. Aber noch nie war mir das so klar wie an diesem magischen Abend.

Diese Musiksession ist ein würdiger Ersatz für den entgangenen Traum, auf der Terrasse des Rifugio Citta di Vittorio Veneto mit Blick auf das Meer ein Glas Rotwein zu trinken. Durch meine etwas konservative Quartierwahl bleibt mir der Blick auf das Meer heute verwehrt. Aber das steigert die Vorfreude auf morgen. Weil morgen müsste es soweit sein. Ab morgen lasse ich die Kopfhörer wieder stecken. Denn ab morgen muss ich lauschen, ob ich Möwen kreischen höre. Wenn man einen Möwenschrei hört, ist das Meer nicht mehr weit.

Meer in Sicht!
01.08.2016 Pian del Cansiglio - Stevena

„Balduin, ich hab nichts anzuziehn". Dieser Gedanke kommt mir in den Sinn, als ich frühmorgens aus dem Fenster die tiefhängenden Wolken sehe. Denn bei uns Wanderern heißt es, wie man sich kleidet, so geht man. Einen vollständigen Klamottenwechsel in der Pampa versuche ich nach Möglichkeit zu vermeiden. So setze ich heute auf mein kurzes Beinkleid, in der Erwartung, dass sich mit fortschreitendem Abstieg, und davon gibt es heute reichlich, die Temperatur entsprechend erhöhen wird. Am Nachmittag sollte ich auf weniger als 100 Meter über dem Meer aufschlagen. Da unten wird es bestimmt muckelig warm sein. Auf dem Weg dorthin liegt die letzte Klippe in Form des Passo Crosetta. Rein rechnerisch sind das von hier nur 100 Höhenmeter. Aber im Gegensatz zu den nächsten 3 Tagen, wo mich gar keine Steigung mehr erwartet, ist das fast schon ein Hauch von Abenteuer. Und irgendwann auf dem langen Marsch nach unten werde ich hoffentlich einen Blick auf das Meer erhaschen können.

Auch beim Frühstück bleibt sich das San Osvaldo treu. Das Angebot liegt zwischen Hütte und Hotel. Hinreichend gesättigt steige ich in meine Treter, die schon artig an der Türe warten, und ziehe los. Die Luft ist feucht und schwer. Der nächtliche Regen hat die sattgrünen Wiesen mit nassem Glanz versehen. Die gesamte Hochebene inklusive der Provinzstraße, der ich den ersten Kilometer Richtung Süden, wohin sonst, folge, ist noch recht verschlafen. In der Nacht jedoch müssen einige Helferlein sehr geschäftig gewesen sein. Das Festzelt und alle restlichen Spuren des Cansiglio Day sind rückstandlos verschwunden.

An der Bar Capanna Genziana, der Enzianbar, halte ich mich links und folge der Wegweisung M-N-O, die hier identisch mit dem Anello del Cansiglio ist. Solche Rundwege scheinen ein Steckenpferd der Italiener zu sein. Ich könnte spielend auch der Provinzstraße folgen, die mich in circa 45 Minuten zum Passo Crosetta führen würde. Aber ich möchte mir die letzte Gelegenheit auf weiches Waldgeläuf nicht entgehen lassen. Pflastertreten werde ich die nächsten Tage zur Genüge haben. Der Weg verläuft unweit der Straße an einem Waldrand entlang. Wurzeln und Gestein sind ob der Nässe enorm glitschig. Deshalb bekommen meine Wanderstöcke noch einmal einen weiteren Einsatz.

Eine erste, leichte Skepsis beschleicht mich, weil der Weg an Höhe verliert. Das erscheint mir total widersinnig, gelten doch eigentlich Pässe als der niedrigste Übergang über Bergketten. Wo sollen die Bäche und Rinnsale hinfließen? In meinen Augen müsste sich am

Ende dieser Senke ein See oder zumindest ein Sumpf befinden, denn abfließen kann das Wasser nicht. Nichts dergleichen tritt ein, seltsam, seltsam.

Am tiefsten Punkt der Senke trollen sich die Wege M und O zusammen mit dem Anello del Cansiglio nach links. Mir bleibt der Weg N, der sich schon nach wenigen Metern als das totale Fiasko entpuppt. Die fast schon traumatische Erinnerung an den Weg 499 am Monte Pelmo holt mich sofort ein. Der Weg ist genauso verwildert und zugewachsen wie dort. Doch es geht noch schlimmer. Der Bewuchs ist nicht ordinäres Gras, nein, es sind Brennnesseln. Welcher stumpfsinnige Styleberater hat mir heute in der Frühe zu kurzen Hosen geraten? Ich funktioniere meine Stöcke um und verwende sie ab jetzt als Macheten-Ersatz. Trotzdem lässt es sich nicht vermeiden, dass die in Teilen hüfthohen Brennnesseln so manches Mal ihren Weg an meine ungeschützten Beine finden.

Obwohl die Provinzstraße gar nicht weit sein dürfte, kann ich sie weder sehen noch hören. Die eben verlorene Höhe muss jetzt wieder zurückgewonnen werden. Der Weg oder das, was ich für den Weg halte, wird zusehends steiler. Zusammen mit dieser unheimlich schweren Luft und dem Freischlagen einer Fahrrinne ergibt das eine Anstrengung, mit der ich heute nie und nimmer gerechnet hätte. Ich keuche wie weiland am Kesselberg.

Nun setzt auch noch zu allem Übel kurzfristig die Markierung aus. Trotz der dichten Bewaldung ragen an allen Seiten der immer schmaler werdenden Schlucht unüberwindliche Felsen auf. Zwischen den Felsen ergeben sich immer wieder Lücken, die jede für sich ein möglicher Aufstieg sein könnte. Ich zähle mindestens drei mögliche Varianten. Es ist fast wie in der Fernsehshow „Geh auf's Ganze!", in der man die Wahl zwischen drei Toren hatte. Nur lauert hier hinter der falschen Tür nicht der Zonk, der lediglich den Verlust des bis dahin erworbenen Gewinns bedeutete, sondern ein Verirren oder sogar einen Absturz in unwegsamem Gelände.

Ich muss schon fast lachen. Kann es sein, dass ich auf dem letzten Kilometer vor der rettenden Teerstraße in eine, die ganze Tour gefährdende Krise gerate? Trotz Sauerstoffschuld ringe ich mich zu einem, wie ich finde, soliden Plan durch. Ich nehme die mir plausibelste Lücke und schlage mich bis zu dem Punkt durch, an dem ich an ein unüberwindliches Hindernis gerate. Durch das Freischlagen des Weges müsste ich den Weg zurück eigentlich problemlos wiederfinden. So könnte ich zum Ausgangspunkt zurückkehren und die nächste Variante in Angriff nehmen. So geschieht es.

Doch ein „try and error" ist gar nicht von Nöten. Mein über 23 Wandertage geschärfter siebter Sinn hilft mir auf Anhieb die richtige Variante zu wählen. Nach einem mörderisch steilen Stück setzt die Markierung wieder ein. Nach weiteren wenigen Minuten vernehme ich die ersten Straßengeräusche. Schließlich erreiche ich unbeschadet die Provinzstraße. Am liebsten würde ich mich auf die Knie werfen und den Boden küssen. Doch das mache ich aus zwei Gründen nicht. Erstens würde ich mir meine Knie wegen der kurzen Hosen schmutzig machen. Und zweitens macht man sich dabei die Knie kaputt, wie es in dem sagenhaft komischen Film „Die Commitments" heißt (als es darum geht, dass der Sänger einer neu zu gründenden irischen Musikband die theatralische Geste eines Soul-Sängers nachmachen sollte).

In weniger als fünf Minuten ist die Passhöhe erreicht. Viel ist hier nicht los. Neben einem verlassen wirkenden Haus der Forstverwaltung gibt es immerhin ein dekoratives Schild, das den höchsten Punkt anzeigt. Wir Rad- und Wandertouristen haben für so etwas durchaus etwas übrig, können wir doch so beweisen, dass wir diese Höhe erklommen haben. Dass man von hier oben das Meer nicht sehen kann, wundert mich nicht. In den Artikeln im Internet über den Pass war von Meerblick nie die Rede. Außerdem ist laut meiner Landkarte hier oben mit durchgehend Wald zu rechnen. Von nun an geht es im wahrsten Sinne des Wortes bergab, geschätzt etwa dreieinhalb Stunden lang. In punkto Meerblick setze ich meine Hoffnung auf eine größere Lichtung namens Coda del Bosco, was wohlmeinend übersetzt Waldwinkel heißt. Der Ort der Begierde liegt noch gut eine Stunde voraus.

Ich verlasse die Passstraße, die am langen Ende in Vittorio Veneto landet, was viel zu weit im Westen liegt, nur wenige hundert Meter unterhalb des Kulminationspunktes, nach links auf die Staatsstraße 61. Diese Straße dürfte in die Geschichte eingehen unter dem Motto „Straßen, die kaum einer braucht". Weder in Marschrichtung noch in der Gegenrichtung lässt sich bemerkenswerter Verkehr verzeichnen. Die Höhe wird auch nur mäßig abgegeben. Das ist einerseits sehr beinschonend. Auf der anderen Seite spannt es einen wirklich auf die Folter. Ist die Lichtung groß genug für einen Blick aufs Meer? Wird es überhaupt zu sehen sein? Die Wolken hängen nach wie vor sehr tief. Vielleicht wird es so wie in mancher Silvesternacht, wenn die Raketen viel zu früh im Nebel verschwinden. Da freut man sich schon den ganzen Tag auf Feuerwerk und dann wird es ein Rohrkrepierer. Der dichte Laubwald will und will nicht enden.

Nach einer gefühlten Ewigkeit gibt der Wald plötzlich den Blick auf eine Wiese frei. Mitten in der Wiese befindet sich ein kreisrundes Wasserloch, das von einem ebenso kreisrunden Ring Buschwerks umgeben ist. Das ist ein seltsames Bild und regt einige Gedankenspiele über die Entstehung dieser Erscheinung an. Ich bin damit so beschäftigt, dass ich die Hauptattraktion des Tages anfangs gar nicht bemerke. Erst als ich den Kopf hebe, werde ich gewahr, dass sich geradeaus über einen baumlosen Buckel hinweg eine wahrhaft gigantische Aussicht auftut. Hinter der Anhöhe fällt das Gelände so unvermittelt ab, wie ich es bis jetzt nur ein einziges Mal in meinem Leben erfahren habe, als wir nach stundenlanger Fahrt durch die Wüste an der Kante des Grand Canyon zu stehen kamen. Der Blick fällt 800

Meter in die Tiefe, wo er erst wieder Halt in der weiten Fläche Venetiens findet. Dieser Eindruck der Leere trifft mich wie ein Hammer. Mir bleibt der Mund vor Staunen offen.

Ich umrunde die Anhöhe, um ein noch besseres Sichtfeld zu bekommen. Der Anblick ist phänomenal. Er reicht von den Krainer Bergen bis hinunter zur Halbinsel Istrien im Osten und bis in die Gegend von Venedig im Westen. Zu meinen Füßen liegt der zersiedelte Flickenteppich der Tiefebene Venetiens. Darüber spannt sich ein Himmel grau wie Zinkblech. Ganz vorne, wo die Adriaküste einen langgezogenen Halbkreis beschreibt, läuft das Grau der Wolken in ein lichtes Weiß aus. Das Weiß folgt dem Verlauf der Küste in einem ebenso langgezogenen Halbkreis. Es ist fast so, als würde das Meer keine dunklen Wolken über sich dulden. Durch diesen dünnen Wolkenschleier dringt offenbar genügend Sonne, um das Meer zum Funkeln zu bringen. Es ergibt sich ein ganz dünner Streifen leuchtenden Silbers. Kein Zweifel, das ist es, das Meer.

Augenblicklich strömt das aufputschende Gefühl des Triumphs durch meinen Körper. Ich recke die Hand zu einem Siegerjubel in die Höhe und vollführe ein kleines Tänzchen. Würde mich jetzt jemand sehen, würde er glatt an meinem Verstand zweifeln. Würde er die Vorgeschichte kennen, würde er mich sofort verstehen. Ich fühle mich wie Columbus beim Anblick Amerikas. Damals hat sicher einer vom Mast heruntergebrüllt „Land in Sicht". Für mich heißt es hier und jetzt, „Meer in Sicht!".

So nah kann Freud und Leid beim Wandern beieinanderliegen. Eben noch stand ich ratlos in unwirtlichem Gelände und jetzt stehe ich auf einem Balkon mit atemberaubender Aussicht. Ich muss lange zurückdenken, um in meiner Erinnerung einen ähnlichen Augenblick zu finden, an dem ich mit mir und der Welt so zufrieden und in Einklang war wie jetzt. Wie zur Bestätigung meldet sich meine innere Stimme nach langer Zeit wieder zu Wort: „Na also, geht doch. Peter, das hast Du gut gemacht. Jetzt hast Du Dir eine Banane verdient." Es tut so unsagbar gut diese Worte von sich selbst zu hören. Schon als Kind bekommt man antrainiert, dass Eigenlob etwas Anrüchiges ist. Das ist enorm schade, weil es an einem gesunden Innenleben einen gehörigen Anteil hat. Ab jetzt gedenke ich mich öfter zu loben.

Ich krame aus meinem Rucksack meine Belohnung hervor, setze mich auf einen Stein und bin einfach mal für ein paar Minuten glücklich. Dazu genügt es den Blick von den Bergen zur Linken bis zur Ebene zur Rechten schweifen zu lassen und wieder zurück. Das hat schon fast meditative Züge. Leider wird es auf die Dauer dann doch ein bisschen kühl, so dass ich mich losreiße und wieder aufsattele. Ich verlasse den Ort, der, wenn er mit dem Auto erreicht wird, zwar schön ist, aber seine Faszination nur dann voll entfaltet, wenn man ihn zu Fuß nach 23 Wandertagen erreicht.

Von nun an geht es bergab richtig zur Sache. Das Gefälle ist stattlich. Die Straße schlängelt sich an mächtig steilen Abhängen, manchmal auch Felswänden, entlang. Hier bleibt nicht viel Platz zum Siedeln. Trotzdem befinden sich an der Straße, wo immer sich Platz findet, kleine Wochenendhäuschen. Sie scheinen bei den Flachländern sehr beliebt zu sein, wegen der Aussicht und auch wegen den Kühle, die sehr angenhem sein muss, wenn unten die Hitze brütet. Eigenartigerweise wird es heute auch gar nicht richtig wärmer, je weiter ich nach unten komme.

In endlosen Serpentinen windet sich die Straße nach unten. Mit fußläufigen Touristen rechnet hier offenbar niemand. Deshalb gibt es auch keine Bänkchen für eine Mittagspause. Ich lege diese in einer Hauseinfahrt ein. Untermalt wird das Ganze von einem ohrenbetäubenden Lärm. Er ist tierischen Ursprungs und wird höchstwahrschlich vom Stamm der Monstergrillen hervorgerufen, die sich aber meinen Blicken entziehen. Je länger der Abstieg dauert, desto mehr spüre ich es in den Beinen. 1.000 Höhenmeter sind nun mal kein Pappenstiel. Die Alpensüdseite ist in dieser Gegend ziemlich unerbittlich. Sie leistet sich nicht, wie an der Nordseite, auslaufende Wellen. Nein, die Berge gehen unvermittelt mit einer Treppe von fast einem Kilometer Höhe los. Lediglich ein ganz schmaler Streifen mit kleineren Hügeln ist dieser Mauer vorgelagert.

Genau in diesem Streifen, wo auch der Weinanbau beginnt, befinde ich mich, als mich ein Schauer auf freier Strecke erwischt. Ich bin gerade in der Phase, in der ich möglichst schnell ankommen will. Meine Energien für den Tag sind schon ziemlich am Ende. Daher versuche ich meinen Regenschutz im Gehen überzuwerfen, was aufgrund der schon mangelnden Konzentration total misslingt. Ich verheddere mich dermaßen hoffnungslos, bis ich ein unentwirrbares Knäuel aus K-Way, Körper und Rucksack bin. Alle Achtung, es ist mir gelungen mich selbst zu fesseln. Ich beschließe es so zu lassen und wenn mich einer danach fragt, kann ich immer noch so tun, als verstünde ich ihn nicht.

Allzu lange regnet es ohnehin nicht. Der Regenschutz bleibt aber trotzdem wo er ist. Auf einem der letzten Hügel vor der Ebene liegt die Burg von Càneva, die es noch zu umrunden gilt. Ich durchquere den Ort und bin sehr erleichtert, dass mein Ziel, der Ort Stevena, unmittelbar an Càneva angrenzt. Es ist 14:00 Uhr, also mitten in der italienischen Siesta, als ich durch menschenleere Gassen ziehe. Um diese Zeit ist in den Orten Italiens nie viel los. Hier ist gar nichts los. Fast hat man den Eindruck, der Ort wurde verlassen. Auf einem Platz, der wie die Ortsmitte aussieht, peile ich mit dem Navi die Lage. Das gute Stück führt mich in wenigen Minuten zur Unterkunft, dem Ca Damiani, einer venezianischen Villa aus dem 18. Jahrhundert.

Der Garten der Villa ist mit einer übermannshohen Mauer eingefriedet. Es dauert schon eine Weile, bis ich das Gartentor finde. Aber auch hier scheint man mit fußläufiger

Kundschaft nicht zu rechnen. Die Gegensprechanlage ist auf der Höhe eines Autofensters angebracht, so dass ich mich beim Sprechen herunterbücken muss. Nach einem kurzen Dialog öffnet sich das immense Gartentor mit lautem Quietschen automatisch. Für mich persönlich hätte es auch ein Gartentürchen mit simpler Klinke getan. Durch knöcheltiefen Kies kämpfe ich mich über den üppig dimensionierten Parkplatz. Als ich an der Rezeption, die sich in einem riesigen Foyer befindet, die Formalitäten erledige, war es plötzlich wieder da, das Problem, dass ich deutlich underdressed bin. Die Besitzerin, die mich sehr freundlich auf Deutsch empfängt, lässt mich das aber nicht spüren. Auf dem Zimmer kann ich befriedigt feststellen, dass dies mit Abstand die feudalste Unterkunft der Tour ist. Das Zimmer ist riesig, fast schon eine Suite. An den stuckverzierten Wänden hängen Gemälde. Auf dem Parkettboden liegen erlesene Teppiche. Die Stielmöbel sind fast zu schade, um sie zu benutzen. Tatsächlich habe ich Bedenken, dass dies zarte Stühlchen meinen Rucksack überhaupt aushält. Mir gefällt es und obendrein habe ich irgendwie das Gefühl, dass ich mir das heute verdient habe.

Auch die Dusche ist klasse und so dauert es ein wenig, bis ich folgenden Tagesbericht verfasse.

Im nautischen Bereich heißt das natürlich "Land in Sicht". Bei uns Wanderern ist eben alles ein bisschen anders. Selten habe ich mich so über den Anblick des Meeres gefreut wie heute. Nach 23,5 Tagen und knapp 400 Kilometern war so eine Art Torjubel fällig. Und danach auf einen Stein setzen und ein paar Minuten verweilen. Herrlich.
01.08.16. 15:18

Meer in Sicht!   01.08.16, 15:09

Die technischen Daten der vierundzwanzigsten Etappe: 22,7 km, 250 Höhenmeter, 1400 Höhenmeter abwärts, 5:02 Wanderzeit, Wanderpartner keiner   01.08.16, 15:21

Heute galt es den letzten ernsthaften Anstieg zu bewältigen, den Passo Crosetta, und hinab in wilder Fahrt (schön wär's aber zu Fuß ist das leider ziemlich anstrengend) auf sage und schreibe 60 Meter über dem Meer. Auf dem Weg bin ich auf die "vergessene " Provinzstrasse SP 61 gestoßen. Die erste Stunde habe ich nur 4 Autos gezählt. Auch im heutigen Zielort Stevena ist echt wenig los. Dafür logiere ich jetzt im Ca Damiani, einer echt feudalen Villa. Man gönnt sich ja sonst nichts.   01.08.16, 15:37

Damit das Glück nicht zu stark die Überhand gewinnt, stellt sich am Nachmittag ein kleines Problem ein. Das einzige Restaurant des Ortes hat am Montag Ruhetag. Zu allem Überfluss habe ich auf dem Weg hierher auch keinen Lebensmittelladen gesehen. Das sieht für den Moment nach einer Notrationsverpflegung mit Getränken aus der Minibar aus.

Am späteren Nachmittag muss ich also einen Erkundungsgang durch die Gemeinde unternehmen. Es mag mir nicht gelingen ein zweites Restaurant aufzutreiben. Doch es gibt einen Lebensmittelladen. Der Laden ist, oh Schreck, geschlossen. Allerdings ist jemand im Geschäft. Ich treffe die Besitzerin bei einem Mittelding zwischen Inventur und Geschäftsaufgabe an. Sie ist aber nach meinem inniglichen Flehen bereit den Laden für mich aufzusperren. Es ist alles da. Die Bananen sind ein bisschen in die Tage gekommen, aber was soll's. Ich erstehe auch Käse aus der Käsetheke und begehe zum hundertsten Mal denselben Fehler. Immer wenn die Verkäuferin ein Stück Käse auf dem Laib andeutet, kauf ich viel zu viel, einerseits weil mir offensichtlich das Augenmaß völlig fehlt, andererseits, weil man sich ja auch nicht lumpenlassen will. Ich verlasse den Laden mit einer prallgefüllten Tüte. Das Hotelzimmergelage kann kommen.

Auf dem Rückweg zur Nobelherberge komme ich noch an einer Bar vorbei. Vor dem Etablissement sitzt ein einsamer, einheimischer Weinliebhaber. Mein unbekanntes Gesicht veranlasst ihn, mich sogleich auszufragen, woher ich komme und was ich in Stevena mache. Er selbst wartet mit einer erstaunlich nüchternen Analyse der Weltwirtschaft im Allgemeinen und des Bankenwesens im Speziellen auf. Das Schwätzchen kommt irgendwie auf mein Abendessen, das beinahe ins Wasser gefallen wäre. Es stellt sich heraus, dass es in der Bar kleine Speisen, auch warme, gegeben hätte. Nun ist es leider zu spät. Den ganzen Einkauf bringe ich nicht im Rucksack unter. Aber vielen Dank für den Hinweis. *(Tipp für alle, die es vielleicht nachmachen wollen: Als letzte Rückfallposition für ein Abendessen in Italien können Bars allemal herhalten. In den meisten Fällen gibt es mindestens belegte Brötchen, wie zum Beispiel Ciabatta oder Toast. Oftmals werden diese in abenteuerlichen Vorrichtungen sogar angewärmt. Wenn man großes Glück hat, zaubert der Wirt auch von irgendwoher Nudeln hervor.)*

Ich ziehe mich auf meine herrschaftliche Suite zurück. Dort vertilge ich auf dem intarsiengeschmückten Tischchen, wo vor Unzeiten das Baronesschen ihre Liebesbriefe schrieb, mit dem Taschenmesser in der Hand den im Übermaß vorhandenen Käse aus dem Tante-Emma-Laden. Das ist Culture Clash vom Feinsten. Solche Situationen kann man sich nicht ausdenken, man muss sie erlebt haben.

Berge sind aus...
02.08.2016 Stevena - Portobuffolé

Die Farbenlehre meiner Tabacco Straßenkarte 1:150.000 Friuli – Venezia Giulia ist wie folgt. Rote Straßen sind Autobahnen. Es versteht sich von selbst, dass diese für eine Wanderung nicht nutzbar sind. Schließlich will man ja nicht in den Verkehrsnachrichten landen. Dunkelorange Straßen sind Staatsstraßen (sprich Bundesstraßen). Wer schon einmal, wie ich, den Versuch unternommen hat diese Straßen mit dem Fahrrad zu nutzen, weiß, dass das alles andere als ein Vergnügen ist. Hier konzentriert sich ein Großteil des Schwerlastverkehrs. Separate Radwege, die auch einem Fußgänger von großem Nutzen sein könnten, sind leider noch die absolute Seltenheit. Deshalb gilt es auch die Staatsstraßen zu meiden. Hellorange Straßen sind Provinzstraßen. Von diesen gibt es solche und solche. Es gibt die vom Typ „Straßen, die keiner braucht", wie die gestrige SP61 vom Passo Crosetta herunter. Und es gibt die vom Typ Ersatz-Staatsstraße, wo sich der restliche Schwerlastverkehr tummelt. Das ist ein bisschen wie im Film Forrest Gump „Life is like a box of chocolate, you never know what you are going to get." Die Provinzstraßen werden sich nicht immer vermeiden lassen. An dieser Stelle muss ich mich wohl überraschen lassen. Gelbe Straßen sind Straßen mit Asphaltbelag (strada secondaria asfaltata). Das klingt vielversprechend nach einsamen, schmalen Sträßchen. Wenn es diese Straßen durchgängig gäbe, hätte ich ausgesorgt.

Neben der Orientierung rechne ich heute mit einem weiteren starken Gegner, der Hitze. Deshalb schleiche ich in aller Frühe um den Frühstücksraum herum, bis er öffnet. Ich genieße noch einmal die gediegene Atmosphäre des Ca Damiani, ohne mit weiteren Gästen in Kontakt zu kommen. Die scheinen alle noch zu schlafen. Routiniert wie ich mittlerweile bin, fällt es mir nicht schwer gegen acht Uhr voll aufgepackt das Quartier zu verlassen. Ich kämpfe mich wieder durch den knöcheltiefen Kies der Einfahrt und schon hat mich die Straße wieder. Der 3-tägige Kurs „Flachlandwandern für Anfänger" kann beginnen.

Der erste Kurstag soll mich in den Ort Portobuffolé führen. Geplant sind circa 18 Kilometer. Ob sich das in der Realität einhalten lässt, ist wegen der oben erwähnten Farbenlehre ungewiss. Auf dem Weg dorthin möchte ich heute auch meine Orientierungshilfe, den Fluss Livenza, aufspüren. Wenn mir das Wanderglück hold wäre, könnte es ja Abschnitte geben, die man auf dem Damm am Fluss zurücklegen kann.

Die ersten Meter lege ich innerorts zurück. Hie und da gibt es hier Bürgersteige, also alles im grünen Bereich. Am Ortsrand halte ich mich in einem Kreisverkehr Richtung Sacile. Diese Straße ist auf der Karte hellorange eingezeichnet und ist somit eine dieser Wundertüten, die schwer einzuschätzen sind. Ich habe Glück. Ich bin auf einen Noisette-Trüffel gestoßen. Die Straße, offensichtlich als Umgehungsstraße gedacht, ist üppig dimensioniert, wird aber eigentlich nicht wirklich gebraucht. Als Sahnehäubchen gibt es hier einen breiten Pannenstreifen, der für meine Zwecke, wie gemacht zu sein scheint. Es bleibt also genügend Muße sich von Zeit zu Zeit umzudrehen, um zu beobachten wie sich die Berge immer weiter zurückschieben. Aus der Ferne betrachtet sieht man, dass den Bergen hinter Stevena zwei hässliche Wunden geschlagen werden. Zwei Steinbrüche von gigantischem Ausmaß verschandeln die Gegend. Mein gestriger Weg muss mich zwischen den beiden Löchern in der Landschaft zu Tal geführt haben.

Ich verlasse die Umgehungsstraße und mache einen Schlenker über den Ort Fratta, nur um einmal gelbe Straßen auszutesten. Sie halten, was sie versprechen. Straße und Ort sind sehr gemütlich. Wenig später treffe ich wieder auf die Umgehungsstraße, die sich mittlerweile stark verändert hat. Der Pannenstreifen fehlt und plötzlich stellt sich auch der schwer gefürchtete Schwerlastverkehr ein. In unmittelbarer Nähe liegt die Staatsstraße 13, wo sich zu beiden Seiten Einkaufszentren angesiedelt haben. Beide ziehen den Verkehr an wie das Licht die Motten. Eine Überführung überwindet die Staatsstraße und eine Bahnlinie zugleich. Allerdings geht es hier so eng zu, dass ich mich in den Zwischenraum zwischen Geländer und Leitplanke zurückziehen muss. Im Eilmarsch verlasse ich diesen Ort des Verkehrswahnsinns und biege links in eine gelbe Straße Richtung Vistorta ein.

Hier ist endlich wieder Ruhe. Die Allee mit seinem Bächlein daneben ist direkt idyllisch. Über den Schatten bin ich dankbar, muss aber feststellen, dass ich ihn gar nicht so dringend brauche. Der Himmel ist ganz leicht mit Schleierwolken bedeckt. Diese halten die Temperaturen im angenehmen Bereich. Die Gegend ist so weit vom Schuss, dass man sich sogar mit der Wegweisung dezent zurückhält. Ich navigiere an einer Weggabelung nach Gefühl nach rechts und treffe, wie beabsichtigt, auf den Ort Cavolano, dessen Ortsdurchfahrt unerwarteterweise an einen repräsentativen Boulevard erinnert. Das könnte mit den damals üblichen Ortsrestrukturierungen unter Mussolini zu tun haben. Hinter dem Ort wird die Autobahn A28 unterquert. Wenig später ist eine weitere wichtige Landmarke erreicht.

Der Fluss Livenza ist an der Stelle, wo ich ihn überquere, noch sehr jung. Er geht eher als etwas breiterer Bach durch. Sein türkisgrünes Wasser mäandert etwas unentschlossen durch die Ebene. Es bewegt sich nur im Schneckentempo. Das ist kein Wunder, hat der Fluss auf 100 Kilometer Länge nur 50 Höhenmeter Gefälle zur Verfügung. Hier am Oberlauf scheint er auch noch so harmlos zu sein, dass eine Eindeichung nicht nötig ist. Die Wanderung auf dem Deich muss ich wohl auf später verschieben. Ich freue mich trotzdem darüber, dass ich so problemlos hierhergefunden habe. Das nehme ich zum Anlass für meine Bananenpause. Beim Stöbern nach der Banane stoße ich in meinem Rucksack auf eine undefinierbare, knetmasseähnliche Substanz. In diesem Augenblick wird der Livenza Zeuge der zweiten Weltneuheit, die während der Tour erfunden wird. Neben den Wander-Crocs gelingt mir hier und heute eine Erfindung auf kulinarischem Gebiet, das Rucksackraclette. Der Restposten an Käse, der von gestern überblieb, war unter der Deckelklappe befindlich bis zur Unkenntlichkeit geschmolzen. Ich kann von Glück reden, dass er gut verpackt war. Nicht auszudenken, wenn sich die fette, geruchsintensive Masse über meine Kleidung ergossen hätte. Sobald es geht, werde ich wohl eine Entsorgung vornehmen müssen.

Nach der nächsten Kreuzung, an der ich mich rechts Richtung Brugnera halte, beginnt eine der berüchtigten Geraden Richtung Süden. Das lässt Zeit um ein kurzes Resümee der ersten Stunden im Flachland zu ziehen. Ich bin recht angetan, wie es gerade läuft. Außer dem kurzen Stressintermezzo hält sich der Verkehr in Grenzen. Die Straßen sind meist sehr übersichtlich, so dass man die Autos schon von Weitem bemerken kann. Nur wenn mir ein größeres Gefährt, zum Beispiel ein Bus oder ein Lieferwagen, begegnet, halte ich es für angezeigt in das Bankett auszuweichen. Wenn man Augen und Ohren offenhält, lässt sich das Unfallrisiko begrenzen. Ganz so eintönig ist die Gegend dann auch wieder nicht. Es gibt pittoreske Gehöfte und Villen. Die Ortschaften sind am Vormittag auch mit Leben erfüllt. Die Stille kehrt erst zu Mittag zurück.

Über diese Gedanken gerate ich unbemerkt in ein „Hiker's high". Dieser Zustand, in dem der Körper die gleichförmige Bewegung von selbst übernimmt und der Kopf in seine eigene Welt abdriftet, ist dem „Runner's high" nah verwandt. Das „Hiker's high" besteht nach meiner eigenen Theorie aber noch aus einer dritten Komponente. Während die Läufer zumeist auf bekannten, zu Trainingskontrollzwecken sogar exakt vermessenen Strecken unterwegs sind, begibt sich der Wanderer in der Regel auf unbekanntes Gebiet. Die dritte, geheime Zutat für ein „Hiker's high" ist das angenehme Gefühl auf dem richtigen Weg zu sein, wenn man sich auf das Ziel zubewegt. Das verschafft mir in der Fremde eine Art geschützten Bereich, in dem ich mich sicher und geborgen fühle. Das gilt sowohl für meinen „Weg des Lebens" hier auf der Tour als auch für meinen Lebensweg, der genauso auf ein Ziel zustrebt. Dieses Ziel wiederum ist „etwas Größeres", wie es Pater Florian, Prinz von Bayern, im Titel seines Buches „Weil es etwas Größeres gibt" ausdrückt.

Ich tauche aus dem „High" erst wieder auf, als ich mich in Brugnera befinde. Den Ort San Giovanni di Livenza hatte ich nur im Unterbewusstsein wahrgenommen. Laut Landkarte habe ich hier zwei Straßen der Farbe hellorange zur Auswahl. An der ersten Abzweigung bleibe ich für wenige Minuten stehen und zähle die LKWs, die hier einbiegen. Für meinen Geschmack sind es zu viele und so ziehe ich zur zweiten Abzweigung weiter. Hier ist die

Stichprobe viel besser. Diese Straße wird es. Zuvor muss ich noch in einem Supermarkt meine Getränkevorräte wiederauffrischen. Wie herrlich kühl es in dem Supermarkt ist. Hier verweile ich etwas länger als nötig, indem ich so tue, als könne ich ausgerechnet den Artikel, den ich so dringend brauche, nicht finden. *(Tipp für alle, die es vielleicht nachmachen wollen: Wer ein Überhitzungsproblem hat, eventuell einen Sonnenstich herannahen sieht, der suche einen Supermarkt auf. In Italien sind diese in der Regel schön heruntergekühlt.).*

Auf der für gut befundenen Straße verlasse ich später Brugnera. Am Ortsausgang befindet sich eine schöne Parkanlage, der Parco Villa Varda. Dort lasse ich mir leider die Gelegenheit entgehen, mehrere hundert Meter auf weicherem Untergrund im Parco zu laufen. Nun wird es doch ein wenig warm. Die Straßen leeren sich zusehends. Umso skurriler mutet die nächste Begegnung mit Einheimischen an. Von hinten deutet sich eine Überholung durch unregelmäßiges Quietschen an. Auf einem klapprigen Minirad kurbelt ein älterer Herr in schäbiger Turnhose und Unterhemd bekleidet ein Tempo, das nur wenig größer ist als meines. Auf dem Gepäckträger steht ein Kind, wahrscheinlich sein Enkel, und schaut über ihn drüber. Es muss eine Ewigkeit her sein, seit ich ein solches Gespann das letzte Mal gesehen habe. Der Herr ruft mir ein freundliches „Buon dì!" herüber. Sagt es und zieht in Zeitlupe an mir vorbei.

Vielleicht war das jetzt eine durch Zuckermangel hervorgerufene Fata Morgana. Deshalb mache ich mich auf die Suche nach einem geeigneten Picknickplätzchen. Heute bin ich dabei nicht sehr wählerisch. Schon im nächsten Ort San Cassiano di Livenza (ich bin also immer noch richtig) bietet sich eine Gelegenheit. Ich lasse mich auf einem Erdwall nieder, der die Tribüne des hiesigen Sportplatzes bildet. Wo sonst am Wochenende die Tifosi ihrem Verein zujubeln, lasse ich mir jetzt lecker Salami schmecken. Da im Ort schon die mittägliche Siesta ausgebrochen ist, nimmt daran auch niemand Anstoß.

Das Studium der Landkarte zeigt, dass ich noch eine knappe Stunde Weg vor mir habe. Das ist insofern wichtig zu wissen, da ich in Portobuffolé eine Verabredung habe. Luca, mein fürsorglicher Gastgeber für heute Nacht, wollte ganz genau wissen, wann mit meiner Ankunft zu rechnen sei. Ich hatte mich auf den Zeitraum zwischen 2 und 3 Uhr festgelegt, was mir noch geräumig Zeit für den Rest des Weges lässt. Nach einer ausgiebigen Pause ziehe ich etwas langsameren Schrittes weiter.

Kurz vor Portobuffolé muss ich an einem Kreisverkehr meine sehr beschauliche hellorange Straße noch einmal in eine andere Straße derselben Farbklassifizierung eintauschen. Ohne Unterlass rauschen nun Lastwagen an mir vorbei. Diese box of chocolate ist ungenießbar. Sie war wohl schon zu lange im Laden gelegen. Glücklicherweise beginnt nach wenigen 100 Metern am Ortseingang von Portobuffolé ein Bürgersteig, der mir ein klein wenig mehr Sicherheit suggeriert. Der geübte Wanderer taxiert seinen Etappenort schon beim

Eintreffen. Das erspart im späteren Verlauf des Tages das Suchen nach einem Restaurant oder einem Supermarkt. Ich komme an einer Apotheke vorbei. Das ist nicht genau das, was ich suche. Aber wenn es gar keinen Supermarkt geben sollte, könnte ich zumindest nach einer Handvoll Traubenzucker-Bonbons fragen, die eventuell auch hier für Kinder bereitgehalten werden. Gegenüber befindet sich ein Restaurant. Todesmutig überquere ich die Straße zwischen den PS-Kolossen, nur um feststellen zu müssen, dass heute Ruhetag ist. Das fängt ja schon wieder gut an. Ich sehe mich schon bei Riegelchen und Wasser auf meiner Bude sitzen.

Nach wenigen Minuten in der Neustadt dringe ich in den historischen Kern des Ortes vor. Er beginnt mit der Villa Giustinian, einer stattlichen Villa, die heutzutage als Hotel genutzt wird. Auf der Zufahrtsstraße zur Villa begegne ich einer Frau, die offensichtlich im Begriff ist, die Villa zu fotografieren. Da ich ein freundlicher Zeitgenosse bin, wechsele ich die Straßenseite, um aus dem Bild zu gehen. Die Frau gegenüber tut es mir nach, worauf ich wieder die Straßenseite wechsele. Doch die Frau gegenüber pariert meine Finte mit der gleichen Gegenbewegung. Ich will der Frau schon durch Zeichen verständlich machen, wie wir es am besten anstellen uns nicht gegenseitig im Wege zu stehen, da fällt es mir wie Schuppen von den Augen. **Die Attraktion bin ich**. Die Frau hat es gar nicht auf die Villa abgesehen, sondern auf mich. Und richtig, im kurzen Plausch, den wir halten, bestätigt sich, dass sie mich als weitgereisten Wanderer ablichten wollte. Sie fragt mich auch noch nach meinen Namen, damit ich für sie nicht der namenlose Wanderer bleibe.

Durch ein wunderschönes Torgebäude betritt man die Altstadt, die ein wahres Schmuckkästchen ist. Die alte Bausubstanz ist durchgängig intakt. Man fühlt sich sofort um mehrere Jahrhunderte in der Zeit zurückversetzt. Diesen Schönheiten werde ich mich später am Nachmittag widmen. Nun gilt es zuerst das Quartier zu finden. Das stellt sich als besonders tückisch heraus. Ich habe zwar die vollständige Adresse und ein Navi. Jedoch ist die Hausnummerierung dermaßen konfus, dass ich chancenlos bin. Daher muss ich mich der Ask a local-Methode bedienen. Ich frage den erstbesten Passanten nach der Adresse. Zu meiner großen Überraschung stellt sich dieser als Luca, mein Gastgeber, heraus und ob ich nicht gleich hereinkommen möchte.

Die nächste Überraschung folgt, als wir durch die Tür des von außen historisch wirkenden Baus treten. Gleich hinter der Eingangstür verbirgt sich ein Küchen-Essbereich von ultramodernem, britischem Chic, mit Vollholzmöbeln und Vertäfelungen. Ich werde in das erste Geschoss geleitet, wo sich 4 Gästezimmer befinden, die alle unterschiedlich mit Designermöbeln gestaltet sind. Mein Zimmer ist äußerst pfiffig gestaltet. So bilden zum Beispiel die umfunktionierten Regler einer Mischbatterie die Haken einer Garderobe.

Ich bin noch ganz verwirrt von dieser innenarchitektonischen Zauberwelt, als ich folgenden Tagesbericht verfasse.

Berge sind aus...　02.08.16, 14:49

...und bekommen wir auch nicht wieder rein. Ich hatte Berge von oben, von der Seite und von unten. Ich hatte grasige Kuppen, schroffe Felsen, schlüpfrige Scheisserchen und steile Zinken. Ja und eines Tages waren sie aus. Und wer jetzt glaubt, dass ich wie Forrest Gump einfach umdrehe und zurücklaufe, wenn ich am Meer stehe, der irrt. Da fahr ich mit dem Auto.　02.08.16, 14:57

Die technischen Daten der fünfundzwanzigsten Etappe: 21 km, 38 Höhenmeter, 99 Höhenmeter abwärts, 4:23 Wanderzeit, Wanderpartner keiner　02.08.16, 15:00

Die erwartete Hitzeschlacht fiel aus. Zum einen weil ich schon früh aufgebrochen bin und zum anderen haben sich immer Wölkchen vor die Sonne geschoben. Manchmal kommt man sich hier vor wie in die Landschaft des Don Camillo versetzt. Überall hat es diese Gutshöfe, wo jeden Augenblick Cagniola oder Smilzo oder Beppone um die Ecke biegen könnte. Na vielleicht treffe ich ja morgen einen von denen.　02.08.16, 15:09

Luca, der Umsichtige, erklärt mir die Restaurantsituation am Ort. Es bleibt nur ein einziges über, das ein wenig teuer sein soll. Aber ich will nicht schon wieder kalte Küche im Quartier machen. Dann muss der Geldbeutel halt ein bisschen leiden. Erfreulicherweise gibt es auch einen Lebensmittelladen, den ich sofort in Augenschein nehme. Er ist gut sortiert und so komme ich reich an Proviant zum Zimmer zurück. Ich finde sogar ein kleines und vor allem leichtes Präsent, das ich morgen der besten Ehefrau von allen überbringen kann. Denn morgen startet die Operation Wiedervereinigung. Wie hieß es im Jahre 1990 so treffend: „Es wächst wieder zusammen, was zusammengehört".

In einem ausgiebigen Telefonat werden die Details der morgigen Sternfahrt nach St. Stino besprochen. Die beste Ehefrau von allen startet am Morgen mit dem Auto von zu Hause, ich zu Fuß von hier und wenn alles klappt, treffen wir uns am frühen Nachmittag im Hotel da Gigi, das sich direkt an der Autobahnausfahrt von St. Stino befindet. Ich bin schon ganz aus dem Häuschen und würde am liebsten sofort loslaufen. Total übermotiviert möchte ich das Abendessen so schnell wie möglich durchziehen, schlafen und dann eilenden Schrittes losmarschieren.

Doch die Küche des Restaurants öffnet erst um 20:00 Uhr. Je weiter man nach Süden kommt, desto später wird zu Abend gegessen Der Hunger plagt mich gewaltig. Ich stromere durch den Ort, der nach wie vor wunderschön ist. Aber das kommt bei mir gar nicht mehr richtig an. Das Essen schließlich ist ausgezeichnet und entschädigt für die Warterei. Zurück auf der Designerbude bereite ich schon alles für den morgigen Abmarsch vor, denn morgen möchte ich keine Zeit verlieren. Die ganzen letzten Tage hatte ich nicht die geringste Eile verspürt. Jetzt habe ich permanent das Gefühl, ich müsse gleich los. Das wird morgen eine rasante Etappe ergeben.

Ja ist den schon Venedig?
03.08.2016 Portobuffolé – San Stino di Livenza

Das Lied "Halt mich!" von Herbert Grönemeyer hält für den Konzertbesucher eine kleine Tücke bereit. Das Lied geht vermeintlich zu Ende. Der Gesang ebbt ab, lebt in einem Klavier-Extro wieder auf, um damit wirklich zu enden. Dies führt regelmäßig zu Applaus an zwei Stellen. Herbert (gesprochen Hrbrt) kommentiert dieses Missverständnis augenzwinkernd, er hätte das bewusst so abgezockt komponiert. Wenn das so ist, ist meine Wanderoper ebenso abgezockt arrangiert. Die Oper neigt sich heute mit dem Wiedersehen mit der besten Ehefrau von allen seinem Ende zu, um morgen noch einmal in einem letzten Furioso, dem langersehnten Zieleinlauf, wiederaufzuleben, die Chance auf zweimal Applaus inklusive.

Eigentlich wollte ich heute besonders früh auf der Piste sein. Aber dem steht Lucas überbordende Gastfreundschaft entgegen. „Darf es noch eine Tasse Tee sein, oder eine Scheibe Toast?" Er bemuttert mich, als hätte er mich, seinen einzigen Gast für diese Nacht, adoptiert. So dauert es doch wieder bis 8 Uhr, meine schon seit längerem normale Abmarschzeit, bis ich auf der Straße bin. Ich laufe noch ein letztes Mal durch die malerische Altstadt zur Landstraße, auf der gestern richtig Zunder war. Heute Morgen lässt sich das Ganze etwas gemütlicher an. Schwere Lasten werden offenbar erst ab dem späteren Vormittag transportiert.

Apropos schwere Lasten. Gestern kam ich noch ein wenig über den Ortsnamen Portobuffolé ins Grübeln. Ich fand es seltsam, dass etwa 50 Kilometer im Landesinneren von einem Porto, einem Hafen, die Rede ist. Trotzdem hat das seine Richtigkeit. Der Livenza ist ab hier schiffbar. Bis in das 19. Jahrhundert wurden Waren auf Lastkähnen hierher transportiert. Höchstwahrscheinlich wurden die Kähne getreidelt, also vom Ufer aus gezogen. Wenn von den Pfaden noch etwas übrig sein sollte, könnte mein Kalkül vom Wandern abseits der Straßen doch noch aufgehen.

An dem vom Vortag schon bekannten Kreisverkehr halte ich mich rechts, Richtung Ghirano. Die Sonne kämpft zur Linken mit einem dichten Wolkenschleier. Noch ist es angenehm frisch. Doch die Sonne wird früher oder später die Oberhand behalten, so dass ein Tag mit maximaler Sonneneinstrahlung bevorsteht. Der Ort Ghirano wird von einem schlanken, rechteckigen Glockenturm dominiert, wie er für die Region Venetien typisch ist. Er ist aus roten Ziegeln erbaut und trägt eine kleine Pyramide als Turmhaube. Somit sieht er seinem großen Bruder, dem Campanile auf dem Markusplatz von Venedig, zum Verwechseln ähnlich. Als Dreingabe ist es den Stadtvätern, bewusst oder unbewusst, gelungen, dass alle

Zufahrtsstraßen exakt auf diesen Turm zulaufen. Vielleicht geht gerade meine Phantasie mit mir durch, aber auf der Landkarte sieht der Ort wie der Mercedes-Stern aus.

In der Ortsmitte halte ich mich rechts Richtung Pasiano, wo immer das auch liegen mag. Auf meiner Landkarte ist ein Ort dieses Namens jedenfalls nicht zu finden. Die Himmelsrichtung scheint aber ins Konzept zu passen. Am Ortsende stößt von links eine Eindeichung zur Straße. Sie gehört zum Fluß Meduna, der in wenigen Kilometern in den Livenza münden wird. Offensichtlich bin ich noch nicht so richtig wach, denn gleich hinter dem Ortschild ergäbe sich die Gelegenheit auf den Deich zu gelangen. Doch ich verschlafe sie im wahrsten Sinne des Wortes. So laufe ich den nächsten Kilometer an einer eher schmucklosen Mauer entlang, die obendrein jede Fluchtmöglichkeit auf der Gegenverkehrsseite verbaut. Ohne Auslaufzone ist mir das zu gefährlich. Daher wechsele ich auf die rechte Straßenseite, was mir die herannahenden Autos im Rücken einbrockt. Wie man es macht, ist es verkehrt. *(Tipp für alle, die es vielleicht nachmachen wollen: Ich kann nicht wirklich dafür garantieren, dass der Deich auch begehbar ist. Aber einen Versuch ist es wert. Besser als sich ständig nach den Autos umzudrehen, wird es allemal sein.)*

Etwas außer Atem, weil ich in solchen Situationen immer die Flucht nach vorne antrete, komme ich am Zusammenfluss von Meduna und Livenza an. Die Straße hebt sich hier auf das Niveau der Deiche. Es entsteht ein Knick, in dessen Schutz sich ein Bauernhof angesiedelt hat. Das Gehöft erweist sich als Eselsfarm, denn sobald die Graukittel meines roten Rucksacks ansichtig werden, veranstalten sie einen unglaublichen Terz. Sie brüllen, was die Stimmbänder hergeben. Ich finde der werte Agrarökonom sollte mit seinen Rabauken einer Stressbewältigungsmaßnahme beiwohnen, geführte Wanderungen mit Eseln vielleicht.

Hier steh ich nun ich armer Tor und habe bei ohrenbetäubendem Lärm die Wahl zwischen zwei Brücken, eine über den Meduna und eine über den Livenza. Beide Wege würden mich früher oder später nach Motta di Livenza bringen, von wo es in den Zielort San Stino di Livenza geht. Linkslivenzianisch, so habe ich den Eindruck, ist der Anteil an gelben Straßen ein klein wenig höher, allerdings zu dem Preis, dass man circa 1,5 Kilometer wieder nach Norden, in die falsche Richtung, laufen muss. Den Ausschlag für diese Variante gibt letztendlich ein Wegweiser, der zu meiner großen Überraschung schon hier den Ort Motta di Livenza ankündigt. Die Distanzangabe von 15 Kilometern halte ich für unverschämt hoch. Aber wer weiß, welche Strecke damit beschrieben ist.

So richtig Freund werde ich mit den italienischen Wegweisern nicht werden. Schon an der nächsten Abzweigung, an der Villa Luppis, einem feudalen Hotel, ist die Hauptrichtung Motta längst vergessen. Der Wegweiser dort weist den Weg nur zum nächsten Heuhaufen. Ein Hinweis auf das Große-Ganze fehlt komplett. Ich kann so nicht arbeiten. Hier ist wieder

Navigation nach Gefühl angesagt. Zum Glück habe ich darin schon reichlich Erfahrung sammeln können.

Trotz gelber Straßen nimmt der Lastwagenverkehr wieder deutlich zu. Die Brummis streben alle einer Zona Industriale zu, die mitten in der Pampa, ohne größeren Ort in der Nähe, angesiedelt wurde. Da kommt der nächste Deich wie gerufen. Der touristische Wert dieser Bauwerke ist in dieser Gegend noch nicht erkannt. Es führen noch nicht einmal Feldwege auf der Deichkrone entlang. Deshalb ist es ein Glücksfall erster Güte, dass ausgerechnet dieser Deich erst vor kurzem gemäht wurde. Nur so kann ich den Ungetümen der Landstraße ein Schnippchen schlagen und mich ins Gelände absetzen. Es läuft sich in diesem stoppeligen Gras zwar nicht besonders gut, doch der Zugewinn an Sicherheit ist es absolut wert. Außerdem freue ich mich wie Bolle, dass mein Plan endlich aufgeht.

Die Suche nach dem idealen Picknick-Platz verhält sich wie Börsenhandel. Der richtige Moment zum Handeln ist schwer zu finden. Man ärgert sich eigentlich immer. So trauert man dem Zeitpunkt nach, an dem man seine Aktien der Geldspeicher-AG auf dem letzten Höchstkurs verkaufen hätte sollen. Oder man wartet auf den geeigneten Zeitpunkt, um seine verlustbringenden Aktien der Ladenhüter-AG abzustoßen, der womöglich nie kommen wird. Genauso ergeht es dem Wanderer auf der Suche nach einem Plätzchen für die Pause. Was war die Bank am See vor 5 Kilometern schön. Doch wer geht schon nur um der Brotzeit willen dorthin zurück? Und wer weiß, ob die nächsten 10 Kilometer überhaupt noch irgendwann ein Bänkchen kommt?

In diesem Sinne gelingt mir heute spontan ein Aktienverkauf auf historischem Höchststand. Die Sonne gewinnt gerade gegen die Wolken. Es wir schlagartig heiß. Ich halte die Zeit der Bananenpause für gekommen und verlasse den Damm zur Flussseite hin. Wie durch ein magisches Tor trete ich in eine paradiesische Landschaft ein. Der Straßenlärm ist wie abgestellt. Es ist traumhaft ruhig. Vor dem gemächlich dahinfließenden Fluss stehen schattige Bäume, die zum Lagern einladen. Die Früchte hängen im Baum. Es würde mich nicht wundern, wenn Eva hinter den Bäumen hervorkäme. Doch ich bin völlig allein. Ich kann diese Einsamkeit fast körperlich fühlen. Wundersamerweise empfinde ich das in diesem Moment als extrem wohltuend. Die Zeit scheint still zu stehen. Das ist ein einzigartiger, ein dichter Moment zum Einrahmen.

Einige Minuten später, nach diesem rauschartigen Erlebnis, finde ich mich auf der Straße wieder. Leider hat jeder Deich einmal ein Ende. Der nächste Kreisverkehr am Ortseingang von Meduna di Livenza holt mich vollends in die Wirklichkeit zurück. Die Wegweiser halten den nächsten schlechten Scherz für mich bereit. Ich finde mein Tagesziel San Stino auf den blauen Täfelchen vor. Soweit so gut. Nur stehen da schon wieder 15 Kilometer als Entfernung. Das kann doch nicht sein. Ich überschlage die Distanzen und komme, wenn man den Angaben auf den Schildern Glauben schenken darf, auf eine Tagesleistung von 30 Kilometern und mehr. Das muss ich auf der Landkarte einer Prüfung unterziehen. Ich greife in das Landkartenfach an der Seite des Rucksacks. Doch ich greife ins Leere. Wo ist sie? **Sie ist weg!** Das miese Karma hat mich voll erwischt. Wusste ich es doch, dass man keine Landkarten in Teile zerschneidet. Jetzt hat sie sich aus Rache aus dem Staub gemacht. Die Anhänger des Navis werden sich ins Fäustchen lachen und mir entgegenhalten, dass man es merken würde, wenn das Gerät zu Boden fällt. Darauf kann ich nur erwidern, dass es aber dann auch höchstwahrscheinlich im Eimer sein dürfte, mindestens aber das Display gesplittert wäre. Die Diskussion hilft mir jetzt in keinster Weise weiter. Soll ich zurücklaufen und suchen? Das erscheint mir mit der Prognose von 30 Kilometern für heute als keine gute Idee. Ich werde mich wohl ohne durchschlagen müssen.

Für das Erste komme ich auch gut klar. Das Zwischenziel Motta ist von jetzt an ausreichend beschildert. Zunächst geht es wieder einmal über den Livenza. Gleich hinter dem Deich setzt erfreulicherweise ein Radweg ein. Auf Radwegen tobt man sich in Italien mit Schildern richtig aus. Was man an Wegweisern spart, kann man hier mehr oder weniger sinnstiftend wiedereinsetzen. Denn hier endet der Fahrradweg nämlich an jeder Einmündung. Natürlich beginnt er auch wieder nach jeder Einmündung, was man den Verkehrsteilnehmern mit je einem Schild mitteilen muss. Zu allem Überfluss setzt man die Schilder mitten in den Weg. Ich möchte nicht wissen, wie viele Radler schon Bekanntschaft mit diesen Hindernissen gemacht haben und über den Lenker abgestiegen sind.

Den Luxus solcher Überlegungen kann ich mir leisten, weil die Strecke schnurgerade ist und die ach so gefährlichen Einmündungen nicht ein einziges Mal zum Anhalten zwingen. Die Sonne sticht mir gnadenlos auf den Pelz. Im nächsten Ort muss ich dringend für Kühlung sorgen. Der nächste Ort ist schon mein Zwischenziel Motta di Livenza. Es liegt an einer Staatsstraße und ist von stattlicher Größe. Doch darin liegt auch schon das Problem. Ich habe keine Ahnung, wie ich ohne Karte den richtigen Ausgang finden soll. Was die Sache erschwert, mein Hirn ist von der Hitze so weichgeknetet, dass ich mit der Handhabe meines Navis im Moment größere Probleme habe. Ich kann und kann den richtigen Maßstab nicht heranzoomen. In meine Verwirrung mischt sich auch noch das Bedürfnis, Kontakt mit der besten Ehefrau von allen aufzunehmen. Warum ich ausgerechnet jetzt wissen will, wie weit sie mit dem Auto schon gekommen ist, bleibt mir selbst ein Rätsel. Tatsache ist, dass ich mit der Gesamtsituation gerade etwas überfordert bin.

Ich rette mich zum Bahnhof von Motta. Das hat mehrere Gründe. Zum einen haben Bahnhöfe auf mich eine beruhigende Wirkung. Das Phänomen ist bisher unerforscht, wirkt aber mit absoluter Sicherheit. Zum anderen hege ich insgeheim die Hoffnung, dass sich dort ein Umgebungsplan findet. Der Bahnhof selbst ist, was das betrifft, eher eine Enttäuschung.

Tatsächlich sieht es so aus, als ob hier schon lange kein Zug mehr gehalten hätte. Doch der Bahnsteig ist schattig und es zieht, welch Wohltat, wie Hechtsuppe, was auf Bahnhöfen ebenso sicher ist, wie seine beruhigende Wirkung auf mich. Dazu verabreiche ich mir noch ausreichend Flüssigkeit. Alles zusammen führt zu einer Abkühlung meines Körpers und meines Gehirns, so dass ein einigermaßen normales Denken wieder möglich wird. Mein neuer Plan lautet wie folgt: Gehe ins Ortszentrum, suche einen Lebensmittelladen, fülle den Getränkebestand wieder auf, suche einen Schreibwarenladen und kaufe eine neue Landkarte. Die Kommandos an mich selbst sind bewusst kurzgehalten, so dass ich sie in der Hitze da draußen nicht wieder vergesse.

Kurz vor der Mittagssiesta, die Fußgängerzone ist schon fast menschenleer, finde ich tatsächlich einen Schreibwarenladen. Sie werden hier Edicola genannt. Schwerpunkt des Sortiments sind Zeitungen und Zeitschriften. Das Angebot reicht aber in der Regel viel weiter. Seltsamerweise gibt es in einem richtigen Edicola mindestens auch Spielwaren. Man kann hier an allerhand Lotterien teilnehmen und, wenn man Glück hat, Bücher und Landkarten erwerben. Das alles knautscht sich auf viel zu wenig Ladenfläche zusammen, was dem Ganzen eine heimelige Atmosphäre verleiht. Das miese Karma scheint an Wirkung zu verlieren, denn es sind tatsächlich Landkarten im Angebot. Leider sind sie allesamt von minderer Qualität. Trotzdem kaufe ich eine, weil ich mich ohne irgendwie nackt fühle. Beim Zahlen frage ich noch, wie ich zu Fuß am besten nach San Stino komme. Der nette Ladenbesitzer erklärt mir, nachdem er seiner Verwunderung ob meines, total abwegigen Wunsches Ausdruck verliehen hat, lang und breit einen Weg, der sich merkwürdig kompliziert anhört. Mir dämmert, dass er mir einen Weg beschreibt, der eher für das Auto gedacht ist. Er tut das nicht, weil er Touristen nicht leiden kann. Nein, er kann nicht anders. Er kennt den Weg für Fußgänger schlichtweg nicht, kann das aber, einem ungeschriebenen, italienischen Gesetz folgend nicht zugeben. Das hieße, er würde eine brutta figura, eine schlechte Figur, abgeben. Die figura muss immer bella sein und so erzählt er mir diese Zote. Wer jetzt den Kopf darüber schüttelt, sollte sich vor Augen halten, dass jeder Kulturkreis, auch der eigene, Eigenheiten hervorbringt, die von außen ein wenig seltsam wirken. Das Problem der Navigation erledigt sich ohnehin von selbst, nachdem mir der freundliche Ladenbesitzer einen Stadtplan von Motta als Dreingabe schenkt. Fünf Minuten und zwei Brücken, eine davon eine reine Fußgängerbrücke, später bin ich auch schon auf freier Strecke nach San Stino.

In jeder Hinsicht wohlversorgt pilgere ich auf einem weiteren Fahrradweg bis zu einem Weiler, namens Lorenzaga, wo ich in einem winzigen Park vor einer Kirche meine Mittagsjause einnehme. Einziger Schattenspender ist dort eine schlanke, hochgewachsene Zypresse. Obwohl ich gar nicht lange verweile, muss ich während des Essens ein paar Mal nachrücken, um den Schatten nicht zu verlieren. Dieser Vorgang macht mir bewusst, wie schnell doch die Zeit vergeht. Mein Gott, ich bin doch eben erst von zu Hause losgelaufen. Nun geht die Tour schon bald zu Ende. Die beste Ehefrau von allen ist gerade mal noch eine Stunde Fußmarsch entfernt. Ihre Anfahrt hat zum Glück problemlos geklappt. Sie ist eingecheckt und hat mir den immer wieder kitzligen, „es wird doch alles mit der Buchung geklappt haben"-Moment bereits abgenommen. Hoffentlich freut sie sich schon auf mich, wie ich auf sie. Obwohl, da bin ich mir schon ziemlich sicher. Aber wird sie sich auch **für mich** freuen? Was ist, wenn der in meinen Augen hochverdiente Applaus von ihr ausbleibt? Das wäre, wie wenn ich jemandem meine Lieblingsmusik vorspielte und derjenige wüsste sie nicht zu schätzen. Mit einem Schlag wäre mir die Freude daran vergällt. Bevor ich vor Neugierde platze, schultere ich meinen Rucksack und mache mich auf den Weg.

Die letzten 3 Stunden in der prallen Sonne fordern erneut ihren Tribut. Meine Kräfte schwinden zusehends. So kann ich mich gar nicht richtig freuen, als ich kurz vor San Stino auf den ersten Wegweiser mit der Aufschrift Caorle treffe. Es steht keine Distanzangabe dabei, was wohl auch besser sein wird. Die Kilometerangabe wäre wahrscheinlich astronomisch hoch. Das will ich jetzt alles gar nicht so genau wissen. Mein Schritt wird schwer und schwerer, obschon ich in Corbolone, einem Vorort von San Stino, auf einer schattigen Promenade wandeln darf. Der Ofen ist endgültig aus, als ich den Mount Everest erblicke. In der Realität besteht der höchste Berg der Welt lediglich aus der Überführung über die Autobahn Venedig-Triest, der letzten Klippe vor dem Ziel, das unmittelbar hinter der Brücke liegt. Allein die Brücke liegt so gnadenlos in der Sonne und wirkt deshalb genauso unüberwindlich wie der Krimmler Tauern. Ausgerechnet jetzt, da ich in wenigen Minuten einen guten Eindruck auf meine Frau machen will, gehen bei mir die Lichter aus. Ich lege im letzten Schatten vor dieser mächtigen Bergtour ein kleines Päuschen zum Verschnaufen ein und werfe meine letzte halbe Flasche Cola ins Feuer. Dann ziehe ich den Bauch ein und wuchte mich über die letzten 4,5 Höhenmeter des Tages.

Das Hotel sieht man schon von Weitem. Man darf nur nicht den Fehler machen, sich auf den letzten Metern überfahren zu lassen, denn die Autobahnausfahrt zieht den Verkehr wie ein Magnet an. Wie es sich für ein anständiges Hotel in Italien gehört, wird hier auch eine kleine Bar mitbetrieben. Drei kleine Tischchen stehen vor dem Haus auf einer schattigen Veranda. Am Tisch zur Rechten hat Andrea bereits Quartier für uns bezogen. Ein Glas Wasser steht für mich bereit. Das alleine kommt mir schon wie das gelobte Land vor. Trotz der Patina, die ich über den Tag auf der Straße angenommen habe, fallen wir uns in die Arme. Danach kann ich nur noch mein Bündel ablegen und mich in den Stuhl plumpsen und mir das köstliche Wasser durch die Kehle rinnen lassen. Auch wenn ich rein äußerlich in gewisser Weise einen desolaten Anblick abliefere, bemerkt Andrea sofort diesen inneren Glanz, der von mir ausgeht. Im Grunde spielt sich gerade unsere persönliche Schlussszene des filmischen Standardwerkes in punkto Midlife-Crisis Eskapaden, dem Film City Slickers, die Großstadt-Helden, ab. Während Billy Crystal, der Hauptdarsteller des Films, auf einem Viehtreck bewusst nach seinem Lächeln sucht, war ich ohne eine derartige Ambition aufgebrochen. Doch je länger der Weg andauerte, kam ich mehr und mehr zu der Erkenntnis, dass im Alltag eben dieser Glanz ganz langsam und deshalb unbemerkt verloren geht. Am Abend eines jeden Wandertags verspürte ich, wie die sich einstellende Zufriedenheit dieses innere Glänzen wiederherstellt. Wer hätte das gedacht, dass dieser innere Glanz irgendwo da oben Zwischen den Steinen verborgen lag. Wie im Film quittiert Andrea mein inneres Leuchten mit einem verstehenden Lächeln. Das ist genau der Applaus, den ich mir für heute erhofft hatte. Die Tour ist für mich jetzt schon komplett.

Doch das Spiel ist noch nicht zu Ende. Nach einer dringend notwendigen Rekreationszeit auf dem Zimmer kann ich den vorletzten Tagesbericht verfassen.

Ja ist denn schon Venedig? 03.08.16, 15:24

Ihr müsst entschuldigen. Das ist die Hitze. Da kann man schon mal durcheinanderkommen. Was bis Mittag nicht erledigt ist, wird zur wahren Tortur. Aber heute hatte ich eine Sondermotivation, das Wiedersehen mit meiner lieben Frau. Da werden müde Beine wieder munter. 03.08.16, 15:30

Die technischen Daten der sechsundzwanzigsten Etappe: 23,8 km, Höhenmeter nicht nachweisbar, 4:52 Wanderzeit, Wanderpartner keiner
03.08.16, 15:34

Und noch ein Kuriosum. Ich habe heute meine Landkarte verloren. Sie muss mir irgendwann aus der Tasche gefallen sein. Und ich habe es im Hitzedelirium nicht gemerkt. Da ich ohne Landkarten nicht leben kann, habe ich im hiesigen Schreibwarenladen (in Motta di Livenza) eine Neue erstanden. Jetzt steht der letzten Etappe zumindest in dieser Hinsicht nichts mehr entgegen. 03.08.16, 15:40

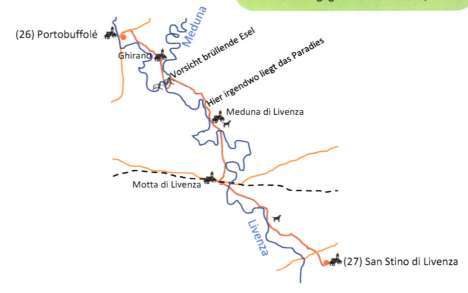

23,8 Kilometer, so viel zum Thema Distanzangaben auf den Wegweisern. Sie sind hier eben doch nur unverbindliche Distanzempfehlungen.

Am späten Nachmittag komme ich in den Genuss, ein Versorgungsfahrzeug zur Verfügung zu haben. Nach mehreren Wochen Autoabstinenz fühlt sich eine Fahrt seltsam ungewohnt an. Alles geht so rasend schnell. Der Supermarkt am anderen Ende der Stadt stellt plötzlich keine Herausforderung mehr dar. So leicht kann Proviant fassen sein.

Danach morse ich einen Arbeitskollegen an, dessen Verwandtschaft in San Stino wohnt, um mir eine Restaurantempfehlung einzuholen. Diese fällt ein wenig überraschend aus. San Stino sei nicht berühmt für hochklassige Restaurants. Man könne es bei Gigi probieren. Das ist mehr als praktisch, weil „da Gigi" unser Hotel ist. Wir begeben uns also in den Speisesaal, der den Charme der späten 80er des letzten Jahrhunderts verströmt. Die Speisekarte wird wieder aus dem Kopf rezitiert. Was soll's, wir lassen unsere Zeche auf die Hotelrechnung schreiben. Wenn wir tatsächlich geneppt werden sollten, bemerken wir es erst in vier Tagen. Wir nehmen das ebenfalls seit den 80er Jahren beliebte Touristenstandardmenü, Spaghetti Bolognese mit gemischtem Salat, dazu eine Karaffe Wein und eine Flasche Wasser. Da ich noch im Dienst bin und morgen noch einmal Höchstleistung bringen will, fällt das große Siegergelage heute noch aus. Aber dieses einfache Mahl in bester Gesellschaft schmeckt köstlich. Mein Kollege hat sich nicht getäuscht.

Nur noch eine Etappe. Ich kann es kaum glauben. Bis zum heutigen Tag musste ich mit meinen Kräften immer so haushalten, dass es für den nächsten Tag auch noch reicht. Morgen ist diese Zurückhaltung nicht mehr nötig. Es wird keinen weiteren Wandertag mehr geben. Ich kann also alles „raushauen", was noch im Körper ist. Das klingt wahrlich verheißungsvoll.

Es ist vollbracht!
04.08.2016 San Stino di Livenza - Caorle

Es gibt Dinge im Leben, die sind alternativlos. So wie sich manche Fußballmannschaften von selbst aufstellen, so stellt sich meine Kleiderordnung an diesem letzten Tag auch von selbst zusammen. Natürlich fällt die Wahl auf das kurze Beinkleid, da wieder ein heißer Ritt zu erwarten ist. Und auch beim Hemd gibt es keine zwei Meinungen. Heute muss es das Finisher-T-Shirt „The Walking Dad" sein, das ich nach dem Prolog in die Untiefen meines Rucksackes verbannt hatte. Zum einen ist es buchstäblich mein letztes Hemd, das noch gewissen Mindeststandards in punkto Reinheit genügt. Zum anderen schwebt mir eine Fotosession in Caorle vor, die meinen Triumph ansprechend dokumentieren soll. Aufgrund eines unerwarteten Anflugs von Eitelkeit möchte ich dann unbedingt so gut wie möglich aussehen.

Doch vor diesen gesellschaftlichen Event hat das Tourmanagement noch eine schweißtreibende Etappe von mehr als 23 Kilometern gesetzt. Die Erfahrungen der letzten Tage zeigen, dass in der Realität der eine oder andere Kilometer mehr am Ende herauskommt. Daher rechne ich damit, dass heute die 25 Kilometer-Marke geknackt wird. Damit die Plackerei nicht zu groß wird, werde ich schändlicherweise unseren Standortvorteil nutzen. Ich werde ein wenig mogeln und ein paar Ausrüstungsgegenstände im Basislager lassen. So bleiben die im Kleidercasting ausgeschiedenen Stücke zurück und der Waschbeutel. Andere Gegenstände, wie die von mir mittlerweile heißgeliebten Wanderstöcke, kommen mit. Obwohl ich sie heute voraussichtlich nicht brauchen werde, nehme ich sie aus sentimentalen Gründen mit. Sie haben es verdient das Meer zu sehen.

Eine weitere Neuerung soll mir die Etappe erleichtern. Da wir ohnehin kein Frühstück mitgebucht haben, brauche ich auch nicht darauf zu warten. Ebenso wenig muss ich heute auschecken. Deshalb schleiche ich mich nach einem improvisierten Frühstücks-Ersatz um 7 Uhr morgens auf Socken aus dem Haus. Normalerweise hofft man, wenn man nördlich der Alpen wohnt, auf gutes Wetter. Während des Anziehens der Stiefel schaue ich aber in einen wolkenlosen, blauen Himmel. Au Backe, was gäbe ich heute für ein paar Schleierwolken oder vielleicht sogar leichten Nieselregen. Man kann sich das Wetter eben nicht aussuchen. Deshalb nichts wie los und die morgendliche Kühle ausnützen.

Unser Basislager liegt am nordöstlichen Ortsrand von San Stino. Deshalb muss ich den noch schlafenden Ort komplett durchqueren. Von der Orientierung her ist das kein allzu großes Problem, weil am anderen Ende des Ortes der Bahnhof liegt. Wenn in Italien etwas schlüssig ausgeschildert ist, dann ist es der Bahnhof des jeweiligen Ortes und so erreiche ich nach wenigen Minuten die Bahngleise, just in dem Augenblick, als sich die Schranken senken. Ein Zug Richtung Venedig steht im Bahnhof und wartet auf seine Abfertigung. Es dauert gefühlt eine Ewigkeit, bis der Zug sich endlich in Bewegung setzt. Wer nun glaubt die Schranken würden sich öffnen, hat die Rechnung ohne die italienischen Staatsbahnen gemacht. Die Schranken bleiben ohne erkennbaren Grund geschlossen. Für mich, der ich schon mehrere hundert Kilometer hinter mir habe und für heute den Zieleinlauf geplant habe, ist das die reinste Folter. Ich scharre mit den Hufen, wie ein Rennpferd in der Startmaschine. Schließlich trudelt ein weiterer Zug, ebenfalls Richtung Venedig, ein, wird in aller Seelenruhe abgefertigt und fährt davon. Nach mehr als 10 Minuten, wertvoller, kühler Morgenstunde gehen die Schranken schlussendlich hoch. Mit quietschenden Sohlen setze ich mich in Bewegung.

Die weitere Strecke ist mir aufgrund einer Erkundungsfahrt mit dem Auto von vor 3 Jahren bereits bekannt. Sie verläuft größtenteils auf einem winzigen Teersträßchen, das mal auf und mal neben dem Damm der Livenza verläuft. Das Sträßchen nimmt dabei nicht jede, aber doch einige Schleifen des Flusses mit. Es ist damit sicher nicht distanzoptimal, aber dafür sehr, sehr ruhig. Umso erstaunlicher ist es, dass dieses winzige Sträßchen zur Überquerung der letzten Staatsstraße vor dem Meer eine Ampel spendiert bekommt. Ich fühle mich direkt geschmeichelt, dass wegen mir einzigen Fußgänger der gesamte Verkehr der Morgenpendler für ein paar Sekunden angehalten wird. Danach hat mich die unbeschreibliche Ruhe der weiten Ebene wieder.

Da die Sonne noch recht tief steht, wirft sie einen übermannsgroßen Schatten von mir auf die Straße. In Ermangelung großartiger topographischer oder sonstiger Höhepunkte beschließe ich, mich mit meinem Doppelgänger zu unterhalten. Wir tauschen Nettigkeiten aus, wie zum Beispiel, dass ich es toll finde, wie er in den letzten Tagen zu mir gestanden hat. Er ist nicht so wahnsinnig gesprächig. Aber ich weiß auch so, dass er mich versteht. So vertreibe ich mir die Zeit bis zum Weiler Biverone, einem Ortsteil von Torre di Mosto, das am gegenüberliegenden Ufer des Livenza liegt. Zwischen mir und dem Meer liegt nur noch eine größere Ansiedlung, die Salute di Livenza heißt.

Diesen Ort, oder besser dessen Kirchturm, werde ich so schnell nicht vergessen. Laut Landkarte liegt er etwa 7 Kilometer Luftlinie entfernt. Man kann ihn von meinem Standort schon ganz winzig in der Ferne sehen. Vom Ort selbst sieht man noch nichts. Mit jedem Schritt müsste der Turm theoretisch ein klein wenig größer erscheinen. Ich weiß nicht, ob sich in den nächsten Stunden die Gesetzmäßigkeiten der Optik kurzfristig außer Kraft gesetzt haben, oder ob ich so langsam gehe. Der Turm will und will nicht größer werden. Ein Teil der Begründung ist sicher, dass sich der Weg durch die Kurven unnötig in die Länge zieht. Es ist jetzt noch nicht einmal so heiß, dass man es auf die Hitze schieben könnte. Trotzdem beginne ich mit der Zeit an meinem Verstand zu zweifeln.

Ich lege erst einmal eine Bananenpause ein. Das hat bisher immer geholfen. Doch der Erfolg ist in diesem Fall eher mäßig. Rein subjektiv geht es danach schon weiter. Das erkennt man an den Gehöften, die wie in Zeitlupe an mir vorüberziehen. Die meisten von ihnen sind wie kleine Festungen ausgebaut, eingezäunt und mit mindestens einem, sehr aggressiven Hund bestückt. Die Hunde stürmen, sobald sie mich als potenziellen Eindringling identifiziert haben, mit einem Affenzahn an das Gartentor und verbellen mich wütend. Ich kann nur hoffen, dass jeder Anwohner heute Morgen sein Gartentor richtig geschlossen hat. Das fehlte gerade noch, auf den letzten Kilometern in den Allerwertesten gebissen zu werden. Die Hunde sind mir die letzten Tage im Flachland auch schon aufgefallen. Je weiter man nach Süden kommt, scheint der Drang seinen Bauernhof mit einem Hund schützen zu wollen, zuzunehmen.

Die morgendliche Kühle verflüchtigt sich mehr und mehr. Es wird richtig heiß. Je länger ich unter diesen Bedingungen wandere, desto mehr steigt meine Hochachtung vor den Jakobspilgern, die diese Hitze an vielen Tagen aushalten. Mir kommt Rolands unumstößliche Wanderweisheit in den Sinn: „Egal wie lange die Tour ist, die letzte Stunde geht immer zäh." Dumm nur, dass es sich jetzt nicht um die letzte Stunde handelt. Es kommt mir fast so vor, als ob sich die Weisheit gerade auf die ganze Alpenüberquerung verallgemeinert: „Egal wie lange die Alpenüberquerung dauert, die letzte Etappe geht immer zäh." Eine bedrohliche Abwärtsspirale tut sich auf. Ist der Kopf nicht mehr willig, zieht der Körper sogleich nach. Der Schritt wird träg und träger. Meine Beine fühlen sich, obwohl gestählt durch die letzten Wanderwochen, innerlich wie Wackelpudding an. Irgendwann, nach quälend langen Phasen von Zweifeln und Schwäche, rückt der Kirchturm in einen Bereich, der machbar erscheint. Mein Ziel hat mich erfasst und zieht mich in diesem magischen, schon früher zitierten, Sog zu sich heran.

In Salute di Livenza habe ich die Wahl zwischen einem kühlen Supermarkt, wo ich meine Trinkwasserbestände wieder auffüllen könnte und der Einkehr in einer Bar, wo ich vor Ort ein gekühltes Getränk zu mir nehmen könnte. Den Supermarkt müsste ich auf dieser Flussseite erst suchen. Die Bar winkt weithin sichtbar am jenseitigen Ufer, auf dem sich meine Route sowieso fortsetzt. In meiner Verfassung ist jeder Schritt mehr ein Schritt zu viel. Deshalb steuere ich die Bar auf direktem Weg an. An der Kreuzung vor selbiger stehen meine Intimfeinde, die blauen Wegweiser, heute wieder mit den berüchtigten Distanzempfehlungen. Das Verdikt für den Rest der Etappe, ja der ganzen Alpenüberquerung, lautet noch 10 Kilometer nach Caorle. Gleich daneben prangt ein Wegweiser für die neu errichtete Fahrradroute, die für die selbe Stecke nur 9 Kilometer ausweist. Natürlich setze ich mein vollstes Vertrauen in den Wegweiser für die Fahrräder. Beides hört sich aber in meiner jetzigen Lage als niederschmetternd weit an. Ich muss mich erst einmal sammeln.

Am Tresen im angenehm kühlen Gastraum ordere ich eine Cola. Es könnte ja durchaus sein, dass die Schwäche von Zuckermangel herrührt. Die belebende Wirkung des Coffeins ist für meine Psyche gedacht. Die Dame hinter dem Tresen gibt sich für die Präsentation des Getränks größte Mühe, bis hin zur Dekoration mit einem Schnitz Zitrone. Das ist sehr lieb gemeint, wäre aber nicht nötig. Ich würde auch die blanke Flasche nehmen, wenn es nur schnell ginge. Ich jongliere Flasche und Glas auf die Veranda, auf der ich mich mit einem Ächzen in einen Stuhl fallen lasse. Das Getränk ist eisgekühlt, wie es sich laut Werbung gehört. So erhitzt wie ich bin, verpasst mir das aber unmittelbar einen Schweißausbruch. Um das Getränk unfallfrei zu mir nehmen zu können, müsste ich warten bis es einigermaßen Temperatur angenommen hat, mit der Gefahr, dass ich aus diesem Stuhl vor Müdigkeit nicht mehr hochkomme. Da meldet sich meine innere Stimme wieder zu Wort: „Peter, steh auf! Zieh es durch! Du verhockst sonst (laut Roland allgäuerisch für Du bleibst kurz vor dem Ziel liegen). Worauf wartest Du noch? Lauf, Peter, lauf!". Das kann ich mir nicht zweimal sagen lassen. Vor den verdutzten Augen des einzigen Mitgastes fülle ich die Cola in eine leere Wasserflasche, stehe wie von der Tarantel gestochen von meinem Stuhl auf und verlasse das Lokal, als wäre ich auf der Flucht.

9 Kilometer sind nicht einmal ganz 2 Stunden. Wenn ich das Tempo hochhalte, und das habe ich im Frühjahr ausreichend trainiert, kann ich die Restdauer eventuell auf knapp über 1,5 Stunden begrenzen. Außerdem kann ich ja noch meinen Joker setzen, der mir wegen morgen spielfrei ein zusätzliches Leben beschert. Damit schaffe ich es hoffentlich das letzte Level erfolgreich zu bestreiten. Ich lasse abermals meine Sohlen quietschen und beschleunige aus dem Ort heraus. Meine Art mich fortzubewegen hat nicht mehr viel mit Wandern zu tun. Sie kommt eher dem olympischen Wettkampfgehen nahe. Dementsprechend ungelenk und verquer muss das aussehen. Aber Ästhetik ist im Moment mein geringstes Problem. Vielmehr ist die Straße, auf der Landkarte orangefarben, zumeist schnurgerade. Das verleitet die Autofahrer zum Rasen und so brettern die Autos mit etwa hundert Sachen an mir vorbei. Deshalb nehme ich immer schon rechtzeitig Reißaus in die Böschung. Ein nerviges Stopp and Go ist die Folge.

Während einer dieser Sicherheitsstopps erhalte ich einen Anruf. Wer ruft mich denn um diese Uhrzeit an? Ich bin das gar nicht mehr gewöhnt, weil das in den letzten 25 Tagen nicht mehr vorgekommen ist. Andrea vermeldet, sie befände sich jetzt am Treffpunkt, einer uns wohlbekannten Kreuzung am Ortseingang von Caorle. Das ist gut zu wissen. Allein bei mir wird es noch eine gute halbe Stunde dauern. Jetzt, da ich sowieso schon ein Päuschen einlege, könnte ich auch gleich etwas trinken. Völlig mechanisch, weil bestimmt schon hundert Mal praktiziert, greife ich mir eine Wasserflasche und drehe am Verschluss. Ohne Vorwarnung detoniert sie mehr oder weniger in meinen Händen. Es tut einen Knall, wie ein Pistolenschuss, und die Hand wird mitsamt dem Deckel der Flasche zur Seite geschleudert. Eine Fontäne Wasser schießt aus der Flasche. Hätte ich den Deckel nicht fest in der Hand gehabt, hätte ich ihn über den Deich in den muffig riechenden Kanal geschossen. Nach ein paar Sekunden ist der Schreck überwunden. Sofort leite ich die Analyse des Problems ein. Ich hatte kohlensäurehaltiges Wasser in eine Flasche für stilles Wasser gefüllt. Schüttelt man das Ganze gut durch und erwärmt es, dann kommt es zu einer Art Taschenfeuerwerk. *(Tipp für alle, die es vielleicht nachmachen wollen: Augen auf beim Öffnen von Wasserflaschen. Am besten immer vom Körper wegzielen, sonst könnte es schmerzhaft enden.)*

Das war zum Abschluss der Tour noch einmal ein richtiger Kracher, ebenso wie zu Beginn der ganzen Kampagne während des Trainings in Possenhofen. Ich für meinen Teil bin wieder hellwach, tauche quasi aus meinem Tunnel auf. Der Rest des im Körper befindlichen Adrenalins, da bin ich mir sicher, wird mich bequem nach Caorle tragen. Durch meine Eilmarscheinlage habe ich die letzten Kilometer so schnell zurückgelegt, dass ich das Tempo jetzt wieder herausnehmen kann. Nach weiteren 20 Minuten erreiche ich die schönste Brücke Caorles, die Ponte delle Bilance, eine alte Wiegebrücke, die etwas vor den Toren des Ortes liegt. Dieses Kleinod wird vom Großteil der Touristen leider gar nicht bemerkt, weil sie nicht an einer der großen Ausfallstraßen liegt. Wenig später erreiche ich das Ortsschild von Caorle. Die Erleichterung darüber kennt keine Grenzen. Ich könnte vor Freude ein Tänzchen wagen, will aber nicht so kurz vor dem Ziel über meine eigenen Beine fallen.

Nur wenige hundert Meter weiter befindet sich unser Treffpunkt. Andrea wartet dort auf mich mit neckischem Hütchen auf dem Kopf und einer frischen Flasche Wasser in der Hand. Die Szenerie sieht einem Ein-Mann-Marathonlauf gleich, an dem sich mein ganz persönlicher Streckenposten um mein leibliches Wohl sorgt. Der einzige Unterschied dazu ist, dass mich ab hier nicht mehr die geringste Eile drängt. Nach einer ausgiebigen Erfrischung nehmen wir die letzten Meter in Angriff, Hand in Hand als wäre es ein Spaziergang während eines Sommerurlaubs. Wir passieren die uns so wohlvertrauten Orte, wie die einspurige Drehbrücke und das Hafenbecken des Fischereihafens. Wir tauchen ein in die Fußgängerzone der Altstadt und seine verwinkelten Gassen. Viele Male geübt steuern wir zielsicher den Dom an. Der Domplatz öffnet sich zum Meer hin, jedoch verbaut einem die Kaimauer noch den Blick darauf. Wie es sich für eine Alpenüberquerung geziemt, erreicht man das Ziel nur bergauf. Stufe für Stufe kann man mehr von der in der Sonne glitzernden, weiten Fläche des Meeres erkennen. Am Meer zu stehen, ist immer eine beeindruckende Erfahrung. Heute raubt es mir gleichsam den Atem. Die Erkenntnis, dass mein „Weg des Lebens" hier zu Ende geht, liegt so klar und eindeutig vor mir. Wer am Meeresufer steht, braucht sich nicht lange zu fragen, wo denn nun der Weg weitergeht. In der bis jetzt eingeschlagenen Richtung geht es mit Sicherheit nicht weiter.

Aber noch ist meine Mission nicht ganz erfüllt. Wie in der Prolog-Etappe beschrieben reicht die Tour von der Kirche Maria Himmelfahrt in Weilheim bis zum Santuario della Madonna dell'Angelo. Das Kirchlein liegt auf einer kleinen Landzunge etwas östlich des Domes. Nachdem ich mich am Meer satt gesehen habe, lenke ich meinen Schritt nach links. Von hier sind es nur noch wenige hundert Meter auf der Kaimauer bis zum Santuario. Der Anblick des Kirchleins in der Ferne lässt in mir alle Dämme brechen. Heulend und schluchzend lege ich die allerletzten Meter zurück.

Die Berge, die ich überwunden habe, haben meine flüchtige Erscheinung wahrscheinlich gar nicht wahrgenommen. Sie stehen so stoisch ruhig wie seit mehreren Millionen Jahren. So wie sie auch in Zukunft, sofern es die Erosion zulässt, stehen werden. Allenfalls das eine oder andere Steinchen habe ich mit meinem Schritt verschoben. Viele Menschen, die ich auf dem Weg getroffen habe, werden sich meiner gar nicht mehr erinnern. Meine Aktion hat in der Welt nichts verändert. Weder der Weltfrieden ist dadurch näher gerückt, noch die Flüchtlingsproblematik wurde gelöst. Selbst die haselnussbraunen, nur mit Badehosen bekleideten Wesen auf dieser Kaimauer nehmen von einem heulenden Zeitgenossen mit Rucksack auf dem Buckel keine Notiz.

Und doch bedeutet mir dieser urpersönliche Moment so viel. In den Tränen schwingen unzählige Emotionen mit: Ein gerüttelt Maß an Erleichterung, weil alles gut gegangen ist. Ein Schuss Wehmut, weil die Tour heute schon zu Ende geht. Und eine gewaltige Dosis pure Freude, weil ich meinen Hintern hochbekommen habe und losgelaufen bin. Ich freue mich über den Sieg über mich selbst, der an manchen Stellen auf dem Weg schwer erkämpft war. Was ist schon ein olympischer Sieg oder eine Weltmeisterschaft? Ein Sieg basierend auf einer immensen Halde von Niederlagen der anderen. Bei einem Sieg über sich selbst nimmt kein anderer Schaden. Niemand wird sich auf die Lauer legen und mir meinen Titel streitig machen.

Tränen sind nichts Schlimmes, schon gar nicht auf Wanderungen oder Pilgerschaften. Die dafür spezifische Gefühlsgemengelage hat schon ganz andere erwischt, so zum Beispiel Hape Kerkeling, wie es ihm von einer Mitpilgerin vorhergesagt wurde: „Irgendwann fängt jeder auf dem Weg an zu flennen. Der Weg hat einen irgendwann soweit. Man steht einfach da und heult. Du wirst sehen!" Mich hatte der Weg auf den letzten Metern soweit.

Um kurz nach halb eins stehe ich am Ende der Landzunge, die das Ende der Alpenüberquerung markiert. Kein Ort könnte dafür besser geeignet sein, denn er ist an drei

Seiten vom Meer umgeben. Hier geht es nun wirklich nicht mehr vorwärts. Die Schritte in die einzig mögliche Richtung stellen schon den Rückweg dar. Für mich bleibt nur noch eine Sache zu tun, ohne die die Geschichte für mich nicht rund wäre. Wie gelobt zünde ich eine Kerze im Santuario an, zum Dank für die sichere Passage. Erfreulicherweise kann man hier noch echte Kerzen stiften, nicht wie andernorts schon üblich Elektrokerzen. Wir setzen uns in die Kirchenbank und beobachten, wie die Kerze brennt. Welch eine Wohltat. Der Lärm der Straße fällt von mir ab. Nun bin ich wirklich angekommen.

Die Fotosession kann beginnen. Wir schießen ausgiebig Bilder bis die Speicherkarte ächzt. Danach ziehen wir uns in den Schatten des Kirchleins zurück, um ein Mittagspicknick zu halten. Irgendwie kann ich mich von der Tour noch nicht so ganz lösen. Da ist es gut, wenigstens noch ein wenig Zeit in der Nähe des Zieles zu verbringen. Schließlich ist es aber doch an der Zeit zu gehen. Mir ist sagenhaft heiß und das Meer liegt zu meinen Füßen. Da wäre es töricht nicht hineinzuspringen.

Dummerweise liegt unser Lieblingsstrand am anderen Ende von Caorle und so schlurfe ich weitere 2 Kilometer, sozusagen als Zugabe zu meiner fertiggesungenen Wanderoper, den Lungomare entlang. Die Belohnung ist es aber allemal wert. Schon alleine die Wanderstiefel auszuziehen ist ein Genuss, wie es das am Ende einer Tour immer der Fall ist. Dann aber die befreiten Füße über heißen Sand ans Meer zu bewegen und in das kühle Nass einzutauchen ist mit Worten kaum zu beschreiben. Und dann rein in die Wellen. Da lebt der ermattete Wanderer in Sekunden wieder auf.

Derart wiederhergestellt und peinlich darauf achtend, dass sich mein treues Helferlein, mein Smartphone, keinen Sandschaden einfängt, schließlich war es fast ein Monat lang meine Pressestelle, mein Reisebüro, mein Lexikon, mein Telefon und meine Stereoanlage, verfasse ich am Strand den Bericht der letzten Etappe.

Es ist vollbracht! 04.08.16, 15:28

Oder wie Roland und ich zu sagen pflegten: "Es geht!" Alles geht. Man muss es nur wagen. Wer nicht losgeht, kommt auch nirgends an. Und das Schönste daran ist, dass es jeder kann. Das Ziel entspringt der Phantasie eines jeden von uns. 04.08.16, 15:34

Die technischen Daten der siebenundzwanzigsten Etappe: 27,6 km, Höhenmeter im Nanobereich, 5:19 Wanderzeit, Wanderpartner Andrea auf den letzten Kilometern (wir gehen zusammen los und kommen gemeinsam an) 04.08.16, 15:39

Ich muss gestehen, dass ich das ein oder andere Tränchen verdrückt habe, als ich vor Madonna Santa Angelo stand. Aber nach 27 Tagen auf der Walz kann man schon mal sentimental werden. Mittlerweile bin ich schon in die Rekreationsphase eingetreten und habe das erste Meerbad genossen. Das zischt. 04.08.16, 15:45

Das war nun der letzte Eintrag von der Tour. Ich werde mich noch ein letztes Mal melden, wenn ich wieder zu Hause bin. Buon di. 04.08.16, 15:48

Applaus aus der Gruppe brandet unmittelbar auf, wofür ich sehr dankbar bin. Meine Wanderoper wurde allenthalben wohlwollend aufgenommen. Auch wenn es Künstler nie zugeben würden, alle, so auch ich, schielen mindestens mit einem Auge nach der Kritik. Eine Kollegin äußert sogar den Wunsch nach einer Zugabe, ich möge doch bis Rom durchstarten. Dem Wunsch kann ich leider nicht nachkommen. Ich habe alles gegeben, insbesondere heute. Zu einem da capo bin ich nicht mehr im Stande.

Andererseits Rom klingt gar nicht schlecht. Womöglich ist die Idee für eine neue Tour soeben geboren worden. Vielleicht weiß ich es nur noch nicht.

Wieder daheim
09.08.2016 Caorle – Weilheim in Oberbayern

Nach einem 4-tägigen Kurzurlaub mit dem Schwerpunkt Fußpflege treten wir die Heimreise an. Dieses Mal ist es an uns mit der schon zitierten simplen Bewegung aus dem Fußgelenk Kilometer hinwegzufegen. Mit einer gewissen Genugtuung stelle ich fest, dass es immerhin etwa einen Arbeitstag braucht, bis die zu Fuß zurückgelegte Strecke rückabgewickelt ist. Das zeigt, dass die Strecke selbst für Autofahrer einen nicht unerheblichen Aufwand darstellt. Obendrein fühlt sich die Rückfahrt wie eine Art Triumphzug an. Die Berge, es sind zwar nicht die gleichen, die ich auf dem Hinweg gesehen habe, stehen trotzdem gleichsam Spalier und das bei bestem Wetter. So wird aus einer sonst lästigen Pflichtaufgabe ein zusätzlicher Genuss.

Zu Hause angekommen bleibt mir nur noch die nach der letzten Etappe angekündigte Schlussbotschaft in die Gruppe zu senden, um diese formvollendet abzuschließen.

Am Sonntag haben wir mit dem Auto binnen knapp 7 Stunden die Beinarbeit von 27 Tagen rückgängig gemacht. Irgendwie habe ich jetzt zu den Bergen ein anderes Verhältnis. Jeder Berg wird von mir taxiert, wie man rauf und wieder runterkommt. Ein gutes Zeichen. Ich habe immer noch tierisch Lust irgendwann mal wieder die Schuhe zu schnüren.
09.08.16, 19:07

Wieder daheim 09.08.16, 18:58

Will heißen, irgendwann wird es wieder eine neue Gruppe geben. Diese hier aber schließe ich mit dieser Nachricht. Ich möchte Euch allen für Euer Interesse danken und für den positiven Zuspruch. Das macht die Schritte leicht. Ganz besonders danke ich den Wanderpartnern. Wir haben die Erfahrung ganz intensiv geteilt. Und zu guter Letzt danke ich Andrea (die ja selbst Wanderpartner war), die mir einen Monat meinen Weg durchziehen hat lassen. Und nicht vergessen, Ziele entstehen im eigenen Kopf. Buona camminata.
09.08.16, 19:21

Nach meiner „Einmal im Leben"-Aktion treibt mich noch eine letzte Frage um: „Und was bleibt?"

Ein guter Freund aus der Gruppe schrieb mir einmal, dass ich auf der Tour Material für das Kopfkino sammeln würde. Recht hat er. Das ist in der Tat etwas, was mir bleibt. Ich kenne Leute, die sich das legendäre 7:1 gegen Brasilien im Halbfinale der Fußball-Weltmeisterschaft von 2014 auf Youtube ansehen, wenn sie sich etwas Schönes gönnen wollen. Ich kann ab jetzt in meine Kopf-Videothek gehen und mir die Etappe „Standing on top of world" oder „Weicheier" hervorholen und meine gute Laune ist zurück.

Es bleibt fürderhin die Erkenntnis, dass auch der Mensch über fünfzig noch hitzebeständig bis 35 Grad Celsius ist, so man genügend Wartungsflüssigkeit in Form von Wasser nachfüllt.

Auch Bürohengste können sich in den alpinen Regionen Mitteleuropas mehrere Stunden an der frischen Luft aufhalten, ohne größeren Schaden zu nehmen und zu verursachen.

Wenn man eine Mission zu erfüllen hat, wird Schlaf überbewertet. Es geht phasenweise auch ohne.

Es gibt keine Steigerung von nass. Wenn man einmal nass ist, dann ist man nass.

Man kann niemandem seine Angst ausreden. Es ist schon viel gewonnen, wenn man irgendwie damit umgehen kann.

Egal wie viel Planung und Vorbereitung in eine Unternehmung hineingesteckt wird, man muss immer aus dem das Beste machen, was einem der Tag anbietet.

Krise? Welche Krise? Mein Alter ist das Alter zwischen „Wenn die Jugend wüsste?" und "Wenn das Alter könnte!", wie es ein russisches Sprichwort formuliert.

Früher habe ich den Spruch „Träume haben kein Alter" für eine biedere Kalenderblattweisheit gehalten. Heute denke ich anders darüber. Träume sprechen zu einem, egal wie alt man ist. Man muss sich nur ein offenes Ohr dafür bewahren. Und Träume erfüllen sich nicht von selbst. Sie liefern lediglich die Inspiration oder die Idee. Die Idee Wirklichkeit werden zu lassen, muss jeder selbst übernehmen. In fast jedem von uns steckt ein kleines Stück von einem Ingenieur, für den es nichts Schöneres gibt, als wenn sein Plan, seine Idee Gestalt annimmt.

Wir sind auf diesem Planeten die einzige Spezies, die sich abseits ihres genetischen Programms selbst taktische und strategische Ziele geben kann. Um noch ein Bild aus dem Sport zu bemühen, wir sind die einzigen, die sich selbst einen Pass vorspielen können. Dazu sind vorderhand noch nicht einmal Mitspieler nötig. Sie steigern aber, wie im richtigen Fußball, den Reiz des Spieles ungemein. Je weiter man den Ball von sich weg spielt und man ihn wieder erläuft, desto größer ist das Erfolgserlebnis. In diesem Sinne verzichten wir doch auf das leidige Kurzpassspiel und seien wir großzügig. Dreschen wir den Ball, soweit wir nur können, in die gegnerische Hälfte. Damit liegt das Ziel zwar fast unerreichbar weit weg. Das Gefühl, es dennoch erreicht zu haben, das wird im Gedächtnis haften bleiben. Wir vergeben uns eine Riesenchance, wenn wir uns keine Ziele setzen. Roland, der Glückspilz, hat sehr viele davon. Er führt eine Liste darüber und macht damit alles richtig.

Im Grunde ist es dabei unerheblich, welcher Natur das Ziel ist. Es könnte das Erlernen des Blockflötenspiels sein oder das Erlernen einer Fremdsprache oder die Restaurierung eines Oldtimers. Hauptsache es ist nicht so leicht zu vollenden. Mein Favorit ist, nach der Tour mehr denn je, das Wandern. Wandern ist gesellig. Es ist individuell. Der Erfolg ist leicht zu messen. Es bringt einen sehr schnell an seine eigenen Grenzen. Es bezieht Körper und Geist in gleichem Maße mit ein. Es entschleunigt, wie es so modern heißt. Es macht einen für seine Umwelt aufmerksamer. Max Frisch drückt das mit folgenden, poetischen Worten so aus: „Denn auch die Landschaften lassen sich nicht alles gefallen; wie Menschen haben sie ein Gesicht, das jeder sehen kann, ein äußeres und gleichgültiges Gesicht, und erst wenn man mit ihnen spricht, kommt das Antlitz zum Vorschein, das warme innere Leben, das schöne Geheimnis. Das geht nicht ohne Mühe und Zeit, und vielleicht hat der liebe Gott gerade darum unseren Schritt nicht größer gemacht, damit wir nicht immerzu an der Welt vorübergehen."

Der Entdecker, der Abenteurer steckt in uns allen und hat in gewisser Weise auch etwas Ansteckendes. Sobald ich von meiner Tour erzähle, sehe ich des Öfteren in meinem Gegenüber für einen kurzen Augenblick ein Funkeln in den Augen. Das ist die Millisekunde, in der mein Gesprächspartner überlegt, ob eine solche Aktion auch etwas für sich selbst wäre. Vielleicht ist dieses Funkeln ja der innere Glanz und das schöne Geheimnis, die mal wieder eine Generalüberholung brauchen.

Solange wir diesen unseren inneren Glanz pflegen, hat das Wort „noch" keine Gewalt über uns.

Epilog

Jetzt, da ich schreibenderweise quasi ein zweites Mal ins Ziel komme, habe ich noch eine weitere gute Nachricht. Wer nicht mehr so gut zu Fuß ist, der verlege seine ultimative Herausforderung ins Intellektuelle. Schreiben Sie ein Buch, völlig egal ob Krimi, Liebesroman oder Reisebericht. Schreiben geht immer, ob in der U-Bahn sitzend oder im Krankenhaus auf eine weitere Steinextraktion wartend. Man braucht dazu nur einen Stift und ein Stück Papier. Ich habe dabei zwei Dinge gelernt. Erstens: „Es geht!", man kann das schaffen. Zweitens: Man kann währenddessen dasselbe Gefühlspektrum durchleben, als liefe man mit dem Rucksack durch die Lande. Vom absoluten Hochgefühl, wenn man spürt der Pulitzer-Preis ist nah, bis zur tiefsten Frustration, wenn man sein Machwerk am liebsten in die Tonne werfen würde, ist alles geboten.

Ich war früher eine echte Leseratte. Schon damals entstand in mir der Wunsch, es meinen Schriftsteller-Helden nachzutun. Unbewusst habe ich die ganze Zeit darauf gewartet, bis ich eine Geschichte zu erzählen hatte. Mit diesen Zeilen erfüllt sich ein weiterer Traum. Roland würde jetzt einen dicken Strich durch den Posten „Ein Buch schreiben!" auf seiner Lebensliste machen.

Wie gerne würde ich diesen Text meiner Deutschlehrerin der Kollegstufe vorlegen. Sie hat meine Leselust durch geschickte Auswahl der Lektüren damals maßgeblich befeuert. Ich wäre gespannt, welchen Kommentar sie unter meinen Text schreiben würde. Er wäre sicher genauso kurz und pointiert wie damals, als sie meine Worte am Ende der letzten Deutschklausur meines Lebens, die „Ende meiner Deutschkarriere" lauteten, mit einem einzigen Wort „Schade" quittierte.

Und wie gerne hätte ich dieses Buch meiner Mutter vorgelegt. Doch es ist zu spät fertig geworden. Die Dinge, die einem wirklich wichtig sind, sollte man eben nie auf die lange Bank schieben. Man muss sich sofort auf den Weg machen und etwas daraus machen.

Serviceteil

Wichtiger Hinweis: Die Zeiten in den Tagesberichten verstehen sich als reine Gehzeiten. Etwas anderes misst das Navi nämlich nicht. Die effektive Dauer der Tagesetappen kann durch Pausen, Einkäufe und andere Aufenthalte deutlich länger sein.

Was das Reisbudget betrifft habe ich mit 75 EUR pro Tag kalkuliert. Das hat im Jahre 2016 auch relativ gut getroffen. Erhöht man die Anzahl der Übernachtungen auf dem Berg in Hütten, kann man auch mit weniger auskommen (allerdings womöglich auch mit weniger Schlaf). Die An- und Abreise kommt extra dazu.

Marschtabelle (so wie sie geplant war)

Datum	Wochentag	Strecke	Orientierungspunkte	Distanz	Höhenunterschied aufwärts	Höhenunterschied abwärts	Begleiter
08.07.2016	FR	Prolog: Marienplatz – Weilheim Ost		1,6	18	0	
09.07.2016	SA	Weilheim Ost – Iffeldorf	Hardtkapelle, Magnetsried, Hohenberg	19,1	217	190	Andrea
10.07.2016	SO	Iffeldorf – Schlehdorf	Antdorf, Sindelsdorf, Großweil	17,4	281	281	
11.07.2016	MO	Schlehdorf – Jachenau	Urfeld, Seppenbauern	15,6	567	135	
12.07.2016	DI	Jachenau – Hinterriss	Rißsattel, Vorderriss	19,5	790	450	
13.07.2016	MI	Hinterriss – Plumsjochhütte		16,2	815	0	
14.07.2016	DO	Plumsjochhütte – Jenbach-Rotholz	Gernalm, Pertisau, Jenbacher Rodelhütte	21,8	143	1100	
15.07.2016	FR	Jenbach-Rotholz – Aschau	Strass	20,1	47	0	Roland
16.07.2016	SA	Aschau – Gerlos-Gmünd	Stumm, Distelberg	17,6	826	0	Roland
17.07.2016	SO	Gerlos-Gmünd – Oberkrimml	Gerlosplatte	18,3	508	600	Roland
18.07.2016	MO	Oberkrimml - Krimmler Tauernhaus	Krimmler Wasserfälle	11,6	760	0	Roland
19.07.2016	DI	Krimmler Tauernhaus – Adleralm (Kasern)	Krimmler Tauern	15,8	1033	1000	Roland
20.07.2016	MI	Adleralm (Kasern) – Steinhaus	Prettau, St Peter im Ahrn	17	50	600	Roland
21.07.2016	DO	Steinhaus – Kematen	Luttach, Sand in Taufers	15,1	123	300	Roland
22.07.2016	FR	Kematen – Oberwielenbach	Mühlbach	19	800	0	
23.07.2016	SA	Oberwielenbach – Welsberg	Oberrasen	18,9	925	1300	
24.07.2016	SO	Welsberg – Plätzwiese		14,6	829	0	Toni
25.07.2016	MO	Plätzwiese – Cortina		18,6	199	800	Toni
26.07.2016	DI	Cortina – Vodo	St. Vito di Cadore	17,8	0	141	Toni
27.07.2016	MI	Vodo – Forno		20,8	951	950	Toni
28.07.2016	DO	Forno – Rif. Pramper		10,1	1037	0	
29.07.2016	FR	Rif. Pramper – Longarone	Soffranco	17,2	200	821	
30.07.2016	SA	Longarone – Farra d'Alpago		21	139	150	
31.07.2016	SO	Farra d'Alpago – Rif. Cita di Vittorio Veneto		16	1271	0	
01.08.2016	MO	Rif. Cita di Vittorio Veneto – Stevena		19,4	127	1500	
02.08.2016	DI	Stevena – Portobuffole		17,9	90	100	
03.08.2016	MI	Portobuffole – San Stino		22	0	20	
04.08.2016	DO	San Stino – Caorle		23,6	0	20	Andrea
05.08.2016	FR						
		Summe		483,6	12746	10458	

Marschtabelle (so wie sie dann tatsächlich eingetreten ist)

Datum	Wochen-tag	Strecke	Orientierungspunkte	Distanz	Höhen-unter-schied aufwärts	Höhen-unter-schied abwärts	Begleiter
08.07.2016	FR	Prolog: Marienplatz – Weilheim Ost		1,7	10	0	
09.07.2016	SA	Weilheim Ost – Iffeldorf	Hardtkapelle, Magnetsried, Hohenberg	19,4	325	320	Andrea
10.07.2016	SO	Iffeldorf – Schlehdorf	Antdorf, Sindelsdorf, Zell	21,4	310	280	Michael + Josef
11.07.2016	MO	Schlehdorf – Jachenau	Urfeld, Sachenbach	19,9	830	350	
12.07.2016	DI	Jachenau – Hinterriss	Rißsattel, Vorderriss	18,7	650	450	
13.07.2016	MI	Hinterriss – Plumsjochhütte		15,4	839	0	
14.07.2016	DO	Plumsjochhütte – Jenbach-Rotholz	Gernalm, Pertisau, Eben, Zahnradbahn	21,4	200	1200	
15.07.2016	FR	Jenbach-Rotholz – Aschau	Strass	20	200	0	Roland
16.07.2016	SA	Aschau – Gerlos-Gmünd	Distelberg	19	1000	300	Roland
17.07.2016	SO	Gerlos-Gmünd – Oberkrimml	Gerlosplatte	19	650	600	Roland
18.07.2016	MO	Oberkrimml - Krimmler Tauernhaus	Krimmler Wasserfälle	11	600	0	Roland
19.07.2016	DI	Krimmler Tauernhaus – Adleralm (Kasern)	Krimmler Tauern	16	1000	930	Roland
20.07.2016	MI	Adleralm (Kasern) – Steinhaus	Prettau, St. Peter im Ahrn	17,5	350	800	Roland
21.07.2016	DO	Steinhaus – Uttenheim	Luttach, Sand in Taufers	18,5	360	620	Roland
22.07.2016	FR	Uttenheim – Oberolang	Bruneck	20,8	470	250	
23.07.2016	SA	Oberolang – Welsberg		6,5	225	208	
24.07.2016	SO	Welsberg – Plätzwiese		17,6	817	198	
25.07.2016	MO	Plätzwiese – Cortina		19,7	50	820	Toni
26.07.2016	DI	Cortina – Rifugio Citta di Fiume		16,7	1000	200	Toni
27.07.2016	MI	Rifugio Citta di Fiume – Forno		22	200	1400	Toni
28.07.2016	DO	Forno – Longarone	Bus 17 Km	0	0	0	Toni
29.07.2016	FR	Longarone – Longarone	Ruhetag	0	0	0	
30.07.2016	SA	Longarone – Farra d'Alpago		22,9	410	500	
31.07.2016	SO	Farra d'Alpago – Rif. St. Osvaldo		11,5	750	100	
01.08.2016	MO	Rif. St. Osvaldo – Stevena		22,7	250	1400	
02.08.2016	DI	Stevena – Portobuffole		21	38	99	
03.08.2016	MI	Portobuffole – San Stino		23,8	0	20	
04.08.2016	DO	San Stino – Caorle		27,6	0	20	Andrea
05.08.2016	FR						
		Summe		471,7	11534	11065	

Übersichtskarte Teil 1

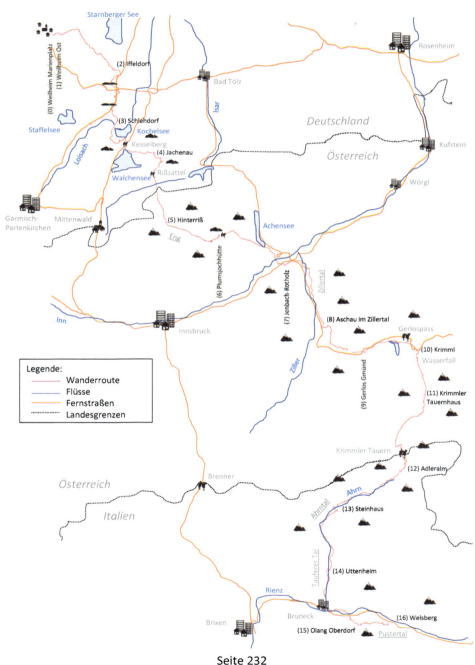

Übersichtskarte Teil 2

- (16) Welsberg
- (17) Dürrensteinhütte
- (18) Cortina d'Ampezzo
- (19) Città di Fiume Hütte
- (20) Forno di Zoldo
- (21 + 22) Longarone
- (23) Farra d'Alpago
- (24) Rifugio St. Osvaldo
- (25) Stevena
- (26) Portobuffolè
- (27) St. Stino di Livenza
- (28) Caorle

Höhenprofil Zwischen den Steinen

Nr.	Ort	Höhe (m)	km
(0)	Weilheim Marienplatz	560	0
(1)	Weilheim Ost	573	0,7
	Hohenberg	660	
(2)	Iffeldorf	598	20,7
	Frauenrain	680	
	vor Zell	694	
(3)	Schlehdorf	603	41,9
	am Kochelsee	611	
	Kesselberg	858	
(4)	Jachenau	779	61,3
	Rißsattel	1226	
	Übergang Isar	780	
(5)	Hinterriß	925	81,8
(6)	Plumpsjochhütte	1625	97
	Plumssattel	1658	
(7)	Jenbach-Rotholz	547	118
(8)	Aschau im Zillertal	569	141
	Astachhof	1316	
(9)	Gerlos Gmünd	1226	157,4
	Gerlosplatte	1694	
(10)	Krimml	1075	173,3
(11)	Krimmler Tauernhaus	1622	184,8
	Krimmler Tauern	2637	
(12)	Adleralm	1672	199,9
(13)	Steinhaus	1050	218,7
(14)	Uttenheim	850	239,3
(15)	Olang Oberdorf	1084	260,8
(16)	Welsberg	1095	267,3
(17)	Dürrensteinhütte	2033	285,1
(18)	Cortina d'Ampezzo	1212	305,8
(19)	Città di Fiume Hütte	1916	322,2
	Col Duro	2318	
	Passo Staulanza	1775	
	i Lac	1998	
(20)	Forno di Zoldo	850	341,9
(21 + 22)	Longarone	468	360,3
(23)	Farra d'Alpago	397	383
	Campon	1117	
(24)	Rifugio St. Osvaldo	1012	394,3
	Passo la Crosetta	1130	
(25)	Stevena	52	416,6
(26)	Portobuffolè	8	437,6
(27)	St. Stino di Livenza	1	461,3
(28)	Caorle	0	488,8

MEERESHÖHE / AUFGELAUFENE KILOMETER

Packliste (Gewichtsangaben in Gramm)

Gegenstand	Kategorie	auf dem Rücken	Anzahl	Gewicht pro Stück	Gewicht gesamt
Wanderschuhe	Ausrüstung	nein	1	1562	1562
Rucksack	Ausrüstung	ja	1	2300	2300
Elektronik Box	Kommunikation	ja	1	226	226
Navi	Navigation	nein	1	145	145
Adapter	Kommunikation	ja	1	36	36
Stirnlampe	Ausrüstung	ja	1	75	75
Göffel	Ausrüstung	ja	1	10	10
Kugelschreiber	Dokumentation	ja	1	16	16
Schlauchtuch	Ausrüstung	ja	1	37	37
Taschenmesser	Ausrüstung	nein	1	63	63
Sonnenbrille mit Etui	Ausrüstung	ja	1	125	125
Orthese	Gesundheit	ja	1	292	292
Handschuhe	Ausrüstung	ja	1	38	38
K-way	Ausrüstung	ja	1	294	294
Hüttenschlafsack	Ausrüstung	ja	1	379	379
Erste Hilfe	Gesundheit	ja	1	292	292
Handtuch	Ausrüstung	ja	1	167	167
Biwaksack	Ausrüstung	ja	1	119	119
Wanderstöcke	Ausrüstung	nein	1	527	527
Toilettentasche	Hygiene	ja	1	550	550
Wanderbuch	Dokumentation	ja	1	295	295
Kartenmaterial	Navigation	ja	1	734	734
Fußbalsam	Gesundheit	ja	1	89	89
Blasenpflaster	Gesundheit	ja	1	17	17
Ärmellose Jacke	Bekleidung	ja	1	400	400
Wanderhose blau	Bekleidung	ja	1	329	329
Schöffeljacke	Bekleidung	ja	1	400	400
Patagonia Jacke	Bekleidung	ja	1	400	400
Joggingschuhe	Bekleidung	ja	1	724	724
Sonnencreme	Gesundheit	ja	1	200	200
Wanderhemd kurzarm	Bekleidung	ja	2	145	290
Wanderhose beige	Bekleidung	nein	1	341	341
Wanderhose schwarz	Bekleidung	ja	1	477	477
Wandersocken	Bekleidung	ja	3	45	135
Sneakersocken	Bekleidung	ja	3	38	114
Unterhose	Bekleidung	ja	4	70	280
Kurze Hose	Bekleidung	ja	1	174	174
Funktionsunterhemd	Bekleidung	ja	2	112	224
T-Shirt	Bekleidung	ja	1	175	175
Funktionsshirt	Bekleidung	ja	3	126	378
Turnbeutel	Ausrüstung	ja	1	40	40
Ärmlinge	Ausrüstung	ja	1	56	56
Handy	Kommunikation	nein	1	161	161
Geldbeutel	Finanzen	nein	1	230	230
Wanderhemd langarm	Bekleidung	ja	1	200	200
Käppi	Ausrüstung	nein	1	49	49
Medikamente	Gesundheit	ja	1	93	93
Tempotaschentücher	Hygiene	ja	4	5	20
Badehose	Bekleidung	ja	1	70	70

Gewicht gesamt	14348
Gewicht auf dem Rücken	11270
Gewicht Bekleidung	5111
Gewicht Ausrüstung	5841
Gewicht Navigation	879
Gewicht Dokumentation	311
Gewicht Gesundheit	983
Gewicht Hygiene	570
Gewicht Finanzen	230
Gewicht Kommunikation	423